本丛书由澳门基金会策划并资助出版

澳门研究丛书 MACAU STUDIES

澳门研究丛书 MACAU STUDIES

马礼逊对华传播活动研究

A Study on Robert Morrison's Activities of
Dissemination and Evangelism in China

刘 伟／著

社会科学文献出版社
SOCIAL SCIENCES ACADEMIC PRESS (CHINA)

澳門基金會
FUNDAÇÃO MACAU

序言一

　　《马礼逊对华传播活动研究》一书，以作者刘伟的博士学位论文为基础修改而成。

　　英国传教士马礼逊在中国近代新闻传播事业及出版事业的发展历程中，有着特殊而重要的地位。1815 年，他主导创办的第一份近代化中文报刊《察世俗每月统纪传》，成为中国近代新闻传播史的一个标志。直至马礼逊1834 年辞世之前，由他直接创办、推动出版或积极参与撰稿的报刊达 6 份之多（不包括他为英国国内的传教报刊撰稿），为中国近代新闻史的开篇留下重要一笔。

　　限于当时清政府对在本土办报的禁令，马礼逊开展的这些传播活动，大多以澳门等地为基础。故澳门有许多与马礼逊相关的遗迹遗址，马礼逊去世后遗体亦被运回澳门安葬在基督教坟场，基督教坟场现为列入"世界遗产名录"的澳门历史城区的一部分。

　　本书作者刘伟派驻澳门工作十多年。工作之余，他接触了大量有关澳门历史及文化方面的史料，其中包括马礼逊的相关资料。故刘伟在设计博士学位论文研究方向时，对马礼逊的研究便成为首选。

　　最终确定马礼逊对华传播活动这一研究角度，刘伟与笔者经过了多次商讨。关于马礼逊，前贤们已经有了许多研究成果，今天来研究，如何能不重复前人，如何能有自己的眼光与角度，如何能在众多的研究成果中占有哪怕极微小的却属于自己的一席之地，这是我们商讨中的主要关切。现有关于马礼逊的众多研究成果，多着眼于马礼逊在办报过程中对宗教传播或中西文化交流的贡献。对于马礼逊的新闻传播活动同样也有研究，但以刘伟所获知的资料来看，尚不够完整，且缺少系统性。于是，以马礼逊的在华新闻传播活动为主线，尽可能全面、系统地展现马礼逊在华新闻传播的全过程，并给予综合研究，成了刘伟博士学位论文研究的主题。

本书值得向各位推荐的首先是作者对英文季刊《印中搜闻》的研究成果。在马礼逊的新闻传播活动涉及的相关报刊中，由于该刊以英语面向西方，且文中杂有一些古英文表述，所以，对非西语系的研究者来说会产生较多障碍。同时，其中许多中文的英译，有相当部分是按照广东方言的发音直接音译而成的，这就更增加了研究的难度。刘伟对该刊反复研读，仔细甄别，凡遇把握不准的一些古英语表述及广东方言，他便专门请教澳门当地朋友以及英语专业人士。在此基础上，刘伟系统地对《印中搜闻》的创刊缘由、办刊经过、报道重点、传播特征、信息来源、作者人群、传播效果等做了细致剖析，提出了《印中搜闻》客观上起到了促进对华传教的效果，其办报模式及特点对中国和东南亚国家后来的英文报刊产生了很大影响等观点。在本书中，刘伟率先对《印中搜闻》进行了全方位的深入考证，并对其历史地位做出了客观评价。

其次，作者在研究过程中，高度重视收集第一手资料，在史料占有丰富的前提下，通过鉴别、考证、推敲，对此前研究中的某些疏漏和不确定的认知，提出了自己的独到见解和观点。如对马礼逊"出版自由论"的考证、对《依湿杂说》与马礼逊关系的辨析、对马礼逊与《广州纪录报》的关系的推论，无不体现了作者的这一特点。

同时作者还提出了马礼逊开创了报刊传教这一基督教对华传播新模式的观点。作者的立论基础是马礼逊的传教模式为自下而上，而此前基督教数次来华，如唐朝的景教、元朝的天主教、明清的天主教，其传播模式皆为自上而下。当年以"新报"自诩的外报入华，为区别于清代的邸报，曾多番在报刊上作文，提出邸报"成于上"、新报"成于下"的观点。"成于上"与"成于下"这两种形成模式恰好也成为古代报刊与近代报刊的分水岭。以此推衍，本书作者所提出的上述观点是有其合理性的。

此外，本书综合前人的研究成果以及自己所获资料的研究，对马礼逊一生所从事的对华新闻传播活动、出版活动等，做了较之此前研究更为系统的阐述。因此，本书相对完整地展现了作为欧洲传教士的马礼逊在中国近代新闻传播史上的地位，以及其对中国新闻传播业、出版业及中西文化交流的促进作用。

二十多年前，刘伟就在笔者所在的专业读书，那时他是南京师范大学新闻与传播学的本科生,任班上的学习委员。在笔者的印象中,他学习用功,做起事来有条不紊。

后来,他被派至澳门工作,其间以在职人员身份申请攻读博士学位,再次成为笔者的学生。所谓在职攻读即边工作边读书。在择业、就业相对艰难的当下,在职攻读是一种有诱惑力的读书方式,但是它的另一面,也是非身在其中的学子不能有深刻体会的,那便是长达数年的舍弃:舍弃休假、舍弃娱乐、舍弃与家人的厮守、舍弃一切需要时间才能获取的美好享受与机会。对于认真攻读学位的在职人员,这无疑是避不开的一段人生经历。

对刘伟而言,不但有着以上的困难,且还要克服空间距离的障碍。有时,为了和导师讨论一个观点,为了解决某个不得不面谈的问题,他常常利用短暂的半天或一天,匆匆飞来又飞去。笔者乃至家人都常被他的这种求真精神感动。

为了撰写博士论文,刘伟也曾利用派驻澳门工作的便利条件,多次实地探访与马礼逊相关的遗址遗迹,且奔走于澳门、香港、广州、珠海等地的图书馆,钩沉文献史料,爬梳、比对,探寻真伪。

经过充满热望的艰辛付出,刘伟终于毕业并获得了博士学位,结束了攻读学位的生涯。他亦以中央人民政府驻澳门特别行政区联络办公室宣传文化部副部长的身份,结束了派驻任期,回到江苏任职。

他的工作仍然与文字密切相关,大篇幅的写作对长期从事文案工作的他未必是件困难的事,但机关的文稿撰写与科研论文撰写形似而神异:若说前者更多的是指导及总结,后者则更多的重在剖析及说服;若说前者多是"当如何",后者则更看重的是"为何"。正是在工作及科研多年的磨砺中,刘伟完成了这一磨砺带给他的蜕变:在机关干部的特质之外,更具有一些学者的意识。

作为导师,期待他的这种学者意识更助于他的人生与未来。

呈现给各位的这本书,记录了刘伟攻读博士学位期间的付出,同时也一定会成为激励刘伟更行更远的里程碑。

是为序。

方晓红

2021 年 7 月 12 日于海德斋

序言二

利玛窦和马礼逊是西学东渐、东学西传最具代表性的其中两位人物。这两位分别为天主教和基督教派遣到中国传教的使者，属于不同的年代，但大致均采取"适应性"政策，强调尊重和顺应中华文化传统以实现传教之目的。为吸引更多人关注和适应中国的"土壤"，他们不仅带来了许多西方的科学知识和文化理念，也虚心学习中国传统文化并将其传播至西方世界，大大增加了当时西方人对中国的认识，客观上促进了中西文化之交流，也奠定了他们在中西文化交流史上的地位。

研究这两位人物的著作，可谓汗牛充栋。刘伟君知难而进，选择《印中搜闻》作为切入点，以第一手材料对马礼逊在中国区别于早年传教士（"自上而下"以书籍传教）的、"自下而上"以报刊传教模式为主的基督教传播活动进行了系统、深入、细致的探讨。以传播方式来探索传教功效，角度独特，观点新颖。

毫无疑问，方式不同，效果也不一样。相对而言，报刊传播的受众更大、范围更广、影响更深。不谋而合，刘伟君的研究与我多年来一直思考的两个问题密切相关：其一，早期中西文化初次接触的时候人们是如何沟通的？有什么误会和碰撞？如何互相理解、交流而达至融洽甚至融和？换一句话说，文化的传播模式是什么？怎样产生更佳功效？其二，无论是利玛窦还是马礼逊的传教事业和文化传播工作都基本以澳门为基地，澳门也是史学界、学术界公认的中西文化交流要津，国家近年颁布的《粤港澳大湾区发展规划纲要》也提出澳门要"打造以中华文化为主流、多元文化共存的交流合作基地"，我们应如何弘扬澳门的传统功能、发挥澳门的特殊优势，为当今中国的国际人文交流合作做出新贡献？

多年来，我们不断强调探索早期中西交流方式和路径的必要性和重要性，推介重新深入研究利玛窦《葡中字典》和马礼逊《英华字典》的内容，推动整理、翻译和研究早期的报刊杂志，以期对中西文化接触初期的碰撞、误读、冲突、理解、包容和融和的全过程有更清晰、系统、全面的了解和认识，以古鉴今，为当下中西文化以及不同文化体系的人们之间的互相尊重、互相理解提供有说服力的经验和理据以及可行的路径，减少当今世界不同文化之间的误读、误解、误判，这不仅对我们今天发出中国声音、讲好中国故事、促进世界对中国发展的了解和中华振兴的理解有直接的帮助，也将对不同民族、不同国家之间消除歧见、偏见，促进交流合作和共同发展有莫大的好处。

刘伟君经过实证研究总结出来的马礼逊新闻传教活动的五个特点——"适应性"的继承与发展的策略、直接传播与迂回传播互补的途径、西学东渐和东学西传并重的内容、兼顾中国与西方国家的传播体系的渠道、教义的有限影响与文化的深远传播的效果，虽然马礼逊传教活动已时过境迁，但对当今中国的文化传播策略的制定仍有极高的参考价值。我们相信，读者也可以从中受到很多启发。

在全球化、信息化的时代，生活在地球不同角落的人们似乎拉近了彼此间的距离，但事实上，人们之间的文化误读、政治误判、经济社会差异并没有减少，在某种程度上还有增加的趋势。正因为这样，我们有必要回顾从前走过的路，探索早期人们沟通、交流、相互理解的过程，充分认识到文化传播手段的重要性，正确利用文化传播的力量，携手并肩，正向、同向努力，共同促进人类文明的进步。虽然时代不同了，但人类的终极关怀和目标并没有改变，那就是：追求一个更加和平、稳定的发展环境，更加安全、舒适的生活环境，更加富足、美好的生活。要达成这个目标，就要减少误解、避免冲突、互相尊重、加深理解，就要"不同而和、和而不同"，各美其美、共生共荣，最终建立人类命运共同体，休戚与共。我们期待，刘伟博士继续深耕此一领域，有更多的佳作问世，嘉惠士林；我们更加希望，更多的学者投入以澳门历史为中心的文化传播研究，深入剖析澳门作为中西文化交流桥梁所具有的功能与扮演的角色，积极推动澳门的文化基地建设，以在新时代中国发展战略中发挥更大的作用。

吴志良

2021 年 8 月 18 日

目　录

绪　论 ………………………………………………………………… 001

第一章　马礼逊对华传播活动的背景 ……………………………… 011

第一节　早期基督教来华传播 ……………………………………… 012
第二节　马礼逊来华前的中国对外关系 …………………………… 020
第三节　马礼逊入华 ………………………………………………… 025

第二章　对华报刊传教活动的初步展开 …………………………… 030

第一节　报刊传教策略的确立 ……………………………………… 030
第二节　报刊传教的肇始：创办《察世俗每月统记传》 ………… 043
第三节　《察世俗每月统记传》的历史影响 ……………………… 053

第三章　《印中搜闻》：面向英语世界的迂回传教努力 ………… 060

第一节　《印中搜闻》创刊背景及经过 …………………………… 060
第二节　《印中搜闻》内容分析 …………………………………… 065
第三节　《印中搜闻》传播特征分析 ……………………………… 081
第四节　《印中搜闻》传播效果与影响 …………………………… 096

第四章　对华报刊传教活动的艰难延续 …………………………… 102

第一节　重返中国后陷入艰难处境 ………………………………… 103
第二节　参与和推动创办两份英文刊物 …………………………… 106
第三节　亲力亲为：马家英式印刷所的办报活动 ………………… 117

第五章　马礼逊对华传播活动的评价 ……………………………… 140

第一节　马礼逊对华传播活动总述 ………………………………… 140
第二节　马礼逊报刊传教活动特点 ………………………………… 149
第三节　马礼逊报刊传教活动影响 ………………………………… 157

附　　录 ……………………………………………………………… 163

参考文献 ……………………………………………………………… 166

后　　记 ……………………………………………………………… 175

绪　论

　　中国近代新闻史发端于外国传教士在华创办报刊活动，基督新教（亦称"新教"）第一位来华传教士英国人罗伯特·马礼逊（Robert Morrison）是其中的开创性代表人物。马礼逊自 1807 年 9 月抵达中国，直至 1834 年 8 月去世，在此期间除了曾回英国休假两年外，他在中国生活了 25 年。从他完成所担负的传教使命的角度来看，受当时清政府闭关自守以及禁教政策所限，他不能公开宣传教义，就算后来以东印度公司译员的身份在广州以及清政府管治相对宽松的澳门勉强立足，劳碌终生也只施洗了 4 名信徒。① 然而其功绩不只在于通过布道来传播教义，更重要的是通过编词典、译《圣经》、办学堂、创报刊、开医馆等大量间接传教手段，为其追随者在中国门户洞开后对华传教打下了基础，客观上为推动中西文化交流做出了重要贡献。传教过程中，马礼逊对华开展了大量的新闻传播工作，包括创办中、英文报刊，译报，及推动出版业发展等多个方面，为中国近代新闻史的开篇留下了浓墨重彩的一笔。

　　马礼逊直接推动和领导创办了第一份近代化中文报刊《察世俗每月统记传》。该刊于 1815 年在马六甲创办，拉开了中国近代新闻史的序幕，

---

① 1814 年 7 月 16 日，马礼逊在澳门东望洋山麓二龙喉溪泉处为蔡轲（蔡高）施洗。1823 年 11 月 20 日，马礼逊在广州为梁发的儿子梁进德施洗。1830 年 2 月 14 日，马礼逊在澳门住宅为屈昂施洗。1832 年 12 月 16 日，马礼逊为曾在英华书院任汉语老师的朱先生施洗。参见〔英〕艾莉莎·马礼逊编《马礼逊回忆录 1》，北京外国语大学中国海外汉学研究中心翻译组译，大象出版社，2008，第 217 页；〔英〕艾莉莎·马礼逊编《马礼逊回忆录 2》，第 114、218、234 页。

并对鸦片战争前陆续出版的《特选撮要每月纪传》《天下新闻》《东西洋考每月统记传》《各国消息》等其他中文报刊产生了重要影响。1832年11月，马礼逊从伦敦订购的印刷机与活字运抵澳门后，成立了"马家英式印刷所"（The Morrison's Albion Press），开始自己直接办报。1833年4月，他创办了中文刊物《杂闻篇》，虽然只出版了寥寥几期，但因其早于《东西洋考每月统记传》3个月创办，改变了学界对中国近代新闻史的传统认知。

在英文报刊出版方面，马礼逊倡导创办了英文季刊《印中搜闻》（The Indo-Chinese Gleaner）。在中国新闻史的相关著作中，该刊很少被提及，但其实为世界上最早向西方社会较全面介绍中国情况的刊物，对争取欧美社会支持对华传教事业起到了促进作用，同时对中国的英文报刊发展产生了很大影响。马礼逊还参与了当时几份重要的英文报刊编辑工作。马礼逊是中国第一份英文报刊《广州纪录报》（The Canton Register）的重要撰稿人，从1827年11月该报创刊直到他离世，马礼逊一直积极为其撰稿予以支持。马礼逊倡导、支持美国传教士裨治文创办了英文报刊《中国丛报》（Chinese Repository），并成为该报重要撰稿人之一。《中国丛报》持续办刊20年，详尽报道与评述中国的政治、经济、军事、文化、外交、地理、历史、风俗等各方面情况，其编辑风格明显受到《印中搜闻》的影响。1833年，马礼逊创办了中英文合刊的《传教者与中国杂报》（The Evangelist and Miscellanea Sinica），该报同样是研究中国近代新闻史源头不可忽视的报刊。

学界对马礼逊在华传教活动研究颇多，但少见对其对华传播活动进行专题研究的成果。因此，本书通过分析马礼逊对华传播活动的发展过程，追溯其在当时中国特定社会历史条件的限制下，是如何采用和确立以新闻传播活动为载体的传教模式，借以追溯中国近代新闻史的源头与发展，进而对马礼逊对华传播活动及其历史贡献做出中肯评价。需要说明的是，马礼逊为在中国传教开展了一系列传播活动，本书重点考察马礼逊直接创办、推动创办报刊以及重点参与的其他新闻传播活动，兼顾考察人际传播、医药传播、教育传播、出版传播等多形式的传播活动。其中，出版传播涉及翻译出版《圣经》、编印词典、分发传教小册子以及引进西方出版技术等方面，台湾学者苏精、澳门学者林玉凤、南京学者谭树林等的诸多著作对这些方面已有详细阐述，本书不再展开。

一　研究现状及趋势

对于马礼逊在传教及中西文化交流方面做出的贡献，国内外都有学者进行研究，包括宗教学、中西文化交流史、中国近代语言学史、《圣经》的中文翻译、西方汉学史、近代印刷出版史、近代报刊史等多个领域都对此有所涉及。其中，与本书内容相关的研究，主要有以下几个方面。

一是关于马礼逊生平的专题研究与传记著作。在马礼逊传记中，最重要的是由马礼逊遗孀编写的《马礼逊回忆录》（*Memoirs of the Life and Labours of Robert Morrison*，London，1839），该书收录了马礼逊许多日记、书信等第一手资料。由马礼逊撰写、米怜补充完善的《新教在华传教前十年回顾》（*A Retrospect of the First Ten Years of the Protestant Mission to China*，Malacca，1820）较多涉及马礼逊1820年前的活动。在马礼逊来华200周年之际，北京外国语大学中国海外汉学研究中心、香港大学图书馆、澳门基金会联合推出《马礼逊文集》（14卷本，大象出版社，2008），该文集包括了上述两部研究马礼逊重要史料的影印版和中文版，以及《马礼逊研究文献索引》（该索引收录了国内外研究马礼逊的著作及论文目录）。①

国外其他有关马礼逊传记的著作不下10种，② 其中至少有2种已经翻

---

① 2019年12月，大象出版社再版《马礼逊回忆录》（全2册），由2008年版本的主译杨慧玲等对译稿进行了进一步的精雕细琢和完善。本书所引用《马礼逊回忆录》的内容，已逐一对照2019年版本做了校核，有采用新版本内容之处在脚注中体现。

② Christopher A. Daily 在 *Robert Morrison and the Protestant Plan for China* 一书中提到9种著作，包括：William Willis Moseley，*The Origin of the First Protestant Mission to China，and the History of the Events which Induced the Attempt*，London：Simpkin and Marshall，Stationers' Hall Court，1842；William John Townsend，*Robert Morrison：The Pioneer of Chinese Missions*，London：S. W. Partridge & Co，1890；T. Dixon Rutherford，*Cleaving the Rock：The story of Robert Morrison，Christian Pioneer in China*，London：London Missionary Society，1902；Vera E. Walker，*Four Lessons on Robert Morrison*，London：London Missionary Society，1920；Marshall Broomhall，*Robert Morrison：A Master-Builder*，London：Livingstone Press，1924；Ernest Henry Hayes，*Robert Morrison：China's Pioneer.* London：Livingstone Press，1925；Millicent & Margaret Thomas，*The Years behind the Wall*，London：Livingstone Press，1936；Lindsay Ride，*Robert Morrison：The Scholar and the Man*，Hong Kong：Hong Kong University Press，1957；Christopher Hancock，*Robert Morrison and the Birth of Chinese Protestantism.* London：T & T Clark，2008。此外，还有 WM. A. Alcott，M. D.，*The Life of Robert Morrison，The First Protestant Missionary to China*，New York：Carlton & Phillips，Originally Published in 1856。

译成中文。汤森（William John Townsend）于 1890 年写的《马礼逊——在华传教士的先驱》，介绍了马礼逊的生平事迹以及新教各派来华传教的历史，王振华依据 1891 年、1892 年前后出版的伦敦会增订纪念版进行了翻译，2002 年由大象出版社出版。中国内地会基督教牧师海恩波（Marshall Broomhall）曾旅居中国超过 10 年，在广州及其附近地方短暂居住，1924 年出版了 *Robert Morrison：A Master-Builder* 一书，追忆马礼逊的生平与传教工作，该书后来由简又文译成中文，以《传教伟人马礼逊》为书名在香港出版。

以上著作大部分是以《马礼逊回忆录》为资料来源，因此内容有诸多雷同，多样性与创造性不足。同时由于《马礼逊回忆录》为马礼逊遗孀所编，尽管编者本人表示"编写回忆录要求编者必须牺牲个人的情感，于她极不容易。但是纪念一个如此值得敬重和爱戴的人物，牺牲个人的情感显得微不足道"，因而努力以简明的事实陈述来勾勒人物的社会、道德和思想方面的特点，但行文中难免还是带有一些主观情感色彩，正如编者所承认的，在编写回忆录的过程中，其不断遭受着个人健康的烦扰，承受着家庭事务的压力，还有其他一些无法避免的干扰因素。① 这些都需要在史料运用方面小心处理。英国伦敦国王学院中国基督教研究中心主任 Christopher Hancock 在 2008 年出版了研究著作 *Robert Morrison and the Birth of Chinese Protestantism*（《马礼逊和中国基督教新教的诞生》），充分注意到这一情况，梳理现有研究资料并做了进一步深掘。

国内方面，华东师范大学顾长声教授的《马礼逊评传》，对马礼逊的一生活动做了概括性回顾。香港李志刚牧师的《基督教早期在华传教史》，对鸦片战争前后新教传教士在华活动史实进行了论述，书中有较多篇幅涉及马礼逊来华传播活动。

二是中国近代新闻史、澳门新闻史著作中关于马礼逊的相关记载。20 世纪 20 年代，戈公振在其被称为中国新闻史研究"开山之作、奠基之作"的《中国报学史》② 中，对马礼逊来华致力于文字工作最早做了较详细的记

---

① 〔英〕艾莉莎·马礼逊编《马礼逊回忆录 1》，前言，大象出版社，2008。

② 方汉奇语。他还称，"说它是开山之作，是因为它是第一部全面系统讲述中国新闻事业历史的书。说他是中国新闻史的奠基之作，是因为它为中国新闻史的研究打下了基础"。见方汉奇《戈公振〈中国报学史〉再版序》，戈公振：《中国报学史》，生活·读书·新知三联书店，2011，第 1 页。

载。燕京大学新闻系首届系主任、美国人白瑞华（Roswell Sessoms Briton）教授 1933 年写成的《中国近代报刊史》（*The Chinese Periodical Press*，*1800 - 1912*）中，亦对马礼逊有较多记载。20 世纪 80 年代以来，中国新闻史研究进入空前繁荣时期，出现了一批丰硕的研究成果，如方汉奇的《中国新闻事业通史》、丁淦林的《中国新闻事业史》、刘家林的《中国新闻通史（修订版）》、黄瑚的《中国新闻事业发展史》、吴廷俊的《中国新闻史新修》、方晓红的《中国新闻史》以及新加坡学者卓南生的《中国近代报业发展史》等。这些研究著作在回顾中国近代新闻发展源头时，均以较多篇幅对马礼逊的新闻传播活动进行了描述。

澳门新闻史研究方面，澳门历史学家白乐嘉（Jose Maria Braga）对澳门早期新闻史做过系统研究，1938 年出版了葡文著作《澳门新闻出版之开端》，1963 年又以此为基础出版了英文同名著作 *The Beginnings of Printing at Macau*，其中较多涉及东印度公司和马礼逊的新闻出版活动。澳门理工学院李长森教授的《近代澳门外报史稿》系统介绍了澳门外报的起源与发展，澳门大学学者林玉凤的《中国近代报业的起点——澳门新闻出版史（1557—1840)》集中介绍了葡萄牙人正式入居以来澳门的传教士出版活动、译报活动和葡文报刊的出版，两书均有较多内容涉及马礼逊相关新闻传播活动。

三是对马礼逊出版活动以及其推动中西文化交流的专题研究。以台湾马礼逊研究专家苏精为代表，他广泛参考藏于英国的伦敦传教会档案和英国东印度公司档案，撰写了《马礼逊与中文印刷出版》《中国，开门！——马礼逊及相关人物研究》《上帝的人马——十九世纪在华传教士的作为》等系列著作，对马礼逊出版活动的论述有许多新见和超越前人之处。南京大学历史系谭树林教授长期研究马礼逊的中西文化交流活动，撰写了《马礼逊与中西文化交流》《英国东印度公司与澳门》等著作。

四是对马礼逊创办的报刊或马礼逊作为主要撰稿人参与的办报活动的研究。这方面以论文为多，涉及《察世俗每月统记传》《印中搜闻》《广州纪录报》《中国丛报》《杂闻篇》《传教者与中国杂报》等各份报刊。

总体来看，目前学界与本书内容相关的研究呈现两轨并行局面，同时渐有交汇融合之势。一轨以马礼逊在华传教活动为主线，兼顾其传播活动；另一轨以中国近代新闻史研究论述为主线，其中述及马礼逊传播活动。近年来跨学科研究趋势日益加强，如前文提及的苏精、谭树林等学者从新闻出版、宗教、图书文献、中西文化交流等多角度切入，对马礼逊及其在华活动进行了深入研究。

二 研究目的及学术价值

本书全面回顾了马礼逊抵华后 27 年间的传播活动，从 19 世纪初期世界的发展、中国对外关系的情况，尤其是中英关系、澳门对外交往情况的视角，深入挖掘一手文献档案，分析马礼逊对华传播活动的背景、发展历程、特点以及历史意义。

一是系统梳理马礼逊在华期间的传播活动过程，研究马礼逊来华后不同阶段的报刊传教活动，从当时中英关系和澳门对外交往的大背景中，分析其确立报刊传教策略的主客观因素以及特点和影响。

历史上，基督教四度来华，每次来华的传教策略皆因应当时的历史社会条件而有所不同。以马礼逊为代表的基督新教入华，与唐朝的景教、元朝的天主教、明清的天主教来华皆奉行自上而下的传教策略有很大不同，在清朝闭关锁国、严厉禁教的情况下，直接传教难以开展，马礼逊艰难探索，尝试了多种对华传播形式，其中尤以报刊传教具有开创意义且成就斐然。马礼逊利用报刊传教，既立足于前人传教的成功探索，特别是深刻总结吸收了耶稣会士出版传教、知识传教的经验，又借鉴运用了 19 世纪初近代资产阶级报业的发展成果，有效扩大了基督新教和汉学的传播，促进了东西方文化交流，开创了基督教对华传播的新模式，奠定了传教士在华创办中文报刊的基本样式。

二是试图更加准确地评价马礼逊在中国近代新闻史上的地位。综观现有的相关研究成果，虽然数量不少，但有些论述的立场态度或带着固化的意识形态、激烈的民族主义观点，或基于信仰护教立场而呈现不同程度的崇洋心态，缺乏科学理性、有失偏颇。笔者立足于史实挖掘，坚持实事求是，努力秉持客观公正的观点立场来分析马礼逊的对华传播活动，力争既不受意识形态的干扰，又不刻意美化拔高，对其历史功绩做出科学的、客观的、恰如其分的评价。

马礼逊利用创办报刊宣传教义、传播西学，开启了中国近代新闻事业的发端。中文报刊方面，马礼逊主导创办了第一份近代化中文报刊《察世俗每月统记传》，对鸦片战争前传教士创办的其他中文报刊，在办刊特点、风格和人才培养等各个方面都产生了深刻影响。英文报刊方面，《印中搜闻》的创办对推动汉学发展和创建中国英文报刊事业具有重要意义，其办刊模式被中国随后创办的各英文报刊所追随和借鉴。马礼逊有限度地为中国出版的第一份英文报刊《广州纪录报》撰稿，并努力引导该报更多地关注中国的时事政治而不仅仅作为一份商业报刊存在。马礼逊推动《中国丛报》创刊，并积极为之撰稿。他还直接创办了中国历史上首份中英文合刊报刊《传教者与中国杂报》。在这些报刊传教实践中，马礼逊传播了大量西方的新闻理念和专业知识。

三是在澳门、香港、广州等地广泛搜集一手资料，深挖资料，坐实论证，努力做到"竭泽而渔"。① 马礼逊在华期间，主要在澳门、广州两地生活，澳门中央图书馆、历史档案馆以及粤港两地的其他图书馆、档案馆都有不少关于马礼逊的档案以及研究著作。香港大学图书馆1914年接收马礼逊图书馆至今，拥有丰富的藏书，其中不乏珍稀版本和马礼逊个人的签名本。香港中文大学、浸会大学等香港其他大学图书馆也有许多相关研究资料。此外，内地、香港、澳门的其他公共图书馆、大学图书馆或有港澳台以及海外研究马礼逊的相关著作，或有伦敦会档案等缩微档案，或有与马礼逊相关的刊物资料，可资利用。

同时，澳门一直比较重视历史文献工作，且历史上甚少经历战火，因此留下了许多珍贵的地方史志和历史档案。如世界上最早刊行的关于澳门历史的著作——清朝印光任、张汝霖于1751年撰写完稿的《澳门纪略》，与马礼逊同时代的瑞典人龙思泰撰写的《早期澳门史》，以及澳门周边地区的县志如《香山县志》《南海县志》等。近年来，澳门基金会、澳门文化局先后出版了多种澳门特色历史文献，从中均可以挖掘出许多马礼逊所处时代的相关资料。

澳门还是保留马礼逊遗迹最多的地方。马礼逊一生与澳门有着不解之缘，他于1807年首先来到澳门，后来长期在澳门、广州两地生活，1834年死后长眠于澳门基督教坟场。该坟场现存有马礼逊小教堂和马礼逊及其第一位妻子玛丽、儿子马儒翰的墓地。2005年7月，包括基督教坟场在内的22

---

① 史料是历史研究的基石。被视为中国宗教史研究的开创者与典范的陈垣在给学生授课时，经常强调两句名言：一是"竭泽而渔"，二是"打破砂锅问到底"。澳门史研究专家、澳门大学教授汤开建也认为，研究中国基督宗教必须把握两个最重要的原则：一是史料使用的原典性，二是资料搜集的"竭泽而渔"（汤开建、陈才俊：《构建基督宗教在华传播史的学术地标——汤开建教授访谈录》，《澳门研究》2014年第1期）。

座历史建筑及 8 个广场前地组成的"澳门历史城区",被列入联合国教科文组织"世界遗产名录"。位于澳门市政署（原民政总署）内的议事亭藏书楼,藏有马礼逊的一些著作。①澳门圣公会负责马礼逊小教堂及马礼逊墓地的保管和日常维护,收集了不少研究马礼逊的书籍资料。这些都为深入研究马礼逊提供了非常难得的资源和条件。作为中国最早对外开放的窗口和中西文化交流的重要桥梁,澳门当时的特殊历史环境为马礼逊推进中西文化交流并取得丰硕成果发挥了重要作用。深入剖析澳门的历史和时代因素,努力在历史场景的身临其境中去捕捉、揣摩马礼逊的心理活动轨迹,尽管这样的捕捉、揣摩可能更多是一种意会,但的确有助于读者加深对马礼逊当年远渡重洋、历尽艰辛、坚持传教行为的理解。

三 内容框架及主要观点

本书围绕马礼逊对华传播活动进行研究,重点是对其报刊传教活动展开分析,共分五章。第一章分析马礼逊对华传播活动的时代背景。第二章阐述《察世俗每月统记传》的创办情况,分析马礼逊新闻传播策略的确立与尝试。第三章研究英文季刊《印中搜闻》的办刊情况和面向英语世界的迂回传播特征。第二章、第三章的时间跨度,从马礼逊 1807 年来到中国到 1823 年底回英国休假,涉及创办两份报刊。第四章论述马礼逊从英国休假结束返回中国直到去世的人生最后阶段的报刊传教活动,包括参与《广州纪录报》编辑、推动创办《中国丛报》、直接创办《杂闻篇》和《传教者与中国杂报》,分析其从传教事业巅峰回落而欲借助报刊传教活动重振辉煌的最后挣

---

① 该馆位于澳门最繁华的市中心亚美打利庇卢大马路（俗称"新马路"）的市政署大楼内,以葡萄牙玛弗拉修道院的图书馆（Biblioteca do Convento de Mafra）为设计蓝本,装潢和家具陈设具有浓厚的古典气息。该馆在 1929 年启用,是澳门中央图书馆的前身,也是服务时间最长和馆藏价值较高的图书馆之一。目前专门收藏 17 世纪至 20 世纪中叶的外文古籍,特别是葡萄牙在非洲及远东的历史文献,其中不乏珍品。此外,还有 19 世纪末和 20 世纪初期的葡文报纸,包括外国人在中国境内创办的第一份报纸——1822 年创刊的葡文《蜜蜂华报》（A Abelha da China）。馆内珍藏的马礼逊著作有《中国大观》（A View of China for Philological Purposes: Containing a Sketch of Chinese Chronology, Geography, Government, Religion & Customs, Designed for the Use of Persons Who Study the Chinese Language, Macao: Printed at the Honorable the East India Co.'s Press by P. P. Thoms, 1817）、《华英字典》中的第三部《英华字典》（A Dictionary of the Chinese Language, in Three Parts, Macao: Printed at the Honorable the East India Co.'s Press by P. P. Thoms, 1822）。

扎和努力尝试。第五章对马礼逊对华传播活动进行总结，包括总体回顾以及评价其报刊传教活动的特点和影响。本书主要提出以下观点。

第一，马礼逊创建了报刊传教的对华传教策略。这一策略是在特定的时空条件下中西方文化碰撞的必然结果，既继承耶稣会文字传教的传统，又借鉴运用了19世纪初西方近代资产阶级报业的发展成果，开创了基督教对华传播的新模式，丰富了基督教对华传播实践，在中国近代新闻史的开篇中占有重要地位。

第二，马礼逊的报刊传教活动具有鲜明的时代烙印。其报刊传教活动大致分为两个阶段。第一阶段（1815~1822年），马礼逊持续7年办刊，扩大了欧美国家对来华传教事业的关注和支持，为其在英国及欧洲其他国家树立了崇隆声誉，也揭开了中国近代新闻事业的序幕。第二阶段（1827~1834年），马礼逊传教事业从巅峰开始回落，由盛转衰，尽管他将更多的时间和精力投入报刊传教活动，但终因积劳成疾去世而中止。其报刊传教活动，既是鸦片战争爆发和中国门户洞开前这段特定历史时期的产物，也是马礼逊20多年在华生存状态的客观写照。

第三，《印中搜闻》的创办起到了迂回传教的效果。《印中搜闻》是马礼逊报刊活动中投入精力最大、写稿数量最多、持续时间较长的一份刊物，也是19世纪初期唯一出于向中国传教目的而创办，并以过半篇幅向西方读者介绍中国的刊物。该刊非在中国创办、发行也非面向华人，此前学界对其关注不多，中国新闻史的相关著作也甚少提及。经过反复细致地研读《印中搜闻》影印本文本资料，笔者认为《印中搜闻》通过面向英语世界传播，吸引西方对中国社会的关注和对在华传教艰难状况的同情，增进对伦敦会中国传教事业的支持，客观上起到了迂回传教的成效。《印中搜闻》通过大量报道中国传统文化典籍和中国时政消息，对汉学发展和中国形象的早期传播具有特别的意义。同时该刊将西方新闻观念和技术引入中国，其办刊模式被随后出现的中国各英文报刊所追随和借鉴，对中国近代外报事业发展产生了重要影响，理应在中国近代新闻史上占有一席之地。

此外，本书对一些传统观点和前人论述做出探究和再论证。如《印中搜闻》是宗教性刊物还是世俗性刊物的定位。笔者认为，该刊编辑方针经历了三次较大调整，由最初以宗教性为主转到宗教性、世俗性并重，继而转向以世俗性为主，兼顾宗教性，其传教刊物的色彩不断淡化，但传教的使命始终没有卸下。又如过去有观点认为马礼逊撰写了《论出版自由》（"The

Press"）并刊载于《广州纪录报》。但笔者翻查《广州纪录报》原文，并未发现"The Press"一文，只找到一篇题目相似但内容不同的"The Press in China"，因此对过往认为马礼逊在《广州纪录报》上发表最早的捍卫言论自由的文章的观点提出质疑。再如有观点认为《依湿杂说》是鸦片战争前在中国出版的一份报刊，还有观点认为《依湿杂说》就是马礼逊创办的《传教者与中国杂报》。笔者考证认为，《依湿杂说》其实是《伊索寓言》的英译，而且其出版时马礼逊已经过世，与马礼逊没有直接关系，但与马礼逊的办报内容倒有一定的关联，进而澄清了前人一些看法。

第一章　马礼逊对华传播活动的背景

考察马礼逊对华传播活动的背景，既要研究其所处的大时代，又要研究整个基督教对华传播的历史。基督教来华的历史，通常被分为四个时期，"第一期是唐朝的景教，第二期是元朝的也里可温教，第三期是明清的天主教，第四期是清朝的耶稣教"。[①] 前三个时期，无论是唐朝、元朝还是以利玛窦为代表的耶稣会士来华的明清之际，当时中国的实力在世界上相对强盛，基督教进入中国在传播策略上呈现一定的共性，即都是以走上层路线为主，通过争取达官贵人甚至皇亲国戚的支持逐步站稳脚跟。18世纪末19世纪初，世界形势发生巨大变化，西方在世界上开始占据优势地位，中强西弱的局势发生根本逆转。欧洲经历科学革命、工业革命和政治革命后，资本主义发展处于上升期，现代化进程持续发展并且不断加速，实现了前所未有的对外扩张。而当时清朝政府经过"康乾盛世"的辉煌发展后，逐步实行"锁国排外"的对外政策，开始闭关自守，陷入故步自封。在这样的大背景下，基督新教进入中国可谓举步维艰、四处碰壁，马礼逊来华传教的历程和策略与前人相比都发生了很大变化。

[①]　陈垣：《基督教入华史》，《陈垣学术论文集》第1册，中华书局，1984，第93页（原为作者于1927年前后的讲演记录）。顾卫民将基督教在中国传播的历史，分为唐朝的景教、元朝教廷使节的东来、明清之际耶稣会士在中国的活动、近代天主教的复归与新教的输入四个历史时期。见顾卫民《基督教与近代中国社会》，上海人民出版社，2010，自序，第2页。

第一节 早期基督教来华传播

一 早期基督教来华经过

关于最早的基督教入华，在西方教会和来华的传教士中，一直有着关于使徒多默入华的传说。[1] 但有确凿文字记载的基督教入华史，则是从唐朝开始。7世纪，被基督教正统派斥为异端的聂斯托利派，经过两个世纪在波斯和中亚一带的发展，沿着丝绸之路传入中国。

唐朝初年，中国奉行"中国既安，四夷自服"的国策，致力于内政的改善，并与各国及西域各民族睦邻友好，丝绸之路贸易十分繁盛，长安成为东方最繁华的国际都市。唐太宗对宗教采取兼收并容的方针，除道教与久行中国的佛教外，异域的宗教也受到优容，景教就在此时进入中国。现存研究景教在华活动的最重要的文物——"大秦景教流行中国碑"（以下简称"景教碑"）[2]，其碑文记载了景教最初来华的情形及教理。贞观九年（635），第一位来华的景教传教士阿罗本（Alopen）到达长安，唐太宗命中书令房玄龄迎于西郊。阿罗本进入长安后便呈上景教经典，并向皇帝解释教义。贞观十二年（638），唐太宗下诏："道无常名，圣无常体，随方设教，密济群生。大秦国大德阿罗本，远将经像来献上京，详其教旨，玄妙无为，观其元宗，生成立要，词无繁说，理有忘筌，济物利人，宜行天下。"（见景教碑碑文拓本）阿罗本等人到中国后，即自称景教徒，景教意为正大光明之教。唐高宗继位后，于诸州各置景寺，尊崇阿罗本为镇国大法主。唐朝分全国为十道，景教则有"法流十道""寺满百城"（见景教碑碑文拓本）之盛。武则天当政后，佛教

---

[1] 顾卫民在其著作《基督教与近代中国社会》中考证了有关耶稣基督的十二门徒之一圣·多默来到中国京都建堂布道的传说，指出这种说法并不可靠，只是后人的臆测。见顾卫民《基督教与近代中国社会》，第1~3页。

[2] 该碑立于唐德宗建中二年（781），记录了唐代景教在中国流传146年的情况，碑上有汉字1780个，并叙利亚文景教徒名单70余条。大约在会昌法难期间，景教碑被埋入地下，直至17世纪20年代于西安附近重新出土。本书所引碑文内容出自张异宾、柯君恒主编《南京大学珍藏金石拓本（一）》，科学出版社，2015，第196页。以下所引皆出于此，仅在文中括注，不再一一注释。

徒曾于圣历年间在洛阳对景教进行攻讦，唐玄宗即位的先天元年（712）末，景教徒又在长安受到指责，全赖"僧首罗含，大德及烈"等人"共振玄网，俱维绝纽"（见景教碑碑文拓本）。当时，及烈从海路来华，广造奇器异巧以进，博得唐玄宗的欢心，使景教又恢复了昔日的尊荣。唐武宗会昌五年（845），皇帝听信道士赵归真之语，下令灭佛，史称"会昌法难"，景教也受到牵连，遭到打击后一蹶不振。中唐以后，内地的景教趋于灭绝，只在边陲地区的少数民族中仍有流传。

元朝时景教再度兴起，但与唐朝的景教没有直接承继关系，罗马天主教也在这时首次传入中国。元朝对基督教各派多不加详辩，统称为也里可温教，或称十字教。也里可温教在元朝受到了朝廷的善待。至元十九年（1282），元世祖忽必烈曾诏敕也里可温依僧例给粮，即教士可食官禄。有些地区的也里可温还曾免从军籍及免纳赋税。1289 年，意大利方济各会士约翰·孟高维诺（Giovanni da Montecorvino，1247—1328）受教皇尼古拉四世（Nicholas Ⅳ，1288—1292 年在位）的派遣，携带教皇致元世祖忽必烈的信件前往东方传教，受到元朝皇帝礼遇，获准留居传教。1307 年，孟高维诺被教皇克雷芒五世（Clement Ⅴ，1305—1314 年在位）任命为汗八里（即大都，今北京）主教区的总主教，直至 1328 年辞世，在大都传教 30 余年。1336 年，元顺帝派遣使团赴欧，带去致教皇的信，信中请教皇代为祈福，并希图得到西方良马及珍奇之物。使团于 1338 年抵达阿维农。同年 12 月，教皇本笃十二世（Benedict Ⅻ，1334—1342 年在位）派修士马黎诺里（Giovanii de Marignolli，1290—1357）等人携复信及礼物东行，抵达大都后颇受优遇。元朝后期，各地民众纷纷起事。欧洲的天主教也因教廷的分裂及黑死病的大流行，无力向东方传教。元末中亚战事频仍，中西交通又告断绝。1368 年元朝灭亡后，也里可温教在中国绝迹。

明朝建立后，中国有 200 余年没有基督教的任何活动。到了明朝中叶，欧洲宗教改革运动的兴起和新航路的开辟，直接促进了天主教向东方的传播。罗马教廷配合欧洲殖民势力向世界扩展，在葡萄牙的支持下，派出成批传教士通过澳门进入中国内地，出入京师宫禁，开始在全国范围内传布天主教。

第一位到东方传教的是耶稣会①创始人之一方济各·沙勿略（Francis Xavier，1506—1552），他于1542年到达印度的果阿后，在马六甲及日本等地传教。在日本，他了解到中国是东亚文化的发祥地，决意先向中国传道。1552年，他到达珠江口外的上川岛，因中国海禁甚严，未能登陆，当年12月死于岛上。

继沙勿略之后，著名传教士利玛窦（Matteo Ricci，1552—1610）来到中国。1582年，他奉耶稣会远东视察员范礼安（Alexandre Valignani，1539—1606）之命到达澳门，在那里研究中文。翌年9月，与耶稣会士罗明坚（Michele Ruggieri，1543—1607）一起到达肇庆，获准择地建堂，供奉耶稣之像。利玛窦学识渊博，交游甚广。1589年，他北迁韶州，与官员瞿太素私交很好，受瞿的劝告，知道在中国僧人地位低下，因而改僧服为儒服，蓄发留须。利玛窦认为，在中国严密有秩的政治制度下，只有获得皇帝的准许，天主教才能迅速发展。因此，他随后设法达到了留居北京的目的，向明神宗呈上自鸣钟、《万国图志》、天主及圣母图像等贡品，在北京度过了他人生最后的10年。

明朝末期，社会动荡，许多有识有学的士大夫不满于理学明心见性的空谈之风，提倡"实学"，因此利玛窦介绍的西方天文、数学、地理等学科深受欢迎。他的渊博学识在京城名闻遐迩，其声誉为后来的传教士能顺利进入北京奠定了基础。后来还出现一些著名的继任人，如龙华民（Niccolò Longobardi，1559—1654）、金尼阁（Nicolas Trigault，1577—1628）、邓玉函

---

① 耶稣会成立于1540年9月，是在罗马教会被迫进行内部整顿以应对宗教改革运动的形势下产生的，其宗旨是振兴罗马教会、重树教皇的绝对权威，会士入会除发"三绝"（绝意、绝色、绝财）誓愿以强调"听命、贞洁、清贫"外，还强调绝对效忠教皇，无条件执行教皇的一切命令。耶稣会仿效军队编制，纪律森严，反对脱离社会的隐修，要求会士深入社会各阶层，不必住修院、穿僧衣，强调通过社会服务扩大影响，注重教育事业，办了许多免费学院。耶稣会的另一项重要任务是从事政治活动，提出要塑造一个国家，最好的办法就是塑造该国国王，因此千方百计地渗入各国宫廷和上流社会，争取最大限度地影响最高统治者。但他们为了扩大罗马教廷的政治势力，不择手段地策动包括谋杀在内的各种政治阴谋，使各国统治者为之侧目。16世纪末和17世纪初，耶稣会先后在英国和威尼斯被取缔，18世纪中叶后，又陆续在法国、葡萄牙、西班牙被取缔。1773年，教皇克雷芒十四世（Clement XIV，1769—1774年在位）被迫解散耶稣会，直到1814年教皇庇护七世（Pius VII，1800—1823年在位）予以恢复。见王美秀等《基督教史》，江苏人民出版社，2006，第205~206页。

（Jean Terrenz，1576—1630）、汤若望（Johann Adam Schall von Bell，1591—1666）等。明末天主教发展较快，到崇祯末年，已有3.8万人奉教。多明我会、方济各会等也先后进入中国。①

明朝灭亡之后，原为明朝服务的一些传教士转而效忠清室。顺治元年（1644），汤若望因准确地预测了日食，被任命为钦天监正，成为在中国朝廷中任官的西洋第一人。顺治年间，汤若望屡次被晋封，并得赐号"通玄教师"，天主教的声誉在中国一度如日中天。康熙对西方的科学颇有兴趣，即位后重用通晓数学与历法的南怀仁（Ferdinand Verbiest，1623—1688）为钦天监副，并命南怀仁、徐日昇（Thomas Pereira，1645—1708）、闵明我（Philippe M. Grimaldi，1639—1712）等人轮流进讲天文、地理、数学、音律等知识。康熙由于喜爱西方科学而看重西方传教士，又因信任传教士而对天主教逐渐宽容。1692年3月22日，康熙颁发保教令，准许天主教在中国人中传播。随后，天主教在中国有了进一步发展。据统计，1701年时，中国有澳门、南京和北京3个主教区，有130位传教士和约30万教徒。②

但明末清初的天主教宣教事业并非一帆风顺。当还处在生根、发芽和进取阶段时，就已经遭遇了明末沈㴶、清初杨光先发动的两次排教运动。至康熙中后期，又因礼仪之争而步履维艰。礼仪之争是明清之际天主教关于中国礼仪的一场争论，争论的实质是天主教是否应中国化，争论的核心是如何翻译"Deus"（造物主）及中国教徒是否可以参加祭祖祭孔等礼仪活动。这场争论肇始于17世纪初，经过近百年的拉锯反复，在18世纪初全面爆发。争论从教内发展到教外，从东方发展到西方，持续了100多年，最后引起了中国皇帝与罗马教廷的正面冲突。

最初，利玛窦很早就开始主张利用中国古代经典中的若干术语诠释基督教中的观念。他借用儒家语言，从中国经书中找出"上帝""天""天主"等词来翻译拉丁文"Deus"一词。在对待中国礼仪这一问题上，他也显得较为宽容，认为祭祖只是中国人维系孝道伦理的习俗，不是偶像崇拜，不是非排斥不可的异教宗教仪式；祭孔则是为了表达儒生们对孔子及其教导的感

---

① 王美秀等：《基督教史》，第359～360页。
② 王美秀等：《基督教史》，第363页。

激之情,没有宗教意义。因此,他允许中国教徒祭祖祭孔。利玛窦对儒家文化的友好与宽容态度使天主教在明末赢得了士大夫的好感。到了清朝,康熙皇帝也很赞许这种做法,称之为"利玛窦规矩"。然而,利玛窦的做法在他去世后,却受到了他的继任人龙华民的反对。龙华民反对利玛窦对"Deus"的译法,同时认为祭祖祭孔的礼仪有宗教成分。耶稣会内部的分歧促使其于1621年和1628年先后在澳门和嘉定举行了两次教内集会,并且后来致函欧洲研究。1630年后进入中国的方济各会和多明我会火上浇油,将译名问题与礼俗问题一并上交罗马教廷裁决。多明我会更是认为允许中国教徒祭祖祭孔是对异教的妥协,于是一再向教皇控告在华的耶稣会,其结果是教皇英诺森十世(Innocentius Ⅹ,1644—1655年在位)于1645年下令禁止中国教徒祭祖祭孔。中国耶稣会旋派卫匡国(Martin Martini,1614—1661)赴罗马申辩。教皇亚历山大七世(Alexander Ⅶ,1655—1667年在位)于1656年下令允许中国教徒祭祖祭孔,这两个谕令使争论的双方各有所恃。1669年,多明我会传教士鲍良高(Juan de Polanco)前往罗马询问上述谕令是否具有同等效力。教皇克雷芒九世(Clement Ⅸ,1667—1669年在位)答复:它们具有同等效力,但要视具体情况而定。1693年,进入中国福建传教的巴黎外方传教会主教颜珰(Charles Maigrot,1652—1730)发布禁令,不许教徒称"Deus"为"上帝""天""陡斯",只可称"天主",教堂内不许挂"敬天"匾额,禁止教徒祭祖祭孔等。争论传至欧洲,在各国引发了一场空前的辩论。1700年,在法国、意大利、比利时等地,人们均热衷于谈论此事。巴黎大学先后举行了30次会议,支持颜珰,反对在华的耶稣会士的观点。①

北京的耶稣会士为了取得对这个问题的权威论据,于1700年11月19日联名上疏请教康熙皇帝,希望从他那里得到权威性的说法。康熙皇帝的答复颇合利玛窦对中国礼仪的解释,他的结论被耶稣会士李明(Louis de Comte,1655—1728)送呈罗马教廷,李明此举因把教内问题诉诸教外权威而遭到非议。1704年,教皇克雷芒十一世(Clement Ⅺ,1700—1721年在位)下令严禁中国教徒祭祖祭孔,并派遣特使铎罗(Charles Thomas Maillard de Tournon,1668—1710)赴中国宣示教谕。铎罗在北京未敢与接

---

① 王美秀等:《基督教史》,第363~365页。

见他的康熙皇帝发生正面冲突，却在南京宣布教皇的禁令，从而惹恼了康熙皇帝。康熙坚决反对教皇干涉中国内部事务，下令将铎罗押解至澳门拘禁，同时宣布，只有遵循"利玛窦规矩"，并领取"永居票"、答应永不回欧洲的传教士方可在中国留居。1715 年，克雷芒十一世发布《禁约》，重申前禁。康熙大为震怒，针锋相对，于 1720 年下令严禁传教，称以免多事。

雍正、乾隆两朝对天主教禁教更严。1724 年，雍正批准礼部发布禁教令通谕各省，封闭教堂，传教士只能居于澳门。乾隆年间，仍准许传教士供奉朝廷，但对传教并不宽容，天主教被视为与白莲教同列，教士潜入中国内地传教，或中国人学习、信奉天主教皆成非法。1773 年，教皇克雷芒十四世下令解散耶稣会。到 1775 年，各地只有少数传教士在秘密传教，共有 49 位外籍传教士在中国。① 天主教在中国因此而日趋式微。为了"Deus"的译名和是否允许祭祖祭孔，天主教教内教外，从东方到西方，争论不休，最后逼迫崇拜祖先的中国人重新关上大门，直到鸦片战争以后被迫打开。

礼仪之争在很大程度上改变了中国朝廷对天主教的态度，原本对天主教颇有好感的康熙皇帝此时产生了深深的疑虑，后来他的态度发生了根本性转变，以至于 1720 年下令严禁传教，时距 1692 年颁布对天主教的宽容敕令仅 28 年。英国学者赫德逊曾说："礼仪之争突出了教皇至高无上的地位，而耶稣会则明智地不显露这个特点。这时，康熙皇帝眼中才看到一个事实：即他的臣民中至少有十万人听从外国的命令，教宗使节和中国皇帝之间的冲突，不过是经常重复着的罗马教会国际权威与主权国家之间斗争的翻版。"② 而雍正发布禁教令后，对冯秉正、费隐和巴多明等耶稣会士直言道："……既然你们有办法欺骗我的父亲，你们休想同样欺骗我。你们想把中国人变为教徒，这是你们道理所要求的。但我们会变成什么样子，我们岂不很快成了你们君王的顺民吗？教友只认识你们，一旦边境有事，百姓惟尔等之命是从。现在虽然不必顾虑及此，但等到千万战舰，来

---

① 王美秀等：《基督教史》，第 366 页。
② 赫德逊：《欧洲与中国》，王遵仲译，中华书局，1995，第 282 页。转引自顾卫民《基督教与近代中国社会》，第 57 页。

我海岸之时，则祸患就大了。"① 这段话更表现出秉政者对天主教传播的忧虑和担心。

二 早期基督教来华传播特点

早期基督教来华传播历经三个时期的发展，最终都以失败告终。虽然从规模和影响上来看，唐朝的景教、元朝的天主教与明清之际的耶稣会在华传播不可相提并论，但是从它们各自传播过程中呈现出的一些共性特征，可以窥见基督教作为西方外来文化与中国传统文化之间存在的根本差异，以及面对差异二者之间如何相互碰撞、彼此作用的过程。

纵观早期基督教对华传播过程，最明显的特征首先是不约而同地选择了走上层路线，将统治阶层作为其主要传播对象。唐朝景教的传播，就是紧紧依附于朝廷，带有浓厚的"奉敕传教"的特点。当时景教主要面向皇室、名公巨卿以及一些西域来大唐的商旅和使臣传播，汉人百姓信奉景教的情况鲜有记录。景教在最初传入阶段是靠"翻经书殿，问道禁闱"（见景教碑碑文拓本）而得以敕建波斯寺。以后历代的传教士则利用其天文、医学等方面的特殊技艺为朝廷服务，同时进奉奇器异巧取悦皇室。景教徒中曾有数人受封于朝廷，如阿罗本被封为镇国大法主。元朝的天主教传入中国，更主要的是依靠罗马教廷和中国朝廷之间互派使节，在你来我往的互动中展开的。孟高维诺得以获准在大都留居传教，也有赖于受到元朝皇帝的礼遇。利玛窦进入中国内地以后，驻足上流社会，结交了一大批王公贵族、朝廷重臣以及上层知识分子。他还秉承了耶稣会惯于从事政治活动、争取最大程度影响最高统治者的传统，一直把觐见中国皇帝、争取皇帝支持作为奋斗目标，认为在中国传教，争取士绅、官僚的支持固然重要，但皇帝的支持更为重要。日后，南明小朝廷中，永历皇帝的皇太后、皇后及太子，均受洗入教，宫中有50人受洗，几成天主教小朝廷。清朝康熙皇帝对传教士的任用，也与传教士影响达于宫廷有直接关系。

传教士与统治阶层紧密联系的做法，一方面使他们能较短时间内在中国立足，实现较快发展；另一方面，与政治过于密切形成依附关系，又导致他

---

① C. W. Allan, "Jesuits at the Court of Peking," Shanghai: Kelly & Walsh, no date, pp. 262 – 265. 转引自顾卫民《基督教与近代中国社会》，第59页。

们在各代随朝廷的好恶而沉浮，随政策改变和新旧政权的更迭而兴衰。正如中国教会史学家方豪所指出："宗教虽不能与政治无关，然关系过密，必将随国家政策而转移。"① 景教碑碑文上说"道非圣不弘"，既然"圣"不支持"道"，"道"即无法推行。皇帝视景教为邪教而欲灭之，而其在中下层社会没有任何的影响和基础，毁灭就不可避免了。

其次，基督教作为外来的意识形态，在传入中国的过程中，不可避免地要面对如何看待中国文化、如何与中国其他宗教相处的挑战。基督教要借助中国原有宗教的词汇和理念传播其信仰，但从其一开始步入中土，即与中国原有的佛教和道教形成一种既相互渗透、依存，又互相排斥、攻讦的关系，并与当时中国的政坛情势、民族对峙与融合以及社会变迁相牵结，这种情形贯穿于早期基督教的整个传播过程之中。② 景教传入时，为了能够与其他各教融洽相处，不但在翻译经典时大量引用了佛教和道教术语，主教景净还曾帮助从印度新来的佛教法师翻译佛经。在流传后世的道教经典中也混有一些景教的赞美诗。但景教既不像道教是中国土生的宗教，又不像佛教那样逐渐认同中国文化，其教义、礼仪与中国传统文化距离较大，而所译经典又多艰涩难懂。所以，景教虽然在中国流传了200余年，但始终被称为"夷教"，其信奉者也以西域及中亚各国人为主，始终未能"中国化"。③ 元朝出于驾驭土广民众的疆域的需要，对佛教、儒教、伊斯兰教和基督教均持一视同仁的姿态。这一开放包容的宗教文化背景，与唐朝有很大相似之处，这也是基督教能够在元朝再度复苏的重要原因。利玛窦自进入中国之后，就试图使天主教中国化，希望通过调和天主教与中国文化而使中国人接受天主教，虽然这种调和方略不无附会因素，却表现了基督教在激烈的中西文化冲突中，企图攀结中国人感情而求生存与发展的意向。最初，他和罗明坚毫不犹豫地接受了明朝地方官赐予的僧人服装，以为这样就可以与中国的"本土教士"打成一片。稍后，通过对中国社会的观察，他发现以传承、弘扬儒家思想为己任的士大夫才是中国社会和文化生活的中坚力量，于是"入乡随俗"，改穿儒服，行秀才礼。他还刻苦学习儒家经典，积极与士大夫结交，争取士大

---

① 方豪：《中西交通史》（上），岳麓书社，1987，第423页。
② 顾卫民：《基督教与近代中国社会》，第25页。
③ 王美秀等：《基督教史》，第348页。

夫的同情，并喜欢别人称自己是"西儒"。他对儒学的态度是"附儒""补儒""超儒"，最终目的是试图以天主教取代儒学在中国文化中的主流地位，确立了合儒斥佛、走上层路线的传教策略。比如，当他发现从欧洲带来的西方科学技术对士大夫有很大的吸引力，他便以西方科学为传教手段；他看到书籍对士大夫的影响力很大，便撰写和印行了大量文字水平较高的中文著作，如《交友论》《西国记法》《畸人十篇》等，以宣讲西方伦理思想和基督教义。1603 年，他最著名的宗教著作《天主实义》在北京刻印，书中博引中国的古籍经典来阐发天主教的教义，努力使教义儒家化。利玛窦还对中国祭祖祭孔的礼俗表示理解，认为它不具有宗教性质，与天主教礼仪不相抵触，由此引起了许多著名学者、士大夫了解天主教的兴趣。这些都表明，由于东方和西方社会环境的巨大差异，最初入华的基督教，从内容到形式都只能借助中国的传统文化，从而在中国社会立足。

最后，在立足上层的同时，基督教逐渐关注社会民间的传播。从现存史籍来看，为了使景教能在民间传播，景教徒曾施过一些"善行"，以向一般民众宏教，景教碑称之为："馁者来而饭之，寒者来而衣之，病者疗而起之，死者葬而安之。"（见景教碑碑文拓本）当以利玛窦为代表的耶稣会确立以中国上流社会为宣教对象的传教策略，周旋结纳于朝臣、地方大吏和士大夫之间时，当时在华的另外两个主要修会多明我会和方济各会，却秉承了它们的欧洲传统，注重向下层社会的平民传教，它们对利玛窦以上层社会为工作对象的方略，也多持批评的态度。当然，当时的天主教还没有将下层社会的皈信作为工作的重心，直到礼仪之争爆发以后，教会禁止教徒祭祖祭孔，士大夫入教者越来越少，天主教在上层社会几乎无人问津，传教士无奈而将目光转向了社会底层民众。

第二节　马礼逊来华前的中国对外关系

一　清朝政府闭关政策与西方资本主义扩张之间的对抗

西方资本主义在 18 世纪有了迅猛发展。对海外市场的急切需求，推动一些资本主义国家掀起争夺殖民地的新热潮。英国率先进行了工业革命，促进了资本主义的长足发展，进而寻求更大范围的殖民扩张。英国和法国作为当时最大的两个殖民地宗主国，为争夺在美洲和印度的殖民地，前后进行了四次战争，最终英国获得大胜，成为世界上最大的商业及殖民国家，进而开始向南亚其他地区扩张，然后扩张到遥远的东亚。18世纪末19世纪初，英国统治了印度，部分侵占了缅甸，并进入中南半岛。英国扩张的势头有增无减，地大物博、尚未被开拓的中国引起英国巨大的兴趣。

当欧洲处于大变革、大发展中时，中国这一东方大国却仍在按照固有的、几乎一成不变的节奏向前走着。清廷对外实行闭关政策，仅在东南沿海地区设立江、浙、闽、粤四个海关，作为管理对外贸易、征收关税的机构，对中外贸易限制甚严。1755～1757年，发生了英国东印度公司代理人洪任辉（James Flint）率武装商船北上要求到浙江宁波等地贸易一案后，清政府收紧外贸，关闭了其他三个海关，只余广州一个口岸，外国船只集中收泊于粤海关进行贸易，由"四口通商"变成"一口通商"。

但英国对进入中国的努力从来没有停止。1793年，英国派使臣马戛尔尼（George Macartney）前来中国，向乾隆皇帝提出增开通商口岸、派驻公使和传教的请求，均遭拒绝。随后，又相继发生两起英国欲以武力占领中国沿海的事件，英属印度殖民地大总督乘欧洲拿破仑战争之机，借口保护葡萄牙人不受法国的侵略，两度图谋占领澳门，企图取代据居澳门的葡萄牙人。1802年，英国派出兵舰六艘、劲兵上千到达珠江口外，准备随时在澳门登陆。由于澳葡当局及广东官府的拒斥，英舰主动撤离。1808年，英国海军少将度路利（William O'Brien Drury）又带兵舰到来，率军在澳门登陆，并占据东望洋、娘妈角、伽思兰三炮台。后经广东地方当局强烈抗议，以重兵进驻澳门关闸地区，同时命令拒绝英国商船进入广州交易，严禁中国人向英国人出售粮食和蔬菜，英国方面最终被迫撤退。

二　澳门成为天主教进入中国内地传教的跳板

葡萄牙人入据澳门后，天主教随之传入，澳门发展成为天主教在中国以至远东的传教中心。17世纪末，澳门三巴寺的传教士充斥澳门街头，使得晚明高僧迹删来澳后发出"相逢十字街头客，尽是三巴寺里人"的感慨。禁教期间，传教士潜入内地传教成为非法，唯有澳门出于特殊的历史和现实原因，成为天主教在中国土地上唯一合法传播的区域。

18世纪初礼仪之争全面爆发后，康熙命令传教士断绝与罗马的联系，不作"具结"者，就驱逐出境，赶往澳门居住。于是1707年，大批没有领取执照的多明我会、奥斯丁会、方济各会的传教士因被清政府驱逐，陆续到达澳门。1720年康熙下令禁教以后，清政府不断加强禁教措施。乾隆统治期间，天主教在中国内地的传教已几乎禁绝。

清政府对澳门天主教的规定是，澳门蕃人自奉其教者不禁，内地民人信奉天主教则为非法。乾隆九年（1744）四月，首任澳门军民海防同知印光任上任之初，订立了管理蕃舶和澳葡的七项章程，其中第三项就是关于中国人入教及窜入澳门城墙内居住的禁令："澳内民夷杂处，致有奸民潜入其教并违犯禁令之人窜匿潜藏，宜设法查禁，听海防衙门出示晓谕。凡贸易民人，悉在澳夷墙外空地搭篷市卖，毋许私入澳门，并不许携带妻室入澳。责令县丞编立保甲细加查察。其从前潜入夷教民人并窜匿在澳者，勒限一年，准其首报回籍。"[1]

乾隆十四年（1749），原澳门同知张汝霖、香山知县暴煜与葡印总督的使节庇利那共同议定，经督抚奏准的《善后事宜条议》第十二条复规定："禁设教从教。澳夷原属教门，多习天主教，但不许招授华人，勾引入教，致为人心风俗之害。该夷保甲，务须逐户查禁，毋许华人擅入天主教，按季取结缴送。倘敢故违，设教从教，与保甲、夷目一并究处，分别驱逐出澳。"[2]但实际上，澳葡当局和传教士并未接受"禁设教从教"条款。张甄陶在《论澳门形势状》中称："又如去岁，丞令通详禁约勒碑澳地，条内有不许引诱华人入教一款，必不肯从，延抗多时，后乃以番字碑立议事亭，汉字碑立县丞公署，草草了事。"[3]

嘉庆继位后，对天主教同样采取禁止措施，多次颁布禁教诏令，对违反者严惩不贷。此时不断有中国内地天主教徒，从澳门接引西洋教士辗转潜入内地传教。嘉庆二年（1797），湖北民人刘之深赴澳门接引三巴寺西洋教士苏起文（Paulo，保禄）赴川传教，在韶关被官府拿获。嘉庆九年（1804），

---

① （清）印光任、张汝霖：《澳门记略》，国家图书馆出版社，2010，第93～94页。

② （清）印光任、张汝霖：《澳门记略》，第113页。

③ （清）梁廷枏：《粤海关志》卷二十八《夷商三》，广东人民出版社，2014，第545页。

广东教徒陈若望为在京供职的遣使会士德天赐带书信往澳门，途中在江西被捕，又引起清政府对传教士和中国教徒的搜捕、审讯。嘉庆十年（1805），山西民人李如至澳门接引西洋教士若亚敬赴山西传教，至乐昌被拿获，起出蕃字经卷解省，若亚敬被监禁三年，期满遣送回国。[①] 同年四月，嘉庆颁谕严禁西洋人刻书传教；十一月，严申广东省禁止传教。嘉庆十六年（1811）七月，颁谕禁止洋人在外省传教。次年再次颁谕："自此以后，如有洋人秘密印刷书籍，或设立传教机关，希图惑众，及有满、汉人等受洋人委派传扬其教，及改称名字，扰乱治安者，应严为防范，为首者立斩；如有秘密向少数人宣传洋教而不改称名字者，斩监候；信从洋教而不愿反教者，充军远方。"[②] 天主教在中国的传教事业越趋式微。当时在中国也只有澳门为基督新教的传入留下了一丝"门缝"，使之有机会以澳门作为进入中国内地的跳板，进而在中国慢慢立足。

三　基督教海外传教运动兴起

15 世纪末 16 世纪初的航海大发现后，基督教开始全球扩张。天主教国家首先掀起对外扩张的狂潮。葡萄牙人 1487 年绕过好望角，被北非伊斯兰世界所拦阻的南部非洲暴露在葡萄牙人眼前。随后，葡萄牙又分别占领莫桑比克、印度果阿作为其殖民地。西班牙通过航海家占领了加勒比地区与菲律宾作为其殖民地。皮萨罗（Francisco Pizarro）则在神圣罗马帝国皇帝查理五世的资助下，占领了利马（Lima，即今秘鲁）与墨西哥也建立了殖民地。在这些西方人"新"发现的大陆上，欧洲的天主教国家纷纷占领当地的土地并建立起自己的殖民地，天主教自然成为这些殖民地的主导宗教。以耶稣会为代表的传教士们则进入印度、日本和中国，成为东西方文化交流的先驱。为了协调这些修会之间的传教活动，教廷于 1622 年设立传信部（Propaganda），由罗马通盘考虑和指挥海外传教事宜。

---

① 章文钦：《澳门历史文化》，中华书局，1999，第 241 页。
② 王治心：《中国基督教史纲》，上海古籍出版社，2004，第 131 页。

相对于天主教而言，基督新教①没有那种大规模失去传统教区带来的危机感，而且由于地理位置的关系，与非基督教区域缺少接触，再加上新教各派别相互指责，缺少整齐划一的领导，因此新教一开始并没有广泛而热切的异域传教活动。但随着国际形势的变化，西班牙、葡萄牙等传统天主教国家力量衰微，新教的荷兰、英国、德国开始成为欧洲的主导性力量后，新教海外传教开始步入正轨。首先是荷兰于17世纪在锡兰、爪哇和中国台湾等地传教。英国很快成为新教传播的动力源，针对北美的殖民地，1649年成立了"新英格兰海外广传福音会"（Society for the Propagation of the Gospel in New England）。1669年，托马斯·布莱（Thomas Bray）领导成立了"基督教知识传播会"（Society for Promoting Christian Knowledge），1701年又组织成立了"海外福音传播会"（Society for the Propagation of the Gospel in Foreign Parts），开始在全世界范围内传播新教。在亚洲，英国首先进入印度，著名的传教士威廉·克里（William Carey）推动建立了"浸礼宗传教协会"（Baptist Missionary Society），并于1793年通过加尔各答进入印度北部。新教在塞兰坡（Serampore）建立起传教基地，进入恒河流域。传教士把异域见闻传回国内，更激起人们的传教热情。

1795年，跨教派的传教组织"伦敦传教会"（London Mission Society，简称"伦敦会"）成立，这是18世纪末英国盛行海外传播基督福音热潮中，由各教派基督徒共同支持组成的海外传教团体，经费充裕。伦敦会最初以南

---

① 新教（Protestantism），又名"抗议宗""抗罗宗"，被称为"新"是因为其号称对罗马公教的教皇、传统和制度的反对，但实际上，其运用的资源却是非常古老的，对《新约圣经》和早期教会传统的尊重甚至超过了罗马公教。简单来说，现代新教具有以下几个特征。（1）各派别与特定族群的关系较为紧密。在路德宗与北欧各民族、改革宗与荷兰和苏格兰人、圣公会和循道宗与英国人之间，宗教与族群常常合而为一。随着近代的移民浪潮和殖民运动，这些新教派别又跟随这些族群的迁移或扩张而进入世界各地。（2）受宗教多元主义（pluralism）的深刻影响。近代以来，政教分离与宗教宽容成为人们的共识，教会与政权之间不存在强制性关系，各教派都可以自由地进行传教活动。在人口流动与教派互动的影响之下，新教各派形成了"你中有我，我中有你"的格局。（3）传统的主流派别如路德宗、改革宗、循道宗和圣公会在世界范围内出现了联合的趋势，在它们之外，福音派（Evangelicalism）与灵恩派（Pentecostalism）成为新教的新兴主力，它们不仅深刻地影响着新教的主流派别，而且成为新教在现代社会得以增长和发展的主要动力。（4）在汹涌的现代社会文化潮流面前，新教各派别之间的界限变得越来越模糊，它们更趋向于形成两个对立的大阵营——保守派与自由派，新教内部的保守派与自由派之间的分化比教派之间的分化要严重得多。参见游斌《从地图看基督教传播世界二千年》，香港：香港中和出版有限公司，2013。

太平洋群岛土著为传教对象，1796年它派出第一批传教士到波利尼西亚的塔希提岛（Tahiti），后来逐渐在亚非等地区增设布道站。

对于伦敦会来说，派人前往中国传教是一项非常艰巨而又重要的任务。当时中国的人口至少占到世界人口的1/3，基督教虽然早期曾取得小小的胜利，但从未在中国人中扎根。就算罗马天主教传教士在无法想象的困难境地中坚守在那里，他们也只是在中国有限地引介了天主教而已。另外，这一时期的欧洲对中国的事情仍所知甚少，英国比欧陆国家知道得更少，仅仅从前期欧洲赴华的罗马天主教士写的关于中国的书籍中了解到一些信息。在经过10年的经营后，伦敦会决定设立中国布道团。

第三节　马礼逊入华

一　为什么选择马礼逊

伦敦会最初计划向中国派遣3～4位传教士，并物色了几名人选。除了马礼逊之外，伦敦会还指派了一位布朗先生与马礼逊结伴前往，但是布朗拒绝了这项任务，随后退出了伦敦会。理事会还计划让范德坎普博士（Dr. Van der Kemp）离开非洲到中国负责教务，但这个计划也失败了。其他的计划同样落空。马礼逊自己也在物色同伴，希望他的朋友克鲁尼能与他同行，但克鲁尼考虑到家庭的因素未能成行。由于没有其他的合适人选，马礼逊最终只能独自成行。

罗伯特·马礼逊，1782年1月5日出生于英国北部诺森伯兰郡（Northumberland）的莫珀斯镇（Morpeth），3岁时随全家搬到纽卡斯尔（Newcastle upon Tyne）。马礼逊是家里8个孩子中最小的。父亲詹姆斯·马礼逊（James Morrison）是一名虔诚的教徒，他在纽卡斯尔开了一个制作撑靴器的店铺。马礼逊自幼跟随父亲学习手艺，并跟从舅舅詹姆斯·尼科尔森（James Nicholson）接受启蒙教育。除了家庭给予的有益教导，马礼逊还在父母所属的高桥教会（High-bridge Chapel）接受约翰·哈顿牧师（Rev. John Hutton）的教理训练，这进一步启发了他的宗教思想。

1798年，马礼逊加入了苏格兰长老会。他学会了速记，从1799年1月起，开始长期写日记。这些日记保存至今，成为后人了解、研究其生平活动、心路历程的重要资料。这一时期他主要读宗教类的书，尤其是《圣经》。每礼拜一晚上都会参加他父亲店铺里举行的祷告团契聚会。他每天休息时间平均约 7 个小时，而体力劳动时间长达 12～14 个小时，其余时间都用在读书、思考和参加基督教社团活动上。

1801 年，马礼逊开始固定地学习一些课程，其中包括拉丁文课程。此时他已经开始考虑将来担任牧职，学习拉丁文就是朝这个方向迈出的第一步。莱德勒牧师（Mr. Laidler）觉察到了马礼逊的性格，鼓励他任牧职的想法。马礼逊这时下定了决心，写了一篇名为《一个牧职倾慕者的沉思》的文章，表明了他对牧师性质和生涯规划的焦虑和盼望，以及对担任牧职的重要性的深刻认识。

1802 年 11 月 24 日，马礼逊申请到霍士顿神学院①学习，很快得到学院的接受。1803 年 1 月 7 日，他到达霍士顿神学院，在两位导师辛普森博士（Dr. Simpson）和阿特金森牧师（Rev. W. Atkinson）的指导下，开始了常规课程的学习。他以极大的热情投入各种宗教和古典文献的学习中，对传教事业的喜好也逐渐增强，被师生们称赞为模范学生。他有极为虔诚的宗教生活，勤奋读书，并开始与同学们一起到附近的教会练习证道和帮助教会工作。他告诉同学们他要当一个到海外去传播基督教福音的传教士，认为这是他义不容辞的职责。同年，马礼逊在圣路加济贫院（St. Luke's Workhouse）举行了首场布道。从此以后，他经常在伦敦附近的村庄为伦敦巡回布道会（London Itinerant Society）讲道，有时也被派到城镇和乡村给固定的会众布道，这些活动愈发坚定了他从事传教的决心。

马礼逊把拟从事海外传教的想法告诉了让他受益良多的神学院导师和司库，他们建议马礼逊要慎重考虑，并告诉他海外传教的困难极大，以他的资质可能在国内开展工作更能发挥才能。但是马礼逊决心已定，1804 年 5 月 27 日，他向伦敦会的审查委员会主席沃牧师提交了入会申请，表达了他去

---

① 霍士顿神学院（Hoxton Academy）位于伦敦北郊，是 17～18 世纪培养英国各地非国教会牧师的著名神学院之一，其目标是给那些预备担任圣职的人提供拓展教育，1776 年创立，1791 年定名为霍士顿神学院。1801 年起学生修业年限从两年延长为三年，以提高毕业生的水准；课程包括《圣经》研究、神学、英文文法与作文、拉丁文、希腊文、希伯来文、逻辑学、修辞学、史地等。1830 年学院搬到海博利，与当地一所学院合并成立海博利学院（Highbury College）。

海外传教的坚决意愿:"我考虑了很长一段时间,海外传教的迫切性盘踞在我脑海,我向上帝祈祷,祈求祂让我做祂眼中喜乐的事情,只要合祂的心意,那我的愿望就实现了。……现在我最大的愿望就是当一名传教士,这是我每次祷告的内容。"他还提及:"我在乡村的亲属、友人以及伦敦的资助人都劝阻我,告诉我海外传道如何困难重重,并许诺我如果留下会有优待。我都考虑过了,祈求上帝指引我,让我能够计算做工的代价,这样就不会成为一个愚蠢的工匠。虽然我非常怀疑自己,但是对上帝的爱的力量让我下定了决心。"① 马礼逊在这封信里表达了他"最大的愿望",也是"热切的期盼",就是当一名传教士,并且强调了他对传教的热情,视之为自己的使命。

申请信递交上去的第二天,伦敦会的审查委员会便安排他接受询问,当晚就通过了他的申请。随即他被送到高士坡(Gosport)传教学院深造,由该学院院长博固(Davis Bogue)博士担任他的导师。博固同时也是《福音杂志》的主编,受英国浸礼会卡瑞到印度传教的启发,1794年9月便在《福音杂志》上刊发文章号召新教教徒到海外传播福音,并且倡导和推动成立了伦敦会,是伦敦会的重要创始人和理事会成员,他主持的传教学院成为伦敦会培养海外传教士的摇篮。1800年,博固得到英国公理派牧师莫斯理(William Moseley)写的一部轰动一时的著作《译印中文圣经之重要性与可行性研究》(*A Memoir on the Importance and Practicability of Translating and Printing the Holy Scriptures in the Chinese Language*),这部书以极大篇幅介绍了耶稣会士在华传教的历史以及他们的印刷经验,博固感受深刻,认为中国是世界上应当首先开辟的传教区。伦敦会司库哈德卡斯特(Joseph Hardcastle)和理事瑞纳(Joseph Reyner)也积极提议向中国派遣传教士,最终得到理事会的一致同意,并确定由马礼逊担任此任务。

二 为赴华传教做准备

确定把中国作为传教目的地之后,马礼逊在接下来的两年多时间里,展开了一系列准备工作。

首先,更有针对性地学习去中国传教所必需的知识。马礼逊继续在高士

---

① 〔英〕艾莉莎·马礼逊编《马礼逊回忆录1》,第29~30页。

坡传教学院学习，集中精力学习汉语以及可能对他在中国传教有帮助的医学和天文学知识。为了尽可能利用伦敦的一切资源学习汉语，1805 年 8 月他去了伦敦。他在伦敦听了布莱尔博士（Dr. Blair）的医学课，并在他的指导下在圣巴斯洛米（St. Bartholomew）的流动医院见习。他还被引荐给格林威治（Greenwich）的哈顿博士（Dr. Hutton）学习天文学。除了这些，他还向一名略受过教育的中国人容三德（Yong-Sam-Tak）学习汉语，并开始抄写大英博物馆收藏的中文《圣经》手稿，还抄了一部皇家学会借给他的手稿《拉汉词典》（*M. S. Latin and Chinese Dictionary*）。学习之余，马礼逊还找机会经常布道，花费相当多的精力做慈善。

其次，尽可能多地了解有关中国的情况。马礼逊在 1805 年 2 月 23 日的日记里记录了其过去一周的工作，在记录下来的 5 项工作中，有 2 项和去中国有关：一是"花费精力研究了'礼仪之争'"；二是"某人对中国的叙述引起了我的注意。书里似乎都是让人不感兴趣的事。从他们的旅途以及穿越中国的旅行中发生的细小的事情中，什么也得不到"。①

最后，为出行做其他准备工作。1806 年的七八月，马礼逊回了一趟纽卡斯尔探亲访友，告别辞行，回到伦敦后就开始忙着为离开做准备。1806 年 10 月前后，伦敦会关于马礼逊去派遣地的安排已经基本明确。伦敦会也在设法安排马礼逊所乘前往中国的船。按照当时英国东印度公司（The East India Company）的规定，传教士不许搭乘任何英国驶往印度的船只。英国浸礼会传教士（Baptist Missionaries）曾向东印度公司请求乘公司的船去印度，但遭到了拒绝。

经过几番周旋，1807 年 1 月 2 日，伦敦会决定了马礼逊搭乘最早离开英国的船，经由美国转赴广州。1 月 8 日晚，伦敦会为马礼逊举行了按立仪式。1 月 20 日，在马礼逊动身之前，伦敦会给他一份《工作指示》和一份《基督徒告诫书》，这些都是经过正式签署的文件。《工作指示》指出，"鉴于无法确定你未来的居留地点，我们若以任何具体的指示约束你的行动，将是极其不明智的"，因此允准马礼逊"依照自己的审慎充分自由行事"，并给马礼逊列出了到华后的三大目标：一是掌握汉语，二是编纂一部汉语词典，三是将《圣经》译成中文。"我们盼望在你完成掌握汉语的大目标之

---

① 〔英〕艾莉莎·马礼逊编《马礼逊回忆录 1》，第 40 页。

前，不会出现反对你住在广州的任何举动；达成目标之后，你要尽快将这项成就转变成对于全世界有益的事，也许你有此荣幸编纂一部较以前更为全面、正确的汉语词典，或更为荣幸地将《圣经》翻译成世界上 1/3 民众所讲的中文。"《基督徒告诫书》则从宗教的角度，告诫马礼逊要关注"自己内心的精神世界"，"要珍惜你心中对上帝的热爱，正是借着上帝你才能赢得众人的尊重和信任；并不断提升中国人的灵魂"，"要祈求上帝在你心中培养出一名牧师所必需的才干，并在上帝眷顾下成功完成你的事业"。①

　　1807 年 1 月 28 日，马礼逊离开伦敦，与前往印度的高登夫妇（Mr. and Mrs. Gordon）和李先生夫妇（Mr. and Mrs. Li）结伴到格雷夫森德（Gravesend）。1 月 31 日，马礼逊一行登上了"邮递号"（Remittance）前往纽约，4 月 20 日抵达。到达纽约后，马礼逊立即想方设法联系去广州的船，并且寻求美国人能够给他提供向广州方面的引荐，最终获得美国国务卿麦迪逊（Mr. Madison）写给驻广州领事加林顿（B. Carrington）的信，在信中麦迪逊要加林顿在符合美国利益的情况下尽其所能帮助马礼逊。这封推荐信为马礼逊到中国后尽快立稳脚跟提供了很大便利。

　　1807 年 5 月 12 日，马礼逊乘坐"三叉戟号"（The Trident）从纽约继续出发，绕道非洲的好望角后横渡印度洋，穿过苏门答腊与爪哇两岛之间的巽他海峡进入南海。旅行期间，他投入大量的时间学习汉语，从伦敦抄来的中文《圣经》和词典派上了大用场，他还为船员们布道。经过 115 天的航行后，马礼逊于 9 月 4 日下午到达澳门外海，当晚登上了澳门，随后前往广州，正式开始了他的中国传教之旅。

---

① 〔英〕艾莉莎·马礼逊编《马礼逊回忆录》（全 2 册），杨慧玲等译，大象出版社，2019，第 64～66 页。

第二章　对华报刊传教活动的初步展开

马礼逊自 1807 年抵达中国，直至 1834 年在广州病逝，这 27 年间除了中间有短暂两年返回英国之外，其他的时间都在中国度过。正如启程之前所预料的那样，到中国传教是个非常艰巨的任务，马礼逊来到中国后，亲身体会到了种种艰难。凭借自身的坚持与英美朋友的帮助，马礼逊慢慢在中国立足，努力逐一实现伦敦会交给他的学中文、编词典、译《圣经》三大任务，并开始了借助传播活动进行传教的尝试。

第一节　报刊传教策略的确立

一　来华初期传教面临重重困难

1807 年 9 月 4 日下午，马礼逊所搭乘的"三叉戟号"到达了澳门外海。当晚，马礼逊与上岸去找领航员的大副一同在澳门登陆，并于次日返回。在他写给伦敦会司库哈德卡斯特以及其他朋友的信中，详细讲述了他刚刚踏上中国土地所了解到的情况，而这些无不向他预示了未来工作的艰难性。

9 月 5 日早晨，马礼逊在澳门拜会了查默斯（Mr. Chalmers）。查默斯告诉马礼逊："欧洲人根本不知道在中国居住有多困难，也不知道找一位中国教师的难处。"他给马礼逊举了一些人尽皆知的事例，例如中国人被禁止教授外国人汉语，如有违犯会被处死。随后，马礼逊求见了乔治·托马斯·斯当东爵士（Sir George Thomas Staunton）。马礼逊离开英国之前，在伦敦会的书记约翰·伯德的请求之下，约翰·班克斯爵士（Sir Joseph Banks）曾经交给马礼逊一封写给斯当东的介绍信。这封信使马礼逊得到斯当东的很大帮助。斯当东向马礼逊介绍了许多情况，同样谈到这些困难，提醒马礼逊东印度公司只允许商人在贸易期内留在中国，同时，"澳门的天主教神父和主教心胸狭隘，因此住在澳门格外困难"。①

从后来事情发展的实际情况来看，马礼逊遇到的最大困难首先在于如何应对中国政府禁止传教，以及严格限制外国人居留的政策。虽然斯当东也提到了东印度公司和澳门天主教可能带来的阻力，但与前者相比，这实在微不足道。在东印度公司方面，斯当东将马礼逊介绍给英国东印度公司广州商馆的大班剌佛（Mr. John W. Roberts），剌佛表示马礼逊作为一名英国人，由于其目的与贸易无关，因此想要留在广州非常困难，但同时表明愿意在其职权范围内帮助马礼逊。事实上，剌佛直到1813年在澳门去世，一直热心支持马礼逊所属的伦敦会的文化和慈善事业，因此，来自东印度公司广州商馆的阻力并不算大。在澳门天主教方面，马礼逊在1808年1月仍然认为："澳门的天主教神父对我来澳门相当警觉，我担心他们很可能会利用他们的影响力反对我，和我谈过话的几位先生也有同样的担忧。"② 但其对马礼逊总体没有过多地强硬干预。马礼逊在1809年12月分别给友人写信说道，"我主要居住在澳门，葡萄牙人没有骚扰我，他们消极地与我作对，他们禁止天主教徒帮助我"，"澳门的葡萄牙天主教士没有强烈地反对我，他们只是禁止中国天主教徒帮助我学汉语。以前在广州教我汉语的人，虽然葡萄牙天主教会并不知道他，当我在澳门时也不敢登门来访了"。③ 因此，马礼逊来华初期，首先需要解决的是设法在中国立足居留的问题。

9月6日晚，马礼逊抵达广州。④ 通过美国国务卿麦迪逊为他写的引荐

① 〔英〕艾莉莎·马礼逊编《马礼逊回忆录1》，第82~83页。
② 〔英〕艾莉莎·马礼逊编《马礼逊回忆录1》，第113页。
③ 〔英〕艾莉莎·马礼逊编《马礼逊回忆录1》，第152~154页。
④ 关于马礼逊抵达广州的时间，《马礼逊回忆录》中有两处相关记载。一处是引用马礼逊的日记，其时间为"1807年9月8日，广州，美国商馆。礼拜一上午"，其中说道，"昨天晚上大约8点，我到了广州"。如果据此判断，马礼逊抵达广州的时间应为9月7日晚，但查万年历可知，1807年9月8日是礼拜二，而9月7日才是礼拜一。另一处是他于1807年9月7日在美国商馆写给伦敦会司库哈德卡斯特的信中说道，"今天上午我拜会了美国商馆大班加林顿先生"，可见9月7日白天他已经身在广州。由此可以推断，马礼逊于9月6日晚抵达广州，日记中"9月8日"记载有误。苏精《中国，开门！——马礼逊及相关人物研究》（香港：基督教中国宗教文化研究社，2005，第27页）一书对此亦有相关论证。

信，马礼逊得以暂时住在"三叉戟号"的货监米尔诺和布尔的商馆中。由于担心东印度公司对他在中国居留设置障碍，马礼逊暂时以美国人的身份居留在广州，他行事小心翼翼，不敢让人知道他是英国人。

虽然马礼逊隐瞒其传教士的身份，以商人的身份暂时留在广州，但是到了1808年夏季将临时，依规定所有外国人必须前往澳门或离境。① 与此同时，他紧张地学习，加上广州气候的影响，致使他身体非常虚弱，东印度公司广州商馆的医生皮尔逊（Alexander Pearson）建议他搬到澳门去休养一段时间。马礼逊担心赴澳后天主教的葡萄牙当局会对其不利，一度打算撤往南洋的槟榔屿。后来在别人的劝说下，他才动身去了澳门。1808年6月初至8月，马礼逊在澳门住了近3个月，刚到澳门时，"他极不情愿让澳门人注意到自己，所以他从不外出，在这点上他有些谨慎过头；但为了安全考虑，这样的错误似乎是可以原谅的"，"此时，他所处的敏感的环境，需要最严密的小心谨慎"。② 他由以前在广州的中国助手陪同，继续努力学习汉语，身体状况有了很大改善，8月底返回了广州。然而，随后发生的一起政治冲突致使全部英人必须撤离广州。英国海军少将度路利率领从马德拉斯来的军队300人于1808年9月在澳门登陆，中国人和葡萄牙人都极力反对他们停留。中国方面从10月起停止了双方的贸易，12月停止给各船及军队的供应，导致马礼逊同所有的英国人一起被迫离开广州又返回澳门居住。在澳门他仍过着深居简出的生活，并且一度想另寻他址居住。这段时间里，他坚持不懈地学习汉语，包括官话和广东方言。③

马礼逊来华初期要解决的另一大问题是如何尽快适应异国新的环境，以及以何种方式与中国人打交道。1807年9月27日，他在给沃牧师的信中说道："我该穿什么、说什么、做什么是我目前大量思索的事情。"④ 200多年前，他的前辈利玛窦同样遇到了这个问题，其采取了先后换穿中式僧服、儒服的入乡随俗的解决办法。或许受此启发，马礼逊初到广州时，住在美国朋

---

① 当时清朝对外贸易实行朝贡贸易制度，外国人在清廷的海禁政策之下，不能长年居留广州，只被许可每年有几个月的时间，随着所谓的"朝贡船"驶入黄埔港上下货物的机会，才可居留于广州，其他时间必须回到澳门居留过冬。

② 〔英〕艾莉莎·马礼逊编《马礼逊回忆录1》，第128页。

③ 〔英〕米怜：《新教在华传教前十年回顾》，北京外国语大学中国海外汉学研究中心翻译组译，大象出版社，2008，第35页。

④ 〔英〕艾莉莎·马礼逊编《马礼逊回忆录1》，第93页。

友为他提供的地下室两个小间里，他在那里学习、吃饭、睡觉，采用中国人的生活习惯，留起了一束发辫，娴熟地使用筷子，甚至穿衣也模仿中国人，穿着僧袍和厚底中式靴子。他认为学习当地人的生活方式会大大有助于自己的事业。但是他很快意识到，这一想法是错误的，"让自己从外表上显得那么与众不同，就等于向中国人宣告他与广州的其他外国人是不一样的，也等于宣称他怀有异于商业的目的，而在当时商业是得到中国各级政府批准的外国人唯一能够合法从事的活动"。① 于是，他削短指甲，剪掉头发，换掉中式服装，让他自己不再显得那么特立独行。

刚刚进入一个全新的异国环境，陌生的文化、陌生的社会、陌生的语言，有太多让人难以承受的事情，马礼逊对未来怀着很大的不确定性。9月8日，刚到广州没两天，他到广州的城外走了走，向他姐姐写信抱怨说："中国人跟在我后面骂我，聚集的人把我进入的商铺的门都堵住了，就像在英国纽卡斯尔街上有一个土耳其人或其他外国人经过时，孩子们好奇地围观一样。"② 10月18日，他给父亲写信说："上个月我都在学习汉语，到中国人的店铺与他们交谈，在我的住处接待中国人，努力增进对中国人的理解。"③ 尤其是他留在广州这么久，也不像其他人那样做贸易，不想挣当地人说的"大钱"，引起了别人的好奇，他们一度以为他是个富人，或是某个有钱人的公子。跨文化交流同样引起焦虑。在马礼逊1808年1月10日的日记中，有以下片段："我在今天的日记中写出我曾有过的困惑，我不知道该怎样向中国人表达最高的存在，是采用天主教士的'天主'还是用异教徒懂得的表示超然无形的神灵的词，他们这样的词很多。现在这个问题不再困扰我。我两种称呼都用，但更倾向于用他们自己的说法'我神'（Vir-Shin），他们就能明白。如果我用其他的名称，他们以为我带来了另一个神——我的国家的神。这种观念与所有异教徒的神灵观相符，我尽量不用这样的词。我不是给他们带来了另一个神，而是要让他们信服他们对'神'的认识是错误的；世界上没有众多的神灵，只有唯一真神，在所有国家都一样。我甚至还让他们保留'天'这个词，但是像我们在自己的语言中那样

---

① 〔英〕米怜：《新教在华传教前十年回顾》，第31页。
② 〔英〕艾莉莎·马礼逊编《马礼逊回忆录1》，第94~95页。
③ 〔英〕艾莉莎·马礼逊编《马礼逊回忆录1》，第97页。

赋予它正确的含义。那些对基督教有些了解的人，已经失去了异教徒对'天'的观念，用这个字指称统领荣耀之国的神。相比之下，给异教徒灌输一个正确的观念比创造一个新词更重要。"① 语言沟通障碍以及文化和心理方面的冲击无不加剧了马礼逊对未来的焦虑感。

此外，他还必须解决在华外国人生活费用高昂的困难。根据苏精的研究，马礼逊每年从伦敦会领取薪水 200 英镑，约合西班牙银元 800 元，然而仅租房和伙食就需要花费 650 银元，另外还得雇用仆佣和中文教师、购买文具、洗衣等，根本入不敷出。生活拮据和处境艰难，一度令马礼逊心灰意冷，有离去之意。②

上述问题直到 1809 年 2 月 20 日，随着他的人生在一天之内发生两次重大的转变而得到很大缓解。这一天，马礼逊与莫顿（John Morton）医生的大女儿玛丽·莫顿（Mary Morton）在澳门结婚，同时马礼逊被东印度公司广州商馆任命为中文译员。对于作为一个传教士接受聘任这件事，他在 1809 年 12 月 4 日从广州写给伦敦会理事会的信件中陈述了其接受聘任的理由："简要地说就是为我居留当地提供保障；同时，这一职务有助于提高我的汉语水平，我的意思是这一切都是为了达到这个目标；第三个原因是它提供的薪水可以减轻英国教会传播福音的经济负担。"③ 东印度公司任命这件事对马礼逊有着不同寻常的重要意义，因为这给了他合法居留中国的身份，并且他从此有了稳定的经济保障，可以安心在中国居留，以完成他的使命。

二 对华出版传教的最初尝试

19 世纪时，英国各传教团体用以宣扬其教义与传教工作的工具或方式有三种：其一是出版定期杂志，大量刊登各地传教士寄回英国的信函或工作报告，其中绝大多数是关于他们的工作如何令人鼓舞的描述，或者是异教徒如何接受或渴望接受基督福音的报道；其二是在各教堂举行定期聚会祷告活

---

① 〔英〕艾莉莎·马礼逊编《马礼逊回忆录 1》，第 106 页。
② 马礼逊抵达中国 3 周后给瑞纳（Reyner）写了一封信，信里只谈了费用开支，从中可见马礼逊对如何节省伦敦会经费问题感到非常焦虑。当年 11 月 4 日，马礼逊在写给伦敦会司库哈德卡斯特的信中详细描述初到中国的情形，也特意提到了面临经费高昂的困难。见〔英〕艾莉莎·马礼逊编《马礼逊回忆录 1》，第 83~84、88 页。
③ 〔英〕艾莉莎·马礼逊编《马礼逊回忆录》（全 2 册），第 179 页。

动，以提振参加者的精神，使其乐于捐助；其三是在各地组织深入民间的辅助团体，以集腋成裘的方式募集小额捐款，并鼓励各辅助团体彼此间进行竞赛；等等。①

虽然在华传教工作的首要目标并不是口头宣讲，伦敦会《工作指示》中也没有对此做出明确要求，但对马礼逊来说，这的确是一个令人向往的目标，尽管实现起来有点遥远。面对面口头宣讲的直接传教，是传教士们最直接的手段和可以取得理想效果的方式，但"在一个把聆听外国人教导视为反政府罪名的国家，不可能期待出现人数众多的集会。在离开英国时，这位年轻的传教士脑海中出现的生动欢愉的图景是：全神贯注聆听的人群围坐在自己周围——成千上万充满敬仰的异教徒专心致志地听他的教导，并对永恒的美好生活欣喜若狂。这样的图景在目前的中国无法实现。马礼逊与自己的同事能做的就是在隐秘的房间里，大门紧锁，内心惶恐、战战兢兢地对一两个人宣讲"。② 的确，马礼逊一度对直接传教非常纠结，是应该在礼拜天聚集两至三名中国人给他们讲耶稣，还是在他掌握汉语、具备翻译《圣经》的水平之前，避免暴露他的传教士身份，或者这两件事同时进行？他认为，"毫无疑问，两件事同时做"，但又焦虑"如果因为传教而被驱逐，因此失去了在中国散发《圣经》、造福万民的机会，该怎么办"。③ 到了1808年1月初，他写便条邀请三四名熟识的美国朋友参加在他住处举行的礼拜仪式，然而其中一位接到他的第一张便条就劝阻他不要继续发给别人，认为这样做不合适。几年下来，接受他直接传教的人并不多。根据他1812年12月22日写给伦敦会司库和书记的信件，他一直努力给少数几个人口头宣讲宗教的真理，但有名有姓的中国人只列出11个。④

马礼逊发现他既不能给中国人传教，也不能通过正常的途径接近中国人，于是不得不寻找新的合适方式，很快他发现能向中国人传播教义的唯一方式就是印刷出版。在中国，阅读中文书籍的人数比其他任何民族都要多，加之各种方言多得难以计数且彼此各不相同，如果不借助书面文字，常常无

① 苏精：《上帝的人马：十九世纪在华传教士的作为》，香港：基督教中国宗教文化研究社，2006，第204~205页。
② 〔英〕米怜：《新教在华传教前十年回顾》，第40页。
③ 〔英〕艾莉莎·马礼逊编《马礼逊回忆录1》，第98页。
④ 〔英〕艾莉莎·马礼逊编《马礼逊回忆录1》，第189页。

法进行长时间交谈，但是书籍可以被民众普遍接受。① 马礼逊将对中国人的传教方式与对马来人的传教方式进行了对比，认为马来民族对文字知之甚少，马来人缺乏阅读能力，因此对马来人传教的首要方式是口头传教。他还认识到中国人重视读书，某些异教徒的偏见可能就是由印刷出版造成的。②

马礼逊把印刷出版当作可能突破困境的一种手段，憧憬着自己不必冒险现身说法，只要散发大量出版品，爱好阅读的中国民众终会逐渐接纳基督教的福音。这一想法和决定，既有特定的历史时代背景，也是结合其个人经历与当时中国的实际情况而做出的考虑。在马礼逊来中国之前，当时18世纪末19世纪初期的英国，阅读报刊已经成为人们日常生活的一部分。1785年，《泰晤士报》（*The Times*）开始在伦敦发行。18世纪起，欧洲报业风行。马礼逊早在英国学习时，便在日记里提到一些他读过的书刊，包括赫维的著作、拉马尼的《书信集》、马歇尔的《论成圣的福音奥秘》、默谢姆的《教会史》、亨利的《经注》，他从这些书刊中摘抄了一些内容。日记中特别提到两份宗教刊物：一是在爱丁堡发行的月刊《传教杂志》（*Missionary Magazine*），这是他特地向朋友借的，这表明了他心里对传教事业的偏好，这份刊物可能坚定了他传教的想法；二是《福音杂志》（*Evangelical Magazine*），杂志上登载有著名的传教人物。《福音杂志》创始于1793年7月，是一份方便购买、容易阅读的新教杂志，很多著名的新教传教士及差会创始人曾在上面发表过极具影响的文章。《福音杂志》上经常登载有关伦敦会的消息，该刊的两位主编都曾参与伦敦会的创建，并担任伦敦会的理事。③ 其中博固先生就是马礼逊在高士坡传教学院的导师，博固的经历无疑对马礼逊产生了很大影响。

1799年8月17日，马礼逊在日记中写道："读了两期《传教杂志》，让我获得了莫大的满足。"④ 在英国国内能够阅读宗教刊物，与他来到中国后难以看到类似刊物形成鲜明反差，他在后半生经常说起这一时期渴求阅读刊

---

① 〔英〕米怜：《新教在华传教前十年回顾》，第72页。
② 〔英〕艾莉莎·马礼逊编《马礼逊回忆录1》，第136页。
③ 〔英〕艾莉莎·马礼逊编《马礼逊回忆录1》，第4~5页。
④ 〔英〕艾莉莎·马礼逊编《马礼逊回忆录1》，第8页。

物却得不到的失落感。① 同时，他也为传教士们普遍缺乏书籍的状况感到惋惜，认为人们低估了书籍的价值和它们给人带来的安慰，他自己也在可能的情况下从这些杂志中努力寻求精神上的指引。1807 年 11 月 4 日，来到广州之后两个月，他给伦敦会写了一封信，详细报告了离开纽约到达广州的经历，在信中他专门提出，"如果要给我寄东西，首先给我寄一些长信，还有《中间派评论》（Eclectic Review）、各类传教刊物，都是最受欢迎的"。② 可见这些传教刊物对马礼逊的影响之深。

在马礼逊出发前往中国前，伦敦会已经多方打听过中文印刷的情形。1800年，前文提到的牧师莫斯理出版了《译印中文〈圣经〉之重要性与可行性研究》一书，介绍了耶稣会士在华传教的历史和他们的印刷经验，伦敦会的理事会曾与莫氏联系。此外，伦敦会的一名理事曾写信给槟榔屿的英国商人史考特（William Scott），探询当地华人社会的情形，其中包括中文印刷问题。史考特答复表示，木刻板印是中国唯一的印刷方法，在槟榔屿可能办得到。

马礼逊抵达中国后，也非常注意中国的印刷与出版情况。上岸一个星期后，他注意到广州十三行的街道旁，散坐着的中国穷苦民众在阅读一些小册，他猜测这就如伦敦及英国乡间卖书小贩出售给民众的读物一样，因而对于将来以出版品传播基督福音的前景感到乐观。1808 年 9 月 22 日，他记下日记："中国人有一个习惯，如果他们注意到上天给他们的一些恩赐，就会印书并把书放到附近的寺院赠人，包含某种祷文的 2200 本小册免费赠人。出资刻印者在小册上写自己的名字。"③ 不久，他又两次较详细地记载中国官方《京报》的出版与发行，也曾进入广州附近的书店浏览，并购买五经读本之类的书。

马礼逊在来华半年后，有意着手解决出版问题，他几度打听印刷的市价行情，并向伦敦的理事保证不会花费太多。1808 年 4 月 25 日，他在日记中写道："我今天询问了以中国典籍开本的大小印刷一部书的价钱，但是我没有进一步询问并估测印刷《新约圣经》的费用。据称一套雕版可以印刷 3万或 4 万册书。"④ 1808 年 10 月 14 日，他在日记中写道："我现在彻底放弃

---

① 〔英〕艾莉莎·马礼逊编《马礼逊回忆录 1》，第 5 页。
② 〔英〕艾莉莎·马礼逊编《马礼逊回忆录》（全 2 册），第 114 页。
③ 〔英〕艾莉莎·马礼逊编《马礼逊回忆录 1》，第 123 页。
④ 〔英〕艾莉莎·马礼逊编《马礼逊回忆录 1》，第 110 页。

了进入帝国内陆的希望，至多就是留在帝国划定的地区，在这里学习汉语并且印刷书籍。"① 1810 年，马礼逊首次动用伦敦会给他的《工作指示》中授权他在必要时可以便宜行事的权力，将他抄录的《四史攸编》中《使徒行传》的部分略加编辑修正后，利用木刻印刷出版了 1000 册，称为《耶稣救世使徒行传真本》。虽然由于中国政府禁止传教的缘故，马礼逊译印的《圣经》在中国本土只能暗中传布，但在华人聚居的南洋各地却以每一版成千上万部的印量广为公开分发，成为鸦片战争以前新教对华人传教的一种重要方法。②

新教在中国的第一次出版活动，带给马礼逊极大的喜悦。三大任务中，学中文非一蹴而就之功，马礼逊在 1810 年终能熟练掌握。③ 而另外两大任务——编词典、译《圣经》，在马礼逊的全身心投入下，逐步结出果实。他还提出要印刷一些宗教小册子，但认为宗教小册子应该与《圣经》同时出版或者稍后亦可，而不应提前，因为阅读宗教小册子的人需要查看《圣经》寻找引文或者引证。本着上述观点，马礼逊写了一本名为《神道论赎救世总说真本》（*Divine Doctrine Concerning the Redemption of the World*）的宗教小册子。他在给哥哥的信中提到这件事："你肯定最想知道我做了哪些有关传教事务的事情。我今年的主要工作就是翻译《圣路加氏传福音书》，现在正在印刷。我刻印了 1000 册自己用中文写的《神道论赎救世总说真本》，还编写了一本中文的教义问答《问答浅注耶稣教法》（*Catechism*），打算本季度给伦敦会寄去一册。"④ 《问答浅注耶稣教法》于 1812 年编纂出版，内容大体是苏格兰国教会《教义问答》的简要版本。马礼逊发现这部基督教真理的概要对教导他雇用的中国年轻人帮助极大，有的年轻人将其内容熟记在心。后来在马六甲的学校使用这本小册子也很有帮助。⑤

1814 年，应澳门东印度公司的要求，英国东印度公司董事会决定承担马礼逊所编写的汉英词典的印刷，派了印刷工人汤姆斯（Peter Perring Thomas）带上印刷机和字模等前往中国。1814 年 9 月 2 日，汤姆斯抵达澳

---

① 〔英〕艾莉莎·马礼逊编《马礼逊回忆录 1》，第 124 页。
② 苏精：《上帝的人马：十九世纪在华传教士的作为》，第 207 ~ 208 页。
③ 〔英〕米怜：《新教在华传教前十年回顾》，第 41 页。
④ 〔英〕艾莉莎·马礼逊编《马礼逊回忆录 1》，第 159 页。
⑤ 〔英〕艾莉莎·马礼逊编《马礼逊回忆录 1》，第 167 页。

门，澳门东印度公司印刷所由此成立。这是中国境内设立的第一所西式印刷所，但这家印刷所没有出版过一部全是中文的书，甚至出版的书也不以中国读者为对象，而是面向远在欧美各国的读者。这些出版物对增进19世纪西方国家对于中国的知识与态度，产生了相当大的作用，① 同时为马礼逊在华积累出版活动经验起到了促进作用。有了这一系列出版传教活动的成功铺垫，马礼逊创办报刊开展传教的想法渐渐清晰。

三　转向马六甲

经过最初几年的艰难摸索，马礼逊逐渐熟悉了中国的环境，得以站稳脚跟，伦敦会交给他的任务进展比较顺利。但仅此而已，要想进一步履行传教使命仍受中国官方的严格限制。在中国禁教、难以进入中国内地传教的情况下，马礼逊一直意图选择在中国周边地区建立传教基地，并在槟榔屿、马六甲两地做过反复比较。

1807年9月27日，甫到广州不久的他在给沃牧师的信中便提道："能否考虑为中国传教团培养两三名后备人员？……如果向这里派人，让一个人去槟榔屿，另一个去马六甲，主要是顾及那里有很多中国人居住，还有马来人。"② 在接触了从槟榔屿来的想乘英国东印度公司的船只返回英国的莱克（Mr. Lake）后，根据莱克提供的信息，1807年底马礼逊表示如果他必须离开广州，他更倾向于去槟榔屿而不是马六甲，因为槟榔屿政府不认为阻止传教是政府的义务，并且岛上没有做任何教导马来人或中国人信仰基督教的事情。在到达中国后的第一个夏季来临之前，马礼逊非常担心会被驱逐出广州，也有意去槟榔屿。马礼逊在1808年3月3日的日记中记载，由于容三德请求他的雇主东裕行的行商谢梧官从中周旋，马礼逊得以继续留在广州，因此放弃了搬往槟榔屿的计划。夏季来临时，虽然马礼逊最终听从了斯当东的建议去了澳门，但由于担心会引起澳门天主教神父的注意和疑虑，他又一次考虑前往槟榔屿。

1808年的夏天和冬天，马礼逊在澳门度过。这个阶段他留在澳门的阻力极大，他已决心去槟榔屿，并已经在着手准备相关工作，希望在那里继续

---

① 苏精：《马礼逊与中文印刷出版》，台北：台湾学生书局，2000，第80~81页。
② 〔英〕艾莉莎·马礼逊编《马礼逊回忆录1》，第93页。

学习汉语，完成他使命中的前期目标，若遇到合适时机就努力去实现。1809年12月4日，他在写信给理事会再次陈述接受东印度公司广州商馆聘任为中文译员一事时，还说道："我在想你们为什么还没有向槟榔屿派遣传教士，你们一定要考虑这个建议。就像老话所说，让它成为进入中国的'跳板'，同时还可以向马来人传教。在我看来，此处非常适宜建立传教点，因为所有往来印度各地的船只都路过它，因此它可以成为连接其他传教点的枢纽地。这个计划并非异想天开，这个地方很适合召开三年一次的传教大会。"① 伦敦会表示赞同马礼逊如果被迫离开澳门和广州，可将槟榔屿作为居住地。

1812年，嘉庆皇帝晓谕全国禁止基督教，引起了在华欧人的惊恐，马礼逊在给伦敦会理事会的信中表达了他对此事的看法，他说："我此次附上了一份我翻译的中国禁教令的谕旨，你们从中可以了解出版中文的基督教书籍和小册都是斩首的罪。然而，我必须继续我的使命，信靠上帝。中国官府颁布的法令只要不违背上帝的旨意，我们都会严格认真地遵从。我将避免引起中国官府的注意。"② 当年12月12日的日记中，他记载了一位中国天主教徒告诉他的澳门主教发布的一条专门针对他的命令，命令禁止天主教徒和马礼逊交谈或者给马礼逊中文书籍。1814年3月，澳门的中国官员公布了禁止中国人接受外国人宗教的谕令。因此，在6月17日的日记里，马礼逊无奈地表示："我的脑海中有各种各样的计划，可是这里的环境却不允许我去实现它们。"③

马礼逊来华后独自为战，苦苦支撑，常常感到心有余而力不足，因而屡屡写信回国要求增派同工协助工作。这件事在1812年有了结果，这一年伦敦会决定指派米怜前来中国协助传教。1812年9月，来自苏格兰北部的威廉·米怜（William Milne，1785—1822）夫妇在朴次茅斯（Portsmouth）上船向好望角航行，随后于1813年7月初抵达澳门，受到马礼逊夫妇的欢迎。米怜准备全力投入汉语学习，协助马礼逊开展传教工作。但是随即接到澳门的葡萄牙总督的命令，留在澳门的英国人必须出于纯粹的商业目的，英国传

---

① 〔英〕艾莉莎·马礼逊编《马礼逊回忆录1》，第145页。
② 〔英〕艾莉莎·马礼逊编《马礼逊回忆录1》，第177页。
③ 〔英〕艾莉莎·马礼逊编《马礼逊回忆录1》，第216页。

教士不可以在此居留，要求米怜 8 天之内离开澳门，虽经马礼逊多方周旋仍无果。7 月 20 日，米怜不得不离开澳门，搭乘一艘小船前往广州，只留下他的夫人在澳门。

在清政府的禁教政策下，作为英国传教士，无论是马礼逊还是米怜，到中国后都立刻引起了政府的注意，行动受到严密监视，基督教要在中国境内传播是不可能的。建立一个距离中国不太遥远的传教基地，一旦中国门户开放再进入中国，这样的想法因为米怜无法在澳门立足而被进一步激活。马礼逊经过仔细思考，于 1813 年 11 月提出了解决办法：正值新近译成的《新约圣经》和几部传教小册即将付印，让米怜前去考察马来群岛上主要的华人聚居地并尽可能地广泛散发这些书。这次行程的目标是：（1）分发《新约圣经》与传教小册；（2）在当地寻找一处安静平和的地方，建立中华传教事业的总部，以期不受干扰地在当地开展在清政府禁止下无法正常进行的一些重要工作；（3）调查当地华人居民的人口和环境等情况，以便将来有助于指导传教事业，有效地在当地居民中传播福音；（4）了解在槟榔屿与爪哇有什么有助于印刷马礼逊所编《中英对话》（*Dialogues*，*Chinese and English*）一书的设施，以便帮助后来的传教士学习汉语。[1]

1814 年初，米怜前往南洋群岛考察，考察了有可能成为中华传道团总部最佳地点的每一个地方，包括爪哇、马六甲，于 9 月返回中国。经过实地考察与反复比较，他们认为马六甲是合适的传教基地，主要有以下几个原因。第一，交通便利。马六甲距离中国路途较近，与有较多华人居住的马来群岛各地之间的来往较为方便，并拥有与印度和中国广州频繁来往的有利条件。尽管马六甲的华人比爪哇的少得多，但在具有地理位置优势的马六甲建立布道站，会比在爪哇拥有更广泛与外界交往的机会。第二，气候适宜。比起巴达维亚（今雅加达），马六甲被认为更有利于人们的身心健康，因而更适合建立一个将来可能发展壮大为面向若干国家的传道团的核心布道站。第三，当地环境安全宁静，时任政府支持传教工作。[2] 因此，马礼逊、米怜最终选择了马六甲而不是巴达维亚或槟榔屿作为布道站的地点。这一选择不可能满足他们所有的目的，但这似乎是他们当时的最佳选择。

---

① 〔英〕米怜：《新教在华传教前十年回顾》，第 54 页。
② 〔英〕米怜：《新教在华传教前十年回顾》，第 64 ~ 65 页。

选定目的地后，马礼逊、米怜向伦敦会提出了"恒河域外传道团"（The Ultra-Ganges Missions）传教计划，以决议书的形式陈述了他们的观点，呈交给伦敦会的理事们，其中包括在马六甲设立传教总部、开设书院、翻译和印刷《圣经》及其他宗教书籍、开办印刷所、出版报刊等 10 条建议。决议具体内容如下：

1. 中国的现状使得印刷出版和在华传教其他几项工作困难重重，甚至连传教士的居留都无法确保。因此，我们渴望找到一个邻近中国并处于欧洲新教国家统治下的地点建立中华传道团的总部，以期更为合理地长期开展卓有成效的工作，并准备一旦上帝为我们打开一扇大门时，能够进入中国发挥更大的作用。我们认为马六甲适合于此目的——于是决议由米怜先生启程去马六甲建立布道站。

2. 在抵达马六甲之后，米怜先生应试图通过获赠或购买，获得一块地皮作为布道站的财产，并在此处建造开展工作所需的建筑物。

3. 尽早建立一所免费的中文义学，并希望它能为后期建立神学院铺路；这所神学院以教育虔敬的中国人在中国和邻近国家担任基督教牧师为目标。

4. 在马六甲出版一种旨在传播普通知识和基督教知识的中文杂志，以月刊或其他适当的期刊形式出版。

5. 这一布道站的工作主要面向中国人；但并不仅仅如此。一旦获取充足的设备和工具，即可建立马来和其他国家的布道站。这一点更为重要，因为伦敦传教会很可能在不远的将来派传教士前往马来等地。

6. 这一布道站的创立既然包含中国、马来或印度以东地区相关的多重目的，其名称应体现广泛的包容性，以容纳后续建立的所有布道站。因而选定采用"恒河域外传道团"（The Ultra-Ganges Missions）这一名称；这并非暗示在印度以东地区不存在其他差会的传道团；而是指伦敦传教会向这些地区派出的传教士都将在这一名称的传道团之下工作。使用这一名称，与其说是宣示我们是这地区唯一的占有者，不如说是指称我们的工作场所的范围。

7. 一旦具备合适的人选和工具，应尽快尝试印刷中文、马来文和英文书籍——中文版《圣经》的余留部分，中文和马来文其他基督教出版物，以及讲解东方国家语言、风俗、观点或有助于传教工作的英文书籍都应印刷出版。

8. 非常期望出版一种英文期刊，旨在增进伦敦传教会在印度不同地区传道团之间的联系与合作，并增进普遍友爱和基督徒美德的善行。希望能在马六甲迅速着手开展此项工作，并恳请福音的同工们协助我们。

9. 为了教导异教徒，应举行固定的与随时性的中文宗教仪式；一旦布道站的条件许可，就应设法建立一处供基督徒做礼拜的场所。

10. 由于马礼逊先生致力于编著《英华字典》和其他工作，无法分心继续翻译，中华传道会的第二名成员（米怜先生）将翻译《旧约》的部分章节——他们共同齐心协力完成整部《圣经》的翻译工作。[①]

在这 10 条建议中，有 2 条涉及报刊传教工作，分别是出版一种中文杂志月刊和一种英文期刊。马礼逊最初构想是编印英文月刊或季刊，便于散布在亚洲各地区的传教士互通声息，与米怜讨论后决定增办一种"介于报纸与传教杂志间"的中文期刊，兼顾一般知识与基督教义的传播。[②] 伦敦会批准了这一计划。米怜成为建立马六甲传教基地这一任务的具体负责人。1815 年 4 月 17 日，米怜偕妻子和已皈依基督教的中国刻工梁发[③]等人，带着中文书籍和印刷用纸上船从广州启程，经过 35 天海上航行后抵达马六甲。同年 8 月 5 日，中文月刊《察世俗每月统记传》在马六甲创刊，恒河域外传道团传教计划的第 4 条得以实现。当天，被称作"立义馆"的免费学校在马六甲开学，这所免费学校后来扩展为"英华书院"。与此同时，近代化出版机构马六甲印刷所也创建了起来，用以印刷宗教书籍。

第二节　报刊传教的肇始：创办《察世俗每月统记传》

1815 年 8 月 5 日，《察世俗每月统记传》（以下简称《察世俗》）在马

---

① 〔英〕米怜：《新教在华传教前十年回顾》，第 65～66 页。

② 苏精：《马礼逊与中文印刷出版》，第 155 页。

③ 梁发，广东高明人，生于 1789 年，1815 年随米怜前往马六甲，负责《察世俗每月统记传》等书刊的刻印，1816 年经米怜施洗成信徒，1826 年起从印刷工匠变成传道人。

六甲正式创刊，英文名称为 *Chinese Monthly Magazine*。这是传教士创办的第一份以中国人为对象的报刊，尽管创建于中国境外，却是我国近代化报刊的肇始，[①] 也是"世界上最早的第一份近代化中文报刊"。[②]

由于该刊在中国近代新闻史上具有特殊重要地位，且在大英图书馆、美国哈佛大学图书馆等藏有实物，中国国家图书馆、香港中文大学图书馆等也有部分缩微胶片，学界对其创办、内容、办刊特色、历史影响等已有很多研究成果。[③] 因此，本书对《察世俗》本身除了涉及行文需要及概述最新研究成果外，对学界已有共识不再赘述，更多从该刊与马礼逊之间的互动关系来考察，即从该刊寄托了马礼逊、米怜等人怎样的传教理念，刊物又是如何分发传播、实际传播效果如何，以及其对中国新闻事业和马礼逊传教事业的影响等方面来加以考察。

一　以阐发"神理"为根本要务

《察世俗》为月刊，农历每月月初出版，中国书本式样，木板雕印。封面正中为竖排的刊物中文名称《察世俗每月统记传》，右侧题为"子曰多闻择其善而从之"，字号略小，左下角署"博爱者纂"，最上端横排中国农历出版年月。正文句子右旁有圈点，并有木刻插图。由马礼逊、米怜、麦都思及梁发 4 人主要供稿，其中米怜承担任务较多。据苏精在大英图书馆所见，《察世俗》合订本藏本共有 549 页，这是目前已知的最完整的一部。《察世俗》的创刊时间当为 1815 年 8 月 5 日（嘉庆二十年七月初一日）无疑；停刊时间则有多种说法，学界最早认为它停刊于 1821 年，现

① 赵晓兰、吴潮：《传教士中文报刊史》，复旦大学出版社，2011，第 38 页。

② 〔新加坡〕卓南生：《中国近代报业发展史（1815—1874）》，台北：正中书局，1998，第 3 页。

③ 关于《察世俗》的论著极多，其中比较重要的有：戈公振《中国报学史》（有商务印书馆 1927 年初版，中国新闻出版社 1985 年再版，生活·读书·新知三联书店 2011 年重新出版）；方汉奇主编《中国新闻事业通史》第 1 卷，中国人民大学出版社，1992；〔新加坡〕卓南生《中国近代报业发展史（1815—1874）》；赵晓兰、吴潮《传教士中文报刊史》；蔡武《谈谈〈察世俗每月统记传〉——现代中文期刊第一种》，《"中央图书馆"馆刊》1967 年第 1 卷第 4 期；宁树藩《〈察世俗每月统记传〉评述》，《新闻大学》（4、5）复旦大学新闻系，1981 年、1982 年；谭树林《〈察世俗每月统记传〉补证》，（澳门）《文化杂志》，2006 年第 59 期。

在普遍认为是 1822 年停刊。①《察世俗》的出版记载相当复杂，一直以中国农历显示出版年月，1815 年 8 月创刊至同年底为第一卷，计出版 6 期。第二年（1816）1 月、11 月、12 月未出，而 8 月、9 月两月合刊，又有一期在闰 6 月出版，共出 9 期，为第二卷。第三年至第六年（1817～1820），即第三卷至第六卷，均各出 12 期。第七年（1821）各期第一页未刻月份，刊名页亦已不存，但因刊物惯以马六甲"济困疾会"的征信报告作为各期殿后，同时本卷有一个特征，即各文标题常在一页的最后一行，内容则起自下页，于是少数例外不是如此的文章，即应是分期所在，由此判断，本年当出 11 期。第八年（1822）只出 3 期（1～3 月），按理应是第八卷，但每期板心下端仍刻"卷七"。米怜于同年 2 月完成 3 月的文稿付刻后，前往新加坡养病，再转往槟榔屿，因无起色又于 5 月底回到马六甲，终在 6 月 2 日去世。米怜在新加坡时，曾表示还有两期的存稿，但档案中未见在 3 月以后续出的记载。因此，《察世俗》于 6 年又 9 个月中，共出版 7 卷 77 期。

创办《察世俗》的目的，马礼逊、米怜在恒河域外传道团传教计划中表述得很明确，即"旨在传播普通知识和基督教知识"。随后又对此做了进一步阐述："其首要目标是宣传基督教；其他方面的内容尽管被置于基督教的从属之下，但也不能忽视。知识和科学是宗教的婢女，而且也会成为美德的辅助者。"②《察世俗》正式出版时，在序言中对该刊宗旨做了阐述："学者要勤功察世俗人道，致能分是非善恶也。看书者之中，有各种人，上中下三品，老少、愚达、智昏皆有，随人之能晓，随教之以道。故察世俗书，必载道理各等也。神理、人道、国俗、天文、地理、偶遇都必有些。"③《察世俗》将"神理"排在了第一位。何谓"神理"？《神圣》一文称，"神理"就是"万道之根基本源者"。"神理者，乃一团道理也。是

---

①　戈公振在《英京读书记》中称，"此报自一八一五年至一八二一年凡七卷，五百二十四页"（见戈公振《中国报学史》，第 342 页）。谭树林从英国伦敦大学东方与非洲研究学院图书馆所藏该刊的缩微胶片中，看到了道光壬午年（1822）二月期的《察世俗》，断定《察世俗》肯定出版到了 1822 年（见谭树林《传教士与中西文化交流》，第 57 页）。另外，此刊在中国民间可能有残卷收藏，2005 年 5 月 15 日在北京中国书店举办的春季拍卖会上曾推出该刊拍卖（见赵晓兰、吴潮《传教士中文报刊史》，第 43 页）。

②　〔英〕米怜：《新教在华传教前十年回顾》，第 72 页。

③　《察世俗每月统记传》第一卷（1815 年 8 月），第 1b～2a 页。转引自龚道运《近世基督教和儒教的接触》，上海人民出版社，2009，第 63 页。

教人知道真活神之情，又世人分内之事也。或有问：人伦岂不是根本之道理么？答曰：人伦固是甚重之事，但不能算为根本，盖必须先有人，然后以有人伦；无人，则尚有人伦乎？非也。惟若无神，则不能有人。盖神原造人也。因此神理乃在先，人伦乃其次耳。可见神理独是根本的道理了。"①《察世俗》以基督教"神理"为本，以儒家"人伦"为次，正体现了其以耶补儒的主旨。

因此，《察世俗》的内容和形式都是围绕和服务于阐发"神理"这一目标而设置的。该刊以绝大部分篇幅宣传基督教，这从宗教文章所占篇幅的比例就可见一斑。在《察世俗》所发文章中，宣传宗教的文章约占总发文量的84.5%。刊物注重对《圣经》基本思想的讲解，《神理》（连载）、《圣经之大意》是其代表作品，还辟有"圣经节注"专栏，同时大量刊载《圣经》故事，直接通俗地宣传基督教。以中国文字如此集中地公开讲解《圣经》、阐述基督教义在历史上当数首次。②另外也可从它的目录中看出其是宗教报刊的性质。③从该刊各卷的目录可知，大多数文章是开门见山。第一年即嘉庆二十年七月到十二月的目录依次为：七月，《忤逆子悔改孝顺》《立义馆告帖》；八月，《神理》《月食》《古王改错说》《圣经之大意》；九月，《神理》《解信耶稣之论》《论不可拜假神》；十月，《神理》《古王审明论》；十一月，《神理》《天地万物之始论》；十二月，《神理》《年终论》《年终诗》。第二年的目录为：《论万物受造之次序》《神理》《论世间万人之二祖》《进小门走窄路解论》《论神为纯灵之道》《论人要以实心拜神》《论人初先得罪神主》《谎语之罪论》《上古规矩》《论医心万疾之药》《论人初先得罪神关系》《天文地理论》《论行星》《论侍星》《论地为行星》《论地周日每年转运一轮》。以后各年内容，大体类此。④从倾向看，最初四年刊载直接传教的文章较多，从第五年开始，通过寓言、比喻等间接方式传教的文章才逐渐呈增加趋势。

---

①《察世俗每月统记传》第一卷（1815年8月），第6a～6b页。转引自龚道运《近世基督教和儒教的接触》，第63页。

② 方汉奇主编《中国新闻事业通史》第1卷，第173页。

③ 赵晓兰、吴潮：《传教士中文报刊史》，第46页。

④ 熊月之：《西学东渐与晚清社会（修订版）》，中国人民大学出版社，2011，第76页。

二　努力揣摩受众之需要

在中国时间略久，马礼逊、米怜等首批来华新教传教士清楚地知道，身处闭关政策下的中国人，对外国人、对基督教异常陌生，对近代报刊媒介也十分生疏。要使广大中国读者一下子接受《察世俗》宣传的思想观点，难度很大。这要求他们必须采用符合中国人思维习惯和中国人熟悉的形式来宣传教义思想。在这一理念的指导下，刊物中大量引用"四书""五经"中的文字和孔孟程朱的言论来阐释和宣传基督教义，充满了儒家传统道德观念的说教，目的就是要"收到好的效果"。① 他们不断揣摩读者的心理，从内容到形式、从版面到装帧，对《察世俗》进行包装，千方百计地让读者对他们的宣传感兴趣，愿意接过刊物，愿意阅读，进而接受文中的观点，马礼逊和米怜在这方面可谓下足了功夫。

（一）"附会儒学"的传播策略

所谓"附会儒学"，就是把基督教义与儒家思想联系起来，用儒家经典语录来阐释基督教，采用中国人的思维习惯与传统形式来宣传自己的思想。《察世俗》的刊名未与基督教直接相关，也正是从宣传策略出发，使中国人易于接受。在每期的封面上都印有经过整合的名言"子曰多闻择其善而从之"，其出处是《论语·为政》的"多闻阙疑，慎言其余，则寡尤"，以及《论语·述而》的"三人行必有我师焉。择其善者而从之，其不善者而改之"。有学者指出，此或许是编者的误置；但也有学者认为，如此引用《论语》章句，其意本不在提倡学术，不过随文取义，以取悦读者，诱导他们阅读传教刊物、接受"神理"。② 《察世俗》刊发的文章大量引用孔孟语录和中国古代典籍中的文句，以儒家思想对基督教义进行阐释。为了达到"附会儒学"的目的，《察世俗》刊登了不少伦理道德方面的内容，宣扬儒家的纲常伦理，如《忤逆子悔改孝顺》《仁义之心人皆有之》《论仁》《忠人难得》《不忠受刑》《孝》《不忠孝之子》《父子亲》《夫妇顺》《古皇恕人》《自所不欲不施之于人》《论人之知足》等。其中《忤逆子悔改孝顺》一文，先讲了一个不孝子悔改的故事，接着写道："故此看书者须自省察，

---

① 方汉奇主编《中国新闻事业通史》第 1 卷，第 174 页。

② 龚道运：《近世基督教和儒教的接触》，第 63 页。

如有不孝顺之罪，快快要改。亦可见为人父者，实在要做好榜样与儿女孩子们看，若你不孝顺父母，将来你的儿子长大，就照样不孝顺你也。"① 以此博得中国人的认同。当然，它把儒家伦理道德纳入了基督教宣传的轨道，认为这些道德观念都是上帝意志的体现，主宰中国伦理道德的还是西方的上帝。

（二）注意内容的新鲜趣味

在《察世俗》第二期中，编者曾自述办报之旨趣："至本报宗旨，首在灌输智识，阐扬宗教，砥砺道德，而国家大事之足以唤醒吾人之迷惘，激发吾人之志气者，亦兼收而并蓄焉。本报虽以阐发基督教义为唯一急务，然其他各端，亦未敢视为缓图而掉以轻心。"② 光有说教是不够的，为了吸引读者兴趣，有必要增加"其他各端"，登载宗教以外的文章使刊物不要过于枯燥，因此《察世俗》除了宣传宗教外，还关注传播普通知识，主要集中在一些关于天文学的简单原理、有教育意义的逸闻趣事、历史文献的节选、重大政治事件的介绍等。据统计，《察世俗》所刊文章中，宗教内容之外，关于科学文化的约占 11.9%，其他关于办学、办济困会等告白、章程等的约占 3.6%。③

科学文化的内容，主要为天文学知识。自第二卷起，《察世俗》先后发表了《论行星》《论侍星》《论地为行星》《论地周日每年运转一轮》《论月》《论彗星》《论静星》《论日食》《论月食》等文，并附有说明地球运转、日食、月食等情况的插图多幅。自第六卷起，《察世俗》增辟"全地各国纪略"一栏，介绍欧洲、亚洲、美洲、非洲一些国家的概况，包括中国的概况，同时发表文章评论法国大革命，对反动的波旁王朝表示了支持态度。《察世俗》还翻译了一些《伊索寓言》故事，刊登英华书院学生的诗文等。办刊者希望通过介绍这些科学人文知识，扩大《察世俗》的销路，从而增加传教文章为华人阅读的机会。④

《察世俗》关于"新闻类"的报道，一直是新闻学界关注的重点。刊物虽然没有专设新闻栏目，但已经有了新闻体裁的报道。1815 年有一条预告自然现象的新闻《月食》，被公认为中文近代化报刊史上关于月食的第一条

---

① 赵晓兰、吴潮：《传教士中文报刊史》，第 45 页。
② 转引自戈公振《中国报学史》，第 64 页。
③ 赵晓兰、吴潮：《传教士中文报刊史》，第 48 页。
④ 苏精：《马礼逊与中文印刷出版》，第 167 页。

新闻："照查天文，推算今年十一月十六日晚上，该有月食。始蚀于酉时约六刻，复原于亥时约初刻之间。若是此晚天色晴明，呷地诸人俱可见之。"[1]此外，其他两篇《英国土产所缺》《法兰西国作变复平略传》则近于时事评论。[2] 还有与新闻勉强有关的一则祭祀痘娘娘的活动报道，几则"吗喇呷济困会"的会务报告以及《立义馆告帖》。

《察世俗》以木刻印刷，有时随刊发行以铅字排印的"新闻篇"一页，内容包括时事消息、社会新闻。这些先铸铅胚再逐字雕刻的铅字，是马礼逊向当时东印度公司澳门印刷所订造的，算是中文报纸与西方印刷术最初产生的联系。[3] 在大英图书馆藏本全部549页的篇幅中，可以看到这一页，也是目前仅残存的一页。全年合订本并无此页，当为月刊本印毕后拆版归字，至年底印合订本时未再排。该"新闻篇"刊载了上一年（1819）发生的四则消息：（1）直隶省之寨河水涨成灾；（2）南掌国有使臣到中国；（3）皇帝往满洲时堕马未伤；（4）陕西省西安府南郑县民人张守善因父奸其妻杀死伊父一案。这四件事分别发生于6月至8月，除第二则注明系引自7月22日的"京抄"外，其他三则未说明消息来源，或是改写转载自他处。至于内容则详略有别，第一则占七行，第二则占四行，第三则仅占一行，第四则多达十五行，占半页又一行。四则消息虽长短不一，但何人、何时、何地、何事等新闻要素，均已包含在内。《察世俗》中穿插"新闻篇"的用意，正如上述各类内容一样在于增加销路，从当时的情况看已达此目的。[4]

（三）接近受众的文体风格

《察世俗》刊印于马六甲，作为一份中文报刊，其主要目标受众是中国人，尤其是人数较多而无暇读书的穷人与工人，因此在写作手法上千方百计使中国人易于接受。对此，马礼逊在《察世俗》创刊前几年便曾经思考过类似的问题，他在翻译中文《圣经》时对采用何种风格最为恰当做了深入探讨。马礼逊认为，中文书籍主要有三种文体风格：文言、白话和折中体。其中折中体从各方面看都最适合一本旨在广泛流通的书，它既保留了古代经

---

① 《月食》，《察世俗每月统记传》第一卷（1815年），第8页。
② 苏精：《马礼逊与中文印刷出版》，第168页。
③ 苏精：《马礼逊与中文印刷出版》，第288页。
④ 伦敦会档案 LMS/UG/MA，1.2.C.，Milne to the Directors，Malacca，10 August 1818。转引自苏精《马礼逊与中文印刷出版》，第168页。

书严谨的成分，又不会陷入口语粗俗的泥沼。马礼逊尤其对《三国演义》表现出极大的推崇，认为以《三国演义》为范本所塑造出来的风格会使语言的表达更为平实流畅。① 《察世俗》在写作上沿袭了这一思路，广泛采用章回体以及中国古典小说中的一些套语，如结尾常用"欲知后事如何，且看下回分解"，以迎合中国人的阅读习惯。

　　《察世俗》还有一个显著特点，就是采用对话形式解说基督教义，如颇为著名的《张远两友相论》即是一例。该文著于 1818 年，在该刊上连载。"《张远两友相论》：即'在张、远两位朋友之间的对话'。张是真正上帝的崇拜者，而远是张的一位异教徒邻居。他们在街上偶尔遇见时谈话，以后则都在傍晚于梧桐树下见面。"② 尚未信教的远向信徒张提出了一系列关于基督教义的问题，张进行解答，该文就以这种由浅入深的对话形式解释并宣传基督教。这种对话体，以讲故事的方式展开，没有居高临下、自以为是、灌输说教的口吻，与直接灌输体形成了区别。这种非常温和的对话方式很好地吸引了异教徒的注意，因而被认为是最有效的传教文体。这篇对话后来被编成小册子出版。由于它的开创之功，这篇对话一再被改写、修订和再版，平均每两年便出版一次，流传时间相当长远。另有许多人以它为蓝本进行摹写。在当时的马六甲、新加坡，以及中国的香港、上海、宁波等地和日本都有它的各种版本，流传甚为广泛。③ 这一对话体所创造的叙事框架深刻地影响着在华传教士的写作，为后来的传教士沿用。如 1834 年出版的署名"爱汉者"（即郭实腊）编的《大英国统志》，全书采用对话体，书中设计了两个主人公，一个叫叶榡花，自幼在家攻书，金榜题名后出游外国；另一个是叶榡花的至交好友林德豪。叶、林乘船到了英国伦敦，叶教汉语，林经商，同时考察英国民情风俗，二十多年后积累了一些财富，两人回到广州，向亲友介绍英国各方面的情况，举凡自然环境、历史沿革、政治制度、军事制度、贸易、物产、文化设施、宗教、民情、风俗、殖民地等无不述及，堪称一部简明英国史。④

---

①　〔英〕米怜：《新教在华传教前十年回顾》，第 45 页。
②　〔英〕米怜：《新教在华传教前十年回顾》，第 131 页。
③　赵晓兰、吴潮：《传教士中文报刊史》，第 47 页。
④　熊月之：《西学东渐与晚清社会（修订版）》，第 86～92 页。

（四）篇幅短小、形式便携

以《察世俗》合订本549页共77期计，平均每期不到8页。这体现了马礼逊、米怜对出版物篇幅的基本观点，即他们所出的出版物中许多不超过10页，大多数还是较小的12开本。这种现象的出现有三个原因：一是没有更多的时间撰写大部头书；二是大书不易携带，也很难带入中国；三是许多人会愉快地拿起并阅读一本小册子或传教小册，他们也许害怕看一部大部头的作品。编者一致的目标是文章通俗易懂，而且打动人心——为普通民众写作，简明的风格最适合向他们传播观点，也最适合还没有完全掌握汉语的外国人。① 米怜对《察世俗》的读者进行过分析，认为该刊的读者主要是下层劳动者，他们文化水平低，闲暇时间很少，又穷又忙的人没那么多时间阅读长文章："富贵者之得闲多，而志若于道，无事则平日可以勤读书。乃富贵之人不多，贫穷与作工者多，而得闲少，志虽于道，但读不得多书，一次不过读数条。因此，《察世俗》书之每篇必不可长，也必不可难明白。盖甚奥之书不能有多用处，因能明甚奥理者少，故也。"② 所以《察世俗》所刊文章大多篇幅短小、语言精练。

（五）重视读者的反应

1819年6月，一篇题为《释疑篇》的文章表示，读者由于初次接触书中的道理，或者由于书中的文字不够通畅，或者因为只看《察世俗》某册，而未看到另一册而产生各种疑问，为了让读者进一步了解书中的内容，建议附近的读者直接和编者接触，而远地的读者则可求"大名之师"相助，或者直接写信给他，他将给予详尽的答复。③ 这种重视读者反应、逐一回答读者询问的做法，用今天的新闻实践来看，大致相当于"读编之间"栏目。

三　在华人社群中广泛分发

《察世俗》作为中文报刊，受众对象主要是在南洋的华人以及中国本土的中国人。刊物采用免费赠阅的方式，人们可于每月初一至初三日去编者那里领取，也可去函索要。对此，《察世俗》的《告帖》有所记载：

---

① 〔英〕米怜：《新教在华传教前十年回顾》，第133页。
② 《察世俗每月统记传序》，《察世俗每月统记传》第一卷（1815年）卷首。
③ 卓南生：《中国近代报业发展史（1815—1874）》，第38～39页。

凡属呷地各方之唐人，愿读察世俗之书者，请每月初一、二、三等日，打发人来到弟之寓所受之。若在葫芦、槟榔、暹罗、安南、咖嚼吧、廖里、龙牙、丁几宜、单丹、万单等处，所属各地方之唐人，有愿看此书者，请于船到呷地之时，或寄信与弟知道，或请船上的朋友来弟寓所自取，弟即均为奉送可也。

愚弟米怜告白①

同时，《察世俗》"通过朋友、通信来往者、旅行者、船只等等带到东印度群岛的中国人聚居地，以及暹罗、交趾支那（越南部分地区的旧称）和中国的部分地区分发"。② 《察世俗》的《释疑篇》也介绍了传播情况："此《察世俗》书今已四年，分散于中国几省人民中，又于口外安南、暹罗、加拉巴、呷地等国唐人之间，盖曾印而分送于人看者，三万有余本。又另所送各样书，亦不为不多矣。"③ 分送方法是"藉友人通信游历船舶之便利"，或亲自前来索取。

除赠送南洋各地华人外，《察世俗》还靠各地伦敦会传教士辗转分发，1822 年米怜向伦敦会理事会报告时提到《察世俗》的发行情况，"全赖其他布道站之兄弟分发本刊"。④《察世俗》还曾连同其他传教小册，被寄赠各地华人甲必丹（殖民地政府任命的华人领袖），也收到若干回函，不过编者承认这些回函仅仅是礼貌性泛泛致谢，并无实质效果。⑤

《察世俗》的印数逐年增加。"前三年，大约每期印刷 500 本……目前（1819 年），每月的印数增加为 1000 册。"⑥ 前 5 年每年的印刷份数具体如下：1815 年 3000 份，1816 年 6000 份，1817 年 6060 份，1818 年 10800 份，1819 年 12000 份，总计 37860 份。刊登在《察世俗》中有影响的文章，后来都以小册子的形式重新出版，有些还流传甚广。至 1819 年，伦敦会发行

---

① 《告帖》，《察世俗每月统记传》第一卷（1815 年）卷尾。
② 〔英〕米怜：《新教在华传教前十年回顾》，第 73 页。
③ 《释疑篇》，《察世俗每月统记传》第五卷（1819 年），第 24 页。
④ 伦敦会档案 LMS/UG/MA，2.2.A.，Milne to the Directors，Malacca，15 February 1822。转引自苏精《马礼逊与中文出版印刷》，第 159 页。
⑤ 伦敦会档案 LMS/CH/JO，Milne's Journal，1815。转引自苏精《马礼逊与中文出版印刷》，第 159 页。
⑥ 〔英〕米怜：《新教在华传教前十年回顾》，第 73 页。

的中文书达 140249 册，其中包括《察世俗》及许多曾刊于《察世俗》的文章的单行本。① 这也从侧面印证了《察世俗》在华人社会中发行的广泛性。

第三节　《察世俗每月统记传》的历史影响

一　开启了对华报刊传教的新模式

《察世俗》在中国近代新闻传播史上的重要意义已经得到公认，作为第一份近代化中文报刊，其最早向读者介绍了西方近代报刊的概念并将这一概念引入中国，为后来中文报刊的发展奠定了基础。② 《察世俗》的创办，给闭关自守的中国，提供了以中国统治阶层或上层社会人士为对象，以反映朝廷动态的官文书等为中心内容的"邸报"以外的另一种报刊形态。③ 而从基督教入华传播的角度来看，《察世俗》的创办，则开创了对华报刊传教的崭新模式。

新教传教士来华之前，文字传教的实践在中国已经存在。明清之际的耶稣会传教士，从利玛窦来华到康熙禁教、耶稣会解散的一百多年间，在中国译著西书凡 437 种，其中包括《圣经》和介绍神学、仪式等的纯宗教书籍 251 种，另有人文科学书籍 55 种、自然科学书籍 131 种，纯宗教书籍约占到总数的 57%。④ 新教传教士来华至《察世俗》创办之前，8 年间新教传教士出版了 11 种中文书，包括马礼逊的《耶稣救世使徒行传真本》《神道论赎救世总说真本》《问答浅注耶稣教法》《圣路加氏传福音书》《厄拉氏亚与者米士及彼多罗之书》《耶稣基利士督我主救者新遗诏书》《养心神诗》《古时如氏亚国历代列传》，米怜的《求世者言行真史记》，以及马礼逊、米怜各有一本缺名书等。但上述的文字传教工作是以出版传教的模式和书籍形式存在的，《察世俗》的面世开创了传教士报刊传教的新模式，奠定了传教士在华创办中文报刊的基本样式，亦为后来者所效仿。

① 〔新加坡〕卓南生：《中国近代报业发展史（1815—1874）》，第 40 页。
② 赵晓兰、吴潮：《传教士中文报刊史》，第 52 页。
③ 〔新加坡〕卓南生：《中国近代报业发展史（1815—1874）》，第 3 页。
④ 熊月之：《西学东渐与晚清社会（修订版）》，第 38 页。

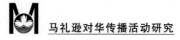

鸦片战争前，传教士共创办了 6 份中文报刊，① 除了《察世俗》外，还有《特选撮要每月纪传》（以下简称《特选撮要》）、《天下新闻》、《杂闻篇》、《东西洋考每月统记传》（以下简称《东西洋考》）与《各国消息》，《察世俗》的办刊特点、风格乃至培养的人才都深深地影响了其他几份刊物。

《察世俗》停刊一年后的 1823 年，曾在马六甲协助《察世俗》办刊工作的麦都思在巴达维亚创办了中文月刊《特选撮要》，英文名为 *A Monthly Record of Important Selections*。麦都思（Walter Henry Medhurst，1796—1857），生于英国伦敦，青少年时代在伦敦教会学校读书，并学习印刷技术。1817 年，麦都思作为伦敦会传教士到达马六甲传教基地负责印刷事务，协助编辑《察世俗》，米怜病重期间曾代编《察世俗》。米怜去世后，麦都思成为伦敦会在东南亚地区的代表人物，1822 年抵达巴达维亚，准备在当地进行教育播道与文字播道。1823 年 7 月，麦都思创办了《特选撮要》，这也是西方传教士用中文出版的第二份报刊。

麦都思对创刊动机有过交代："从中国请来了刻工之后，刊印了不少中文书籍；除此之外，原来在马六甲出版，由于米怜的早逝而停刊的中文期刊，这时也得以在巴达维亚复办，每月发行一千份。"② 由于米怜早逝而停刊的中文期刊，指的就是《察世俗》。麦都思在《特选撮要》的序言中，做了进一步说明："夫从前到现在，已有七年，在吗啦呷曾印一本书出来，大有益于世，因多论各样道理，惜哉作文者，一位老先生，仁爱之人已过世了，故不复得印其书也，此书名叫《察世俗每月统记传》。……夫如是，弟要成老兄之德业，继修其功，而作文印书，亦欲利及后世也。又欲使人有所感发其善心，而遏去其欲也。弟如今继续此《察世俗》书，则易其书之名，

---

① 对于 1815 年至鸦片战争之前传教士创办的中文报刊的数量，不同学者有不同说法。如熊月之在《西学东渐与晚清社会》中认为主要有《察世俗》《特选撮要》《天下新闻》《东西洋考》4 种；赵晓兰、吴潮在《传教士与中文报刊史》中认为除以上 4 种外，还有《各国消息》，共 5 种报刊；方汉奇主编的《中国新闻事业通史》第 1 卷则认为除了前 5 种外，澳门还出现过《依泾杂说》。经考证，《依泾杂说》为书，并非报刊（后文还将论及）。马礼逊《杂闻篇》已被考证确认。故采纳此说。

② Walter Henry Medhurst, *China: Its State and Prospects*, p. 331. 转引自〔新加坡〕卓南生《中国近代报业发展史（1815—1874）》，第 47 页。

且叫做《特选撮要每月纪传》。此书名虽改，而理仍旧矣。"① 这段话清楚表明，《特选撮要》是为了继承《察世俗》而创办的，虽然刊名改了，但不改其内容与方针，办刊宗旨、风格、版式与《察世俗》一脉相承。

在编辑方针上，同样为了达到让中国人接受、向中国人宣传基督教的目的，《特选撮要》仿效《察世俗》的方法，将基督教义与儒家思想结合起来，刊登宣传儒家伦理道德的文章，同时在写法上迎合中国人的思维习惯，拉近与中国人的距离，版式和装订采取了中国古代线装书式样，文章则采用中国人喜闻乐见的章回体。它同样是以中国书本式样刊印，以封面而言，《特选撮要》的版式为长 21 厘米、宽 13 厘米，比《察世俗》的长 19 厘米、宽 12 厘米略大，但报刊名字及出版年号的排列位置却十分相似。麦都思还模仿米怜取了一个中文笔名"尚德者"，在封面署上"尚德者纂"。至于右上角，则印有《论语·先进》中的"子曰亦各言其志也已矣"。如此种种，都足以说明《特选撮要》与《察世俗》之相同。② 虽然麦都思在马六甲期间没有接办《察世俗》的编务，但通过协助米怜管理印刷所工作、参与《察世俗》的编纂，从而认识到创办报刊辅助传教的重要性及可行性，《特选撮要》全面继承了《察世俗》旨在宣传基督教的编辑方针，是一份以"神理"为中心的典型的宗教报刊，可以说是《察世俗》的"巴达维亚版"。③

1826 年《特选撮要》停刊后，伦敦会传教士吉德（Samuel Kidd，1799—1843）于 1828 年 5 月在马六甲创办了另一份传教士中文报刊，这就是《天下新闻》，英文名称为 *Universal Gazette*。《天下新闻》与《察世俗》《特选撮要》一样同属伦敦会系统。吉德在英国时，曾向回国休假的马礼逊学习中文。1824 年，吉德来到马六甲传教，在英华书院继续学习中文。之后去槟榔屿传教，1827 年重返马六甲，担任英华书院教师，教授中文。1828 年担任英华书院院长，同年创办了《天下新闻》。1829 年底，吉德因夫人健康欠佳移居新加坡，随后返回英国，《天下新闻》遂告停刊。据苏精考证，《天下新闻》由当时担任东印度公司广州商馆高级职员的马治平捐款指办创刊，免费赠予华人阅读，宗旨为传播中英两国消息，内容包括

---

① 《特选撮要序》，《特选撮要每月纪传》，道光癸未年（1823）六月。
② 〔新加坡〕卓南生：《中国近代报业发展史（1815—1874）》，第 49 页。
③ 谭树林：《〈察世俗每月统记传〉补证》，（澳门）《文化杂志》2006 年第 59 期。

传教、科学、史地与时事。由于它只维持了一年多的时间，而且至今未发现原件，详细情况难以查考，但吉德作为伦敦会传教士和马礼逊推动创办的英华书院院长的双重身份，以及《天下新闻》作为马六甲第二份近代化中文报刊的地位，加之其刊载有传教内容等，不难看出《天下新闻》受到《察世俗》的影响。

1833年8月1日，郭实腊在广州创办中文报刊《东西洋考》。郭实腊（Karl Friedrich August Gutzlaff, 1803—1851），亦译郭实猎、郭士立等，出生于普鲁士，18岁到柏林的教会学校学习，1823年加入荷兰布道会。1827年受该布道会派遣来到爪哇传教，1828年前往暹罗。后来郭实腊想到中国传教，荷兰布道会不批准，他就脱离布道会，转而在马六甲为伦敦会服务。1831年他乘船前往中国，到过北京与天津，一路上分发了不少宗教小册子与西方药品，并对沿海地区进行探察，最后来到广州，这是他第一次对中国沿海地区进行探察。1832年，郭实腊乘着英国东印度公司的船只第二次来到中国沿海探察，沿途分送宗教小册子，还收集了不少军事情报，绘制了详细的航海图。同年10月，郭实腊第三次乘船到中国沿海探察，于次年4月29日返回广州。随后，郭实腊将三次探察活动的详情公布，极大地震动了对中国感兴趣的欧美商人、政客以及传教士。第三次探察回来后，郭实腊便有了不同寻常的举动：将中文报刊直接办在清政府法令所不允许的中国境内，在广州创办了《东西洋考》。[1]

郭实腊创办报刊的活动得到了马礼逊的帮助和支持。当郭实腊早在荷兰传道学院求学时，正逢马礼逊回英国休假，郭实腊为了解中国的状况，曾前往伦敦向马礼逊请教，并深受其鼓励。[2] 后来，郭实腊航行经过澳门时，受到马礼逊夫妇的欢迎，并得到大量用于沿途散发传教的出版物。郭实腊在返航到澳门后，又受到马礼逊的热情接待。1832年1月，英国东印度公司广州商馆大班马治平派遣商馆职员林赛（Hugh Hamiton Lindsay, 1802—1881，化名胡夏米）乘"阿美士德勋爵号"北上中国沿海，郭实腊担任随船翻译员，就是出于马礼逊的推荐。[3] 郭实腊的航行日记通过马礼逊的推荐在美部

---

① 赵晓兰、吴潮：《传教士中文报刊史》，第57~58页。

② 李志刚：《基督教早期在华传教史》，台北：台湾商务印书馆，1985，第82~83页。

③ 北京外国语大学中国海外汉学研究中心、中国近现代新闻出版博物馆编《西学东渐与东亚近代知识的形成和交流》，上海人民出版社，2012，第268页。

会（美国海外传教委员会，American Board of Commissioners for Foreign Missions，俗称美部会）传教士裨治文主编的英文报刊《中国丛报》上登载，由此他的冒险经历和沿海之行的"发现"在外国人社区中广为传播，郭实腊因此成了敢于冲破清政府禁令的"英雄"。1833 年 8 月 1 日，当郭实腊第三次航行归来 3 个月后，《东西洋考》便面世了。

《东西洋考》与《察世俗》相比，办刊方针有了较大区别，出现了从传播西教到传播西学的转变。作为外国人最早在中国境内创办的报刊之一，《东西洋考》在当时不仅面临清政府的闭关锁国政策，还要面对中国人视外国人为蛮夷的传统观念，因此，改变中国人对西方人的看法，改变中国人的"西洋观"，成了《东西洋考》的首要任务。在《东西洋考》中，西学成了主要内容，解释教义的专文没有了，宗教内容退居次位，虽然仍然是必备内容。① 同时，二者在形式上颇为相似，都是木板雕印，都采用中国线装书样式，封面设计几乎完全一样，唯一不同的是儒家语录的位置挪了一下，刊名也都用"每月统记传"字样，而且都附会儒学，大量引用中国儒家语录。正如黄时鉴所说："《东西洋考》创刊号的封面与《察世俗》几乎完全一样，最鲜明的共有特点是刊引语录和纂者署名（《察世俗》署'博爱者纂'，《东西洋考》署'爱汉者纂'），由此可以看到《察世俗》对郭实腊影响之深。"②

1838 年 10 月，中文报刊《各国消息》（*News of All Nations*）由传教士麦都思在广州创办。从麦都思此前的办刊经历来看，创办旨在宣传基督教的宗教报刊是他更为熟悉的工作，但是他没有把《各国消息》办成《特选撮要》的翻版。从现藏于大英图书馆目前仅存的两期原件内容来看，《各国消息》没有宗教文章，也没有《东西洋考》十分看重的西方科技知识，它只刊登各国国情及商业信息。出现这种情况，与当时鸦片战争前夕中国对外关系和报刊创办地广州的环境又进一步发生变化有很大关系。卓南生对此评论道："既说明了当时旅居中国的西方传教士、政治家与商人三者关系之紧密，也反映了当时从事对外贸易的中国商人已经开始出现，以及他们对海外讯息与商业情报已有所需求。"③ 同时，《各国消息》的报道编排方式模仿了

---

① 方汉奇主编《中国新闻事业通史》第 1 卷，第 181 页。
② 黄时鉴：《〈东西洋考每月统记传〉影印本导言》，爱汉者等编《东西洋考每月统记传》，黄时鉴整理，中华书局，1997 年影印本，第 15 页。
③ 赵晓兰、吴潮：《传教士中文报刊史》，第 90 ~ 91 页。

《东西洋考》。从《各国消息》创办人麦都思的经历和刊物形式上，其受《察世俗》的影响可见一斑。

此外，1833 年 4 月，马礼逊还在澳门创办了《杂闻篇》，这份刊物更直接体现了马礼逊的报刊传教观念，具体情况后文详细分析。

综上所述，1815～1839 年，先在南洋地区、后在中国境内共出现了 6 种中文报刊。这些报刊就其本质而言，都带有相对浓厚的宗教报刊色彩，其基本内容一是阐发教义，二是宣传西方文化。随着社会形势的变化，这些报刊的宗教色彩也不断由浓转淡，而政治、经济色彩则由淡转浓。特别是对新闻信息的日趋重视，使这些报刊的新闻传播功能日益凸显。《察世俗》与稍后创办的《特选撮要》是典型的宗教报刊，以传播教义为最高使命。从《东西洋考》开始，这些中文刊物逐渐从以宣传西教为主转变为宣传西学。鸦片战争爆发、中国门户洞开之前，这些由外国传教士创办的刊物，宗教内容在不同程度上占有一席之地，并且其报道的形式、手法和技巧，对鸦片战争之后中国近代报刊的兴起，起到了示范和促进作用。

二 有效扩大了新教在华人中的传播

马礼逊肩负着传播福音、拯救异教徒的使命来到中国，所以，他创办报刊的最初目的是宣传宗教、传播教义。这一点在《察世俗》的创办上有着十分鲜明的体现，"以阐发基督教义为根本要务"，该刊作为宗教报刊的性质是明显的，以绝大部分篇幅宣传基督教义。在清廷禁教的情况下，《察世俗》成为新教传教士向华人开展文字传教的一次崭新尝试。而《察世俗》刊载的一些经典文章后来又作为单行本出版，产生了更大影响。据统计，到 1819 年，英国传教团体发行的中文书达 140249 册，《察世俗》及刊载于《察世俗》中的文章占了大多数。当时在中国许多城市都能看到《察世俗》，米怜曾提及他的中文老师寄了 3 册《察世俗》给居住在广东的家人，其父函谢米怜谓："焚香拜读，获益良多。"① 由此可见《察世俗》的发行对基督教在东方传教的重要性。

出版连续报刊，对马礼逊来说是一个全新的尝试。按月出版的刊物，

---

① 伦敦会档案 LMS/CH/JO，Milne's Journal，1815。转引自苏精《马礼逊与中文印刷出版》，第 159 页。

和他之前出版的书有所不同。一方面，按月出版可以把基督教义阐述得更加充分，通过信息的持续传递，可以不断强化所要表述的内容；另一方面，这一方式也极大地解决了编者当时事务繁忙所带来的时间和精力上的困扰等难题。"静下心来就一个主题写篇完整的文章；编辑一个历史时期的系列文章，充分讨论某一个重要的话题——都是一个工作繁忙的人的时间和精力不能允许的，或不能不遇到许多干扰的。于是，本书作者事先规划好一篇文章的内容，再按顺序每月编写一部分——或历史系列文章的小片段——或一篇讲道词的各部分等，——这样工作可以持续进行，计划也得以逐渐完成，到年底的时候，作者就有了 12 篇不同的文章或同一主题不同片段的系列讨论。每个月写一部分显得无足轻重，也不引人注目；但是经过 12 或 20 期的累积就形成完整的一本书。"① 而且，每个月必须按时写稿付印，也非常有效地激励了编者的工作。马礼逊在 1820 年 1 月 7 日致英国福音小册公会司库雷诺（Joseph Reynor）的信中说："英国福音小册公会慷慨地资助米怜先生出版他的《察世俗每月统记传》。我毫不怀疑这样播撒的种子最终会大获丰收。"②

《察世俗》办刊 6 年，辛苦编印获得了极大成果，其读者范围遍及许多国家。《察世俗》的成功也极大地激励了马礼逊。以此为发端，利用报刊传教扩大教义宣传，成为马礼逊有生之年坚持不懈的一项事业，并为之持续投入大量精力。

---

① 〔英〕米怜：《新教在华传教前十年回顾》，第 73 页。
② 〔英〕艾莉莎·马礼逊编《马礼逊回忆录 2》，第 14 页。

第三章 《印中搜闻》：面向英语世界的 迁回传教努力

1817 年 5 月，在《察世俗》创刊 1 年 9 个月后，马礼逊发起创办的一份英文季刊《印中搜闻》（*The Indo-Chinese Gleaner*①）在马六甲面世。不同于《察世俗》，这份英文季刊的受众主要是欧美人士，面向英语世界，所"传"的自然不是基督教义。通过向读者介绍当时西方社会仍相对陌生的中国等地情况，《印中搜闻》引起了西方社会对中国的关注，传递了马礼逊等传教士在华传教工作的艰辛，增进了西方社会对伦敦会在华传教工作的理解和支持。《印中搜闻》在编辑方针、选题内容、编排方式、受众对象等诸多方面都迥异于《察世俗》，却又服务于马礼逊扩大新教传教的终极目的，构成马礼逊传教活动中的另一道独特风景，客观上起到了促进新教在华传教事业发展的积极效果。

第一节 《印中搜闻》创刊背景及经过

一 恒河域外传道团传教计划的逐步实施

对马礼逊来说，创办一份英文期刊这一想法由来已久。当米怜夫妇来到

---

① *The Indo-Chinese Gleaner* 本无中文刊名，就现有资料所见，有多种译法。如邓肇明在《马礼逊纪念集（全集）》中将其译为《印中拾遗》，新加坡学者龚道运在《近世基督教和儒教的接触》中将其译为《印华搜闻》，谭树林在《近代来华基督教传教士所创中外文期刊之影响》中将其译为《印支搜闻》，《马礼逊回忆录》中将其译为《印中拾闻》。吴义雄根据该刊所载内容考证认为，刊名中的 Indo-Chinese 并不适用现代意义上的"印支"译法，而是与 India and China 近义，因而将刊名译作《印中搜闻》（见〔英〕马礼逊、〔英〕米怜主编《印中搜闻（*Indo-Chinese Gleaner*，1817—1822）》，国家图书馆出版社，2009 年影印本，前言，第 1 ~ 2 页）。本书从吴义雄先生译法。

中国后无法立足，马礼逊于是让其考察周边邻近的巴达维亚、爪哇、马六甲等地以选择建立中华传道会总部的合适地址。在此过程中，马礼逊对未来传教工作安排做了系统考虑，形成了《恒河域外传道团传教计划决议书》，对未来传教计划提出 10 项决议。其中，第 8 条提出："非常期望出版一种英文期刊，旨在增进伦敦传教会在印度不同地区传道团之间的联系与合作，并增进普遍友爱和基督徒美德的善行。希望能在马六甲迅速着手开展此项工作，并恳请福音的同工们协助我们。"① 由此可见，在这份经过实地考察和认真思考对伦敦会中国传道团未来传教事业做出重要安排的计划中，创办英文期刊被作为伦敦会来华传教事业的一项重要内容而提出。

马礼逊来到中国后，在广州与澳门生活了近 10 年，深深感到中国与西方社会联络不畅、交流不便，在传教工作进展困难的情况下，更加渴望得到同道的传教信息，而且这种渴望在他来到中国之后一直挥之不去。他在 1815 年 1 月 9 日致施拉布索尔先生的信中展现了他的迫切心情，信中说："在我看来，伦敦会的先生们如果乐意能不时地将最新的出版物送给一个传教站或者某个传教士，传教士不仅非常感激并且还会得到启迪。即使是你在英国看到的吸引你们的、任何仅售半克朗或五先令的小册书，对于年复一年从事着同样追求的海外传教士来说也是新鲜有趣的，收到后给他们带来短暂的快乐。"② 信中他还特别对哈德卡斯特先生寄给他《克拉克圣经论集》（Adam Clarke's Commentary）以及其他书籍之事表示了感谢。所以，后来《新教在华传教前十年回顾》一书在回顾《印中搜闻》的出版历程时称，"很多年来一直在考虑出版一本小型的英文期刊"，③ "很多年来"应该就是指马礼逊 1807 年来华直至《印中搜闻》出刊的这 10 年。

刊物筹办过程中，马礼逊和具体承担编务的米怜对《印中搜闻》的刊物定位、办刊目标有了进一步思考，并在创刊词中做出阐述。概括来说，主要有以下三个方面。

一是加强同道交流。19 世纪初，远渡重洋外出传教的传教士们与欧洲保持联系主要靠海上航运，但费时较长，通常信件包裹由欧洲到达中国需要

①　〔英〕米怜：《新教在华传教前十年回顾》，第 65～66 页。
②　〔英〕艾莉莎·马礼逊编《马礼逊回忆录 1》，第 228 页。
③　〔英〕米怜：《新教在华传教前十年回顾》，第 88 页。

历时近一年。正如《印中搜闻》创刊词中所说："我们离开祖国来到如此遥远的地方，使我们与祖国的交流几乎断绝且极不稳定。我们欧洲的朋友可以从月刊杂志、教会报告和其他定期刊物中获取无数的有关传教进展和教化等消息，而我们却很少能够分享。我们能不时收到一些消息，然而它们时隔很久才传到东方，其趣味性已经部分地丧失。"① 信息滞后导致海外传教士不能及时了解欧洲的传教动态，而中国、印度及亚洲其他地区的邮件交流，点对点通常两三个月就可以收到。因此，办一份可以集中反映伦敦会在"印中地区"及少数其他大洲传教点的传教及相关信息的刊物，可以满足中国、印度、东南亚等地区传教士的更具时效性的交流需要，使这些传教士能够更为快捷有效地知道彼此的情况，同时这样一份刊物寄回英国的伦敦会，也可以使伦敦会更为方便地系统掌握了解"印中地区"传道团的情况。

二是提高劳作效率。当时散布海外的传教士之间普遍缺少沟通与交流，每个传教基地的日常工作繁重，除与母会之间必要的通信之外，传教士相互之间几乎没有通信往来。而且书信作为点对点的传播方式，每写一封信都需要相当的时间和精力，传播效果却非常有限。所以，采用定期刊物的形式要快捷、方便得多。"创办一份固定的期刊并以此作为交流媒介，可使我们所有的传教弟兄轻松、快捷地了解发生在各地的大小事件。以这种形式出版的一封信送到各教区，其效果就如同第一作者将它抄写了 10 遍。"② 不仅如此，传教士对当地教区内习以为常、似乎没有太多价值可言的许多事情，如果通过报刊与外界交流，它们会对那些身处异地的传教同工提供很大帮助。③

三是有助于培养新人。随着传教事业在东方的不断扩展，每年都会有一定数量的年轻人加入传教队伍，但这些新人通常经验不足，很难迅速有效地展开传教工作。要解决这一问题，编者主张在期刊上刊登各类观点，尤其是那些具有丰富海外传教经验的资深传教士的观点，这些观点来自长期实践，肯定会对那些年轻的海外传教士有所帮助，甚至对整个传教事业都极为有利。正如编者自己所言："以期刊为媒介，可以从他人处获得很多建议，清楚如何

---

① 〔英〕马礼逊、〔英〕米怜主编《印中搜闻（Indo-Chinese Gleaner，1817—1822）》，第 7 页。

② 〔英〕马礼逊、〔英〕米怜主编《印中搜闻（Indo-Chinese Gleaner，1817—1822）》，第 7 ~ 8 页。

③ 〔英〕马礼逊、〔英〕米怜主编《印中搜闻（Indo-Chinese Gleaner，1817—1822）》，第 8 页。

使用最合理的花费完成更多的工作；明白如何更积极、有效地与那些德高望重的教会董事们合作；学会如何从其他教会中那些长期从事传教工作的同工处获得有益借鉴；了解如何将上帝福音传递给异教徒，并引领他们皈依。"①

二 欧美报刊传教活动的影响

事实上，在当时的欧美国家，创办传教刊物、加强传教事务沟通交流早已不是什么新鲜事。马礼逊在 1799 年开始写日记后的最初两三年里，便在日记里提到《福音杂志》和在爱丁堡发行的月刊《传教杂志》。1808 年，美国霍普金斯派的《麻省传教杂志》与摩尔斯创办于 1805 年的《教士报》（*Panoplist*）合并，更名为《教士与传教报》（*Panoplist and Missionary Magazine*），刊载关于英国传教士们在亚洲、非洲和太平洋岛国的传教活动，成了当时最具影响力的宗教杂志之一，同时也是海外传教运动最有力的推动者，对许多海外传教士产生了很深的影响。裨治文曾经在广州传教站所写的一封信中，就提起这份杂志对他关于传教事务看法的影响："我清楚地记得，大概是 25 年前，我慈祥的老祖父常常让我给他念《教士报》……如果我没记错的话，是《教士报》上一些关于海外传教的事迹最先引起了我对这一事业的兴趣。毫无疑问，还有很多的人同样也由于受到它的影响，将自己或是子女，或是财物，连同祷告一起奉献给了海外传教事业。"② 可以说，当时欧美传教团体创办传教刊物的活动，为马礼逊创办《印中搜闻》提供了思路借鉴和动力支持。

此外还有很重要的一点，就是通过创办一份面向西方人的以介绍中国情况和相关传教信息为主的刊物，增进欧美社会对中国传教事业的了解和认知，进而扩大其对马礼逊等人从事的中国传教事业的支持。1817 年，马礼逊在经过 10 年的积累后，出版了一系列有关中国的书籍，再加上 1816 年作为阿美士德访问北京使团的中文秘书兼译员，他的事迹逐渐引起了欧洲大陆和英国一些人士的极大兴趣。当时欧洲最杰出的文学人物包括普鲁士科宁伯格大学教授瓦特博士，法兰西学院汉藏语教授、法兰西学院院士雷慕沙等都

① 〔英〕马礼逊、〔英〕米怜主编《印中搜闻（*Indo-Chinese Gleaner*，1817—1822）》，第 8~9 页。

② 裨治文致美部会，广州，1836 年 9 月 7 日，美部会档案（Paper of the American Board of Commissioners for Foreign Missions），卷 256。转引自〔美〕雷孜智《千禧年的感召——美国第一位来华新教传教士裨治文传》，尹文涓译，广西师范大学出版社，2008，第 28 页。

渴望与马礼逊通信。但马礼逊在中国传教事业的实质性进展上，仍然步伐迟缓。有鉴于此，要赢得西方国家对中国传教事业的支持，马礼逊等人就得向西方人展示中国的情况，尤其是展示中国多么需要基督教文明的影响，因此当他们用中文出版介绍西方情况的著作时，还用英文出版介绍中国情况的著作，面向西方人加强宣传。①

1817 年，在马六甲传教基地建立两年后，恒河域外传道团各项计划开始得到逐一落实。继 1815 年 8 月 5 日免费义学开办、《察世俗》印刷出版后，其他任务如选地建房、创建马六甲印刷所、翻译和印刷《圣经》及其他宗教书籍等计划都正逐步推进。《察世俗》的成功创办给马礼逊和米怜带来鼓励和实践模式，"出版一种英文期刊"的计划很快被提上议事日程。

三 办刊过程

《印中搜闻》从 1817 年 5 月出版发行，至 1822 年 4 月出刊后停刊，前后历时整整 5 年，总计发行 20 期，共分三卷：第一卷为 1817 年 5 月第 1 期至 1818 年 10 月第 6 期；第二卷为 1819 年 1 月第 7 期至 1820 年 10 月第 14 期；第三卷为 1821 年 1 月第 15 期至 1822 年 4 月第 20 期。

《印中搜闻》的办刊方向和总体事务由马礼逊负责，马礼逊还承担了大量稿件的撰写，以及翻译了许多《京报》上的内容。具体编务则由身在马六甲的米怜承担。而米怜由于承担事务繁重，健康状况日益变差。1821 年 9 月 26 日，米怜在英华书院给马礼逊写了一封信，表示他的健康很成问题。米怜在信中说："我勉强能给你写几行。我咳嗽得很厉害，头疼，胃部和肝部都痛，病了近一个礼拜。……杰克逊医生极力督促我出海旅行，他说这是最快、最有效的方法。我也相信这会恢复我的健康；可是天哪，我能这么做吗？谁来替我做事？印刷还要六个月才结束，即使这样还有英华书院，现在算上欧洲学生和中国学生，已经有 11 人了。还有《印中拾闻》刊物，我不知道该怎么办。我必须努力经受考验，或者正如接到我的信后，埃连医生和杰克逊医生都强烈建议我去新加坡作短期旅行。"②

---

① Elizabeth L. Malcolm, "The Chinese Repository and Western Literature on China 1800 – 1850", *Modern Asian Studies*, Vol. 7, No. 2 (1973), Cambridge University Press, p. 165.
② 〔英〕艾莉莎·马礼逊编《马礼逊回忆录 2》，第 64 页。本书涉及《印中搜闻》《广州纪录报》《传教者与中国杂报》等英文报刊名称的中译表述时，直接引文一律遵从原文。

1822 年 2 月下旬，米怜因为身体的缘故，到新加坡进行短暂休养，身体略有好转。3 月 6 日，他给马礼逊写信，介绍了来到新加坡的情况，表示尽管医生们敦促他进行一次长途航海旅行，但他不能接受这样的建议，为了让自己多航海，他打算从新加坡去槟榔屿。不长篇幅的信中还特意提到，《印中搜闻》有足够的文章编辑一期，《察世俗》的文章足够两期。① 而此时，《印中搜闻》第 19 期已于 1822 年 1 月编辑出版，是在他 2 月下旬（根据他在信件中提到已经离开马六甲 14 天推得）离开马六甲前所编，内容共 48 页，与上一期相同，相信此时没有太多异常。

　　3 月 23 日，身处新加坡的米怜再次写信给马礼逊，提到自己的健康时表示"身体没有明显好转，时不时地吐血"。随后他从新加坡前往槟榔屿，到了槟榔屿后感到身体并没有好转，于是渴望重返马六甲。槟榔屿政府特意为他提供了一艘快船，他在 5 月底返回了马六甲，不幸于 6 月 2 日去世。就在米怜身处新加坡期间，《印中搜闻》第 20 期于 1822 年 4 月按时出版了。虽然米怜之前的信中说现有的素材足够编辑一期，但我们现在看到的最后一期仅有 34 页，页码明显少于之前的期数，而且前两卷结束都提供了详细的"索引"，但在第三卷最后一期却没有"索引"，显然很大程度是因为米怜去世，刊物猝然停刊而未及完成。

　　1822 年 6 月 14 日，马六甲传教站的哈特曼在写给马礼逊的信中说道："《察世俗每月统记传》停刊了，《印中拾闻》刚出版了第二十期后，自然也面临同样的命运。"② 事实上，因米怜的去世再无合适人选来具体负责编务，《印中搜闻》算是意料之内的匆匆停刊。

第二节　《印中搜闻》内容分析

一　编辑方针三次较大调整

　　《印中搜闻》是由来华传教士创办的刊物，传教士的办刊背景，加上"旨在增进伦敦传教会在印度不同地区传道团之间的联系与合作"的办刊初

---

① 〔英〕艾莉莎·马礼逊编《马礼逊回忆录 2》，第 78 页。
② 〔英〕艾莉莎·马礼逊编《马礼逊回忆录 2》，第 81 页。

衷，按常理来说，这份刊物不可避免地会被烙上"宗教刊物"的鲜明印记。谭树林就认为《印中搜闻》是一份宗教性刊物，"主要是关于宗教问题的相互联系的渠道，同时，还可能成为了解我们传教的几个国家的文学、历史等许多有用信息的中介"。① 但吴义雄持不同意见，认为《印中搜闻》的"世俗性却是高于宗教性的"，该刊持"以非宗教类内容为主的办刊方针"。② 仔细分析《印中搜闻》的办刊内容，更为准确的说法应该是，《印中搜闻》的编辑方针先后经历了三次较大的调整，由最初的以宗教性为主到宗教性、世俗性并重，再到以世俗性为主兼顾宗教性。《印中搜闻》作为传教刊物的色彩不断淡化，但传教的使命始终没有卸下。

第一阶段，以宗教主题统领整个刊物内容。作为恒河域外传道团传教计划的一部分，《印中搜闻》以加强传教士同道交流为初衷，正如该刊第 1 期创刊词称，创办这份刊物是为了使伦敦会在东方的传教士了解关于欧洲和亚洲的各种消息，为他们提供互相沟通的媒介，使他们得以相互了解各地传教动态。

具体内容编排上，《印中搜闻》宣称主要刊载三类文字：其一，关于传教动态的叙述性文字，主要是传教士的报告和信件摘编；其二，一般性报道，主要是世界各地基督教状况的简要说明；其三，各种杂录，包括传教士所在国家的文学、哲学、历史等的评述，以及各国著述的译作。③ 宗教内容是编者最为关心的主体信息，三类文字都与传教相关，其中第三类文字关注点也集中在传教士所在国家的情况，归根结底仍是服务于传教需要。

《印中搜闻》办刊初期的设想在最初两期中得到了明显体现。这两期设立"各传道团报道"（Accounts from Missions）、"一般性报道"（General Intelligence）、"杂录"（Miscellanea）3 个栏目，其中"各传道团报道"涉及伦敦会在中国、印度、东南亚以及南非等传教机构的动态信息共 23 条；"一般性报道"是关于爱尔兰的教育进展情况，以及英国、罗马和印度的有关情况；"杂录"则刊载了《中国罪犯的处决》《清茶门教》《中国的犹太

---

① 谭树林：《传教士与中西文化交流》，生活·读书·新知三联书店，2013，第 9 页。
② 〔英〕马礼逊、〔英〕米怜主编《印中搜闻（*Indo-Chinese Gleaner*, 1817—1822）》，前言，第 8~9 页。
③ 〔英〕马礼逊、〔英〕米怜主编《印中搜闻（*Indo-Chinese Gleaner*, 1817—1822）》，第 6~10 页。

教》《马来人关于创造物的概念》等文章，后面 3 篇文章也都涉及所在国家的宗教问题。这两期中，与传教相关的内容无论是数量还是篇幅，都占了绝大部分比例。

《印中搜闻》创办之初可谓百废待举，马礼逊负责主导刊物发展方向，但他身在广州，并且忙于编写《华英字典》第二册和翻译《圣经》剩余部分，同时在 1816 年下半年还作为英国阿美士德使团的中文秘书兼译员随团访问北京，因此具体编务主要由米怜在马六甲承担。而当时马六甲传教站事业处于初创阶段，米怜要处理的事务很多，其他人手又很少。1815 年 6 月随米怜夫妇一同到达马六甲的，只有他们的私人教师、刻工梁发等人，同年 9 月，印刷工汤姆生（C. H. Thomsen）牧师夫妇抵达马六甲，主要负责对马来人进行传教，因此要严格执行《印中搜闻》最初确定的办刊方针，颇显力不从心。在此期间，米怜夫人因产下一名女婴仅存活 4 天便不幸夭折而备受打击，高烧不退，慢慢康复后于 1817 年 7 月带着其他孩子去了广州休养。刊物初创时期，传教士信件部分的内容明显不足也在编者的意料之中。因此，1817 年 7 月伦敦会派遣麦都思牧师携家人到达马六甲，协助米怜开展印刷业务。同年 8 月，《印中搜闻》第 2 期出版。此时，米怜便暂时离开马六甲去广州与家人会合，在马礼逊那里住了些日子。《印中搜闻》因无人打理而暂时休刊。

马礼逊与米怜见面后，对未来一段时期的传教工作做了商议，详细讨论了设置恒河域外传道团的想法，成立了由他们两人组成的"恒河域外传道团临时委员会"（The Provisional Committee of the Ultra-Ganges Mission），并于当年 11 月 2 日草拟了一份决议案。这份决议案共 15 条，进一步详细说明了马礼逊和米怜建立恒河域外传道团的设想。其中一些条款对《印中搜闻》的未来办刊方针做出了明确规定。如决议第 7 条提出："《印中拾闻》应该继续出版，并由现任编辑负责。"① 米怜于 1818 年 2 月离开中国回到马六甲后，《印中搜闻》恢复出刊，同时内容选择和编排都做了较大调整。

第二阶段，文化、宗教双线并行（第 3 期至第 14 期）。时隔半年后，《印中搜闻》第 3 期于 1818 年 2 月出版。这一期的开篇，编者用了两页纸的篇幅阐述了新闻（Press）在欧洲国家和东方国家的区别，指出："在大多数

---

① 〔英〕米怜：《新教在华传教前十年回顾》，第 92 页。

的欧洲国家和它们几个殖民地里，报纸通常通过国内外已经发生的事件的报道，与大众发生着联系。这样，知识得到累积，思想得到扩展，公众的思想保持活跃，普世价值得到珍惜。很少的东方国家如果不是全部的话，能够享受如此重要的优待权利，因此他们中相当部分人想要得到有趣的信息和智力启蒙。"进而指出："在东方国家中，中国占据着突出的地位。她的处事方式和对神的行为内容非常丰富，我们没有能力提供所有的细节，《印中搜闻》是我们想要努力提供的，我们也希望这不会被拒绝。开设'大事记'（Journal of Occurrence）栏目，就是为了努力展示现代中国的特征，以把欧洲人和中国人带入更加紧密的彼此联系，帮助那些好的、善良的人形成对'人类追随上帝的道路'的正确判断。"①

上述论述表明了编者对于"大事记"栏目的定位。正是从第 3 期开始，刊物的首个栏目调整为"印中杂录"（Indo-Chinese Miscellanea），紧随其下一行标明了"大事记"，内容以报道中国的政治和社会新闻为主，同时兼顾周边其他国家的有关情况。第二个栏目为"论说、传教短简等"（Essay, Missionary Fragments, &C.），主要刊登传教士讨论有关传教理论、方法以及具体问题的文章和信件。原本放在首位、第二位的"各传道团报道""一般新闻"则分别被移到第三、第四栏目，同时"一般新闻"栏目也增加了"宗教"的定语，改为"一般宗教新闻"（General Religious Intelligence），在宗教类报道被强调的同时，次序却被编者放到了后面。

与之相应的，第 3 期结尾刊出了一则《通告》（"Notice"），文中对《印中搜闻》的内容做了宣告："季刊《印中搜闻》每年 1 月、4 月、7 月和 10 月于马六甲出版发行。刊物内容包括来自中国和周边邻近国家的各种信息：与印中国家的历史、哲学、文学相关的杂录；从中文、马来文等翻译过来的文章；关于宗教主题的短文；有关传教团在印度进展的记叙；以及关于基督教概况。"② 这份刊物内容介绍，基本符合这一期的内容布局，传教内容被放到相对后面的位置，这一较大调整，相对维持了一段时期。

从第 4 期开始，在"印中杂录"的"大事记"分栏目之外，又新增加

---

① 〔英〕马礼逊、〔英〕米怜主编《印中搜闻（*Indo-Chinese Gleaner*, 1817—1822）》，第 45 ~ 46 页。

② 〔英〕马礼逊、〔英〕米怜主编《印中搜闻（*Indo-Chinese Gleaner*, 1817—1822）》，第 87 页。

了"译文"（Translations）分栏目，这一基本格局大致持续到第二卷第 14
期，其间除一些期数的具体栏目有所微调外，比如第 6 期、第 8 期、第 13
期没有"一般宗教新闻"，第 10 期没有"译文"栏目，第 15 期增加了
Literary Notice，其他大体保持了 4 大栏（"印中杂录""论说、传教短简等"
"各传道团报道""一般宗教新闻"）共 5 个栏目（其中"印中杂录"又下
分为"大事记""译文"两个分栏目）的内容格局。从篇幅上看，从第 3 期
至第 14 期，"印中杂录"的内容篇幅不断增加，且除了第 3 期、第 7 期、第
13 期外，其他 9 期这部分的内容篇幅均超过了其他 4 个栏目总篇幅之和。

　　第三阶段，以文化、信息类等世俗性内容为主，宗教性内容退居其后。
第三卷（第 15 期至第 20 期）的编辑方针在之前的基础上，又有了进一步
较大调整。这 6 期的内容分为三大块："印中文化"（Indo-Chinese
Literature）、"印中基督教杂录"（Indo-Chinese Christian Miscellanies）、"印
中新闻"（Indo-Chinese News），并且每期都保持相对稳定。其中，"印中文
化"重点介绍中国和其他地区的文化，之前的"译文"和"汉学书目"
（Bibliotheca Sinica，第 5 期开始设立）两个栏目的内容都调整到这部分。
"印中基督教杂录"主要登载一些传教学和护教论方面的文章以及一些传教
消息，前两卷的"论说、传教短简等"和"各传道团报道"栏目中关于传
教士讨论有关传教理论、方法与具体问题的文章和信件以及传道团的动态信
息集中在了这一新的栏目。"印中新闻"则是将原来第一部分的"大事记"
移至此栏。从这一阶段的刊物内容可以看出，关于中国及其他地区的文化类
信息被放到突出位置，而这个文化属于"大文化"的范畴，内容包括文学、
医学、教育、城市、天文、中国经典古籍等多个方面。以反映传教情况为主
的"印中基督教杂录"，内容分量越来越少，第三卷 6 期中共有 64 页，只
占到这一卷总页数 314 页的五分之一，其中第 15 期 10 页（共 56 页）、第
16 期 16 页（共 68 页）、第 17 期 10 页（共 60 页）、第 18 期 11 页（共 48
页）、第 19 期 7 页（共 48 页）、第 20 期 10 页（共 34 页）。

　　由《印中搜闻》以上三个阶段的内容编排发展变化情况可见，与传教
相关的内容由第一卷最初 2 期排在前面，到第一、二卷其他的 12 期排到了
后面，再到第三卷 6 期有关宗教内容被大幅压缩，表明了《印中搜闻》由
宗教性向世俗性转变、世俗性高于宗教性的特点。第三卷的发刊词对此做了
比较明确的说明："《印中搜闻》的宗教特征只能令很少人感到高兴——对

有些人来说宗教性太弱，但对很多人来说却是宗教性太强。我们并不奢望这种尴尬，实际上也不急于脱离此项工作。将刊物办成完全或主要是宗教性的，将会背离最初的设计；而将宗教内容完全排除在外，则又丢弃了上天所赐予的最好的礼物——那是医治人类悲伤的惟一门径。"①

《印中搜闻》的出版费用来源也验证了这一点。在当时各传教组织机构纷纷筹款对传教活动给予经费支持的大背景下，马礼逊编词典、译《圣经》等传教活动都得到了许多款项支持，但唯此除外。1818 年 1 月 22 日，马礼逊与米怜草拟形成了《恒河域外传道团临时委员会增补决议》，提出了 4 条决议，除决定在马六甲建立英华书院（The Anglo-Chinese College）、由米怜负责兴建英华书院校舍、成立"恒河域外传道团寡妇与孤儿基金会"（The Fund for Widows and Orphans of the Ultra-Ganges Missions）外，第 3 条决议提出：《印中搜闻》目前一切费用均由马礼逊先生与米怜先生共同承担，以前由伦敦会垫付之费用，由他们二人归还该会。② 1819 年 2 月 26 日，伦敦会在写给马礼逊的一封公函中对上述决议做出确认，指出："你（马礼逊）和米怜先生承担了《印中拾闻》出版费，做得很好——因为这份出版物的性质过于宽泛，伦敦会不会资助它。我们盼望它能取得你预计的好的效果"。③正是由于这份刊物并非直接以传教为目的，因而未能得到伦敦会的经费资助。然而，《印中搜闻》却以一种迂回传教的方式，对以马礼逊为首的赴中国传教士以及恒河域外传道团开展传教工作起到了宣传和推动作用，帮助其更好地实现传教使命。

二　突出报道中国主题以回应西方社会关切

现有研究成果对《印中搜闻》以刊载有关中国内容为主已经形成共识。如吴义雄认为《印中搜闻》"所报道、关注的对象，主要是中国的社会、历史和文化，兼及印度和南洋地区之状况"，第 3 期以后各期"大致都有一半以上的篇幅刊载有关中国的消息、评论、译文和研究性的文章，其余略多于四分之一的篇幅则刊载传教士消息和讨论传教问题的文章等，以及恒河外方

---

① 〔英〕马礼逊、〔英〕米怜主编《印中搜闻（*Indo-Chinese Gleaner*，1817—1822）》，第 743 页。
② 〔英〕米怜：《新教在华传教前十年回顾》，第 94 页。
③ 〔英〕艾莉莎·马礼逊编《马礼逊回忆录 1》，第 278 页。

其他各国的社会文化和一些文献的译文"。①

从马礼逊传教活动更为宏观的层面来考察，这一报道视角和重点，在其传教策略中早已有所体现。马礼逊与米怜制定《恒河域外传道团临时委员会决议》和《恒河域外传道团临时委员会增补决议》时，便强调了"中国是恒河域外传道团的主要目标"。② 米怜还对此做了进一步解释："马六甲布道站最初是出于对中国特殊的考虑而建立的，而且实际上成为留驻中国的最佳替代地点，所以布道站所有的事务，应该与此最初的设想保持一致，优先考虑中国，其他的则只能视为次要。这一设想与马六甲布道站建立之前几年在这些地区向中国人传教的最初想法完全符合，而且也与从那时起每次正式向公众宣布的目标一致。"③ 由此可见，尽管是在远离中国的马六甲设立的布道站，但这只是在中国无以立足的情况下做出的替代性选择，其面向中国传教的初衷并未改变。因此，苏精认为这两份文件中，除了像翻译《圣经》等专适用于马礼逊、米怜二人而不涉及他人外，其他各项内容可以归纳为"秩序第一"和"中国优先"原则，"秩序第一"强调了传教士集体用餐、未来各新站遵行马六甲站的规范、由资深传教士主持与分配布道站活动、新到传教士由资深传教士教导中文与神学，"中国优先"则强调了以华人为主要对象并占用大部分布道站房舍、马六甲站的会议交到中国汇总等。④

关于这一点，《印中搜闻》中有多处内容做出明确表示。马礼逊与米怜在出版了前两期后，经过半年时间的讨论研究，在《印中搜闻》第 3 期的开篇表示"中国在东方国家中占据着突出的地位"，并在这一期结尾的《通告》中进一步强调了《印中搜闻》将重点反映来自中国的各种信息，刊登从中文翻译过来的文章。第 4 期开篇又开门见山地阐述了这样一段话："我们在上一期刊物表明了，我们想尽可能搜集展示关于中国以及邻近国家一些普遍的或者非凡的事件。"⑤ 再次强调了"中国"的主题。

粗略统计《印中搜闻》的文本内容，除 1817 年出版的第 2 期外，以后

① 〔英〕马礼逊、〔英〕米怜主编《印中搜闻（*Indo-Chinese Gleaner*，1817—1822）》，前言，第 7 页。
② 〔英〕米怜：《新教在华传教前十年回顾》，第 92 页。
③ 〔英〕米怜：《新教在华传教前十年回顾》，第 95 页。
④ 苏精：《中国，开门！——马礼逊及相关人物研究》，第 161~162 页。
⑤ 〔英〕马礼逊、〔英〕米怜主编《印中搜闻（*Indo-Chinese Gleaner*，1817—1822）》，第 89 页。

各期大都有一半以上的篇幅刊载有关中国的消息、评论和译文。这些报道和介绍所涉内容极为广泛，既有清朝朝廷动态、皇帝驾崩与登基、官员升迁、军事财政、司法审判、科举考试，又有自然灾害、风俗习惯、民间信仰和迷信、百姓生活等，由此可见，报道中国乃是《印中搜闻》的重中之重，相关报道向西方人呈现出一幅有关中国的全景图。①

具体分析《印中搜闻》各期栏目版块，关于中国的内容大致集中在以下三个方面。

第一，关于中国的动态时事报道。这部分内容主要体现在第 3 期至第 14 期的"大事记"栏目，以及第 15 期至第 20 期的"印中新闻"栏目中，各期对中国的时事报道都占有相当的篇幅。其中，从第 3 期至第 14 期每期开篇"印中杂录"的标题名后，即紧跟着"大事记"栏目（第 12 期至第 14 期未明确出现"大事记"的字样，但相关内容编排没有改变）。第三卷第 15 期至第 20 期这最后 6 期，这部分内容又重新调整到第三部分，也是刊物的最后一部分，栏目名称也改为"印中新闻"。

在《印中搜闻》的时事报道中，关于中国的内容无论是数量还是篇幅均占了绝大部分的比例。粗略统计，总 20 期 200 多条此类报道中，九成以上是关于中国的报道，其他关于日本、印度、孟加拉国、马六甲、交趾支那、伊尔库茨克、鄂霍次克、西伯利亚等国家和地区的报道不足 20 条。

时事报道首要关注中国政治方面的消息，尤其是朝廷动态、皇室事件以及朝廷官员的相关信息。第 3 期《通告》称刊物内容将包含"来自中国和周边邻近国家的各种信息"。就时事报道中涉及中国的信息来说，"各种信息"首先体现在对中国时政消息的关注，包括清朝朝廷与地方政府的动态、官员任免、军事动态等，其中不时译载相关的上谕、奏折、告示等。如关于皇室的情况，第 3 期报道了《在中国皇帝生日时敬奉的人像》，并附上了翻译的上谕内容；第 4 期报道了 1 位皇室成员被指控秘密结社、2 位皇室成员因与 1813 年的一起叛乱有关而被判处死刑的消息。

1820 年 9 月 2 日，嘉庆皇帝在承德避暑山庄驾崩，10 月出版的《印中搜闻》第 14 期以大写字母且字号加大的醒目标题，刊登了《中国皇帝逝

① 卞浩宇：《〈印中搜闻〉对近代西方汉学发展的影响》，《苏州教育学院学报》2014 年第 5 期。

世》的消息，同时指出，关于嘉庆皇帝生病和死亡的细节以及继承者的情况都还不知道，从北京传来的快件消息只是简单提及"皇帝陛下于农历七月二十五日在热河归天"。①马六甲的刊物对远在数千里之外发生的事件，能在短短 1 个多月的时间内就收到消息并刊出，对于当时的传播条件来说，速度可谓空前。有无可能刊物出版时间标注为 10 月，实际上可能是 11 月或者更晚时间才出刊呢？从各期内容来分析，可基本排除这种可能性。《印中搜闻》从第 3 期开始，宣布每季出版一期，分别在 1 月、4 月、7 月、10 月出版；而第 5 期开篇又称，"一些情况的出现阻止了这期刊物按照'通告'所提出的固定时间——7 月出版"，这一期标注的出版时间为 1818 年 8 月，据此可知《印中搜闻》各期标注的出版时间应该是实际出版时间。由此，对嘉庆驾崩消息的及时报道比较合理的解释是，皇帝驾崩作为封建国家的头等大事，朝廷在第一时间以最快速度诏告天下，马礼逊在广州得知此事后，同样以最快速度将之传递到马六甲并在《印中搜闻》上刊出。

　　从这条消息的出版时间以及对标题字号加大处理的方式，足见编者对这条消息的高度重视。新皇帝即位同样引起《印中搜闻》的高度关注。在随后的 1821 年 1 月出版的第 15 期，"印中新闻"栏目 14 条消息中，前 11 条都为相关信息，分别报道了《残忍的惩罚（1813 年嘉庆皇帝宣判了原来侍奉乾隆皇帝的一个大臣因为谋反而被处以死罪）》《新皇帝的第一道公告》《中国的皇室》《新皇帝的封号》《新皇帝的公告》《嘉庆皇帝的遗愿和遗嘱》《皇帝去世朝廷的状况》《嘉庆皇帝继任者的谕旨》《1820 年 9 月 30 日在澳门发出的公告，有关嘉庆皇帝的死亡消息》《关于皇帝死亡的哀悼规则》《有人因在国丧期间剃头被斩首》等。②随后当年 4 月第 16 期则用 6 页篇幅记录道光帝登极的盛大场景，并报道了《嘉庆皇帝死后的封号》《在北京对基督徒的迫害》；7 月第 17 期陆续报道了《皇帝宣布中国新皇后》等消息。嘉庆皇帝对基督教持反对态度，那么他死后继任的皇帝将会采取何种态度，自然引起马礼逊、米怜的高度关注。同时，这些报道从不同侧面向西方读者展示了中国新老皇帝交替的种种情况，也体现了编辑认为西方社会对中

---

①　〔英〕马礼逊、〔英〕米怜主编《印中搜闻（Indo-Chinese Gleaner, 1817—1822）》，第 671 ~ 672 页。

②　〔英〕马礼逊、〔英〕米怜主编《印中搜闻（*Indo-Chinese Gleaner*, 1817—1822）》，第 786 ~ 799 页。

国政局变化极为关注的新闻价值判断。

其次还关注中国的司法制度以及军队等问题。第 1 期《中国罪犯的处决》一文的作者 Amicus（即马礼逊笔名）称，广东一年处决 1000 名死刑犯、每月处决 100 人以上，随后对中国的司法制度进行了一番谴责性评述，"在任何自由的基督教国家里，由在中国受到刺激的人士叙述这样可怖的场景，将会引起多么不同的情感！异教主义无论如何精致，在本质上都无法适应并珍爱人类心灵的调整情感"。① 第 4 期以 Amicus 致编辑信的方式又登载了《酷刑的使用》一文，翻译了《京报》1817 年 8 月 9 日的一则消息：河南一位姓周的御史上书皇帝，其中说到了许多案件在审讯中使用酷刑，因此获得破案。作者在文后说："编辑先生，我想您一定同意我的观点，上述情况体现了这个社会非常可悲的情况。当我的佣人在读到这份报纸时，他说'我知道广东是这样的情况，但从来没想过其他省份也是这样；这就是为什么老百姓会起来造反；10 起造反里，有 9 起是政府引起的'。这也是我忧虑的，这位老先生的后半句话体现了许多真相。"② 这些充分体现了作者对中国司法制度的否定性评价。关于中国军队方面的情况，第 17 期至第 19 期连续 3 期每期都有少则一条、多则两三条的相关报道，涉及军队数字、海军等情况。

中国的宗教和社会风俗是动态消息中的又一重点内容。第 4 期登出了一则《宗教聚会被禁止》的消息，指出江南茅山地区有一年两次的"酬神"活动，包括江西、安徽、浙江等地的类似聚会一并被朝廷禁止，并且不允许人们出于宗教目的跨地区聚集，因为这类活动费时费钱，损害道德，并且为非法结社提供了借口。③ 第 5 期还登载了《喇嘛犯了抢劫罪》《加入非法帮会的仪式》，第 10 期介绍了《广东省的清真寺》，第 18 期刊登了《对灶王爷、孔夫子、龙王庙的崇拜》等内容，这表明一切和宗教、结社有关的信息，都是编者所感兴趣的内容。

此外，较多关注中国的各类灾害和社会现象。多条报道涉及地震、洪

---

① 〔英〕马礼逊、〔英〕米怜主编《印中搜闻（*Indo-Chinese Gleaner*，1817—1822）》，前言，第 16 ~ 17 页。

② 〔英〕马礼逊、〔英〕米怜主编《印中搜闻（*Indo-Chinese Gleaner*，1817—1822）》，第 89 ~ 92 页。

③ 〔英〕马礼逊、〔英〕米怜主编《印中搜闻（*Indo-Chinese Gleaner*，1817—1822）》，第 96 页。

灾、暴风等。第 3 期报道了译自《京报》的关于山东穷人因为暴雨灾害而面临窘困、广东附近一条河流泛滥导致 900 人被淹没的消息。第 6 期第一条消息《北京的飓风》，介绍了 1818 年 5 月 13 日晚 6 时 45 分北京忽然由东南方向刮来一阵狂风，瞬间整个天空漆黑一片，空中遍布沙尘。作者特意在文中用了一个汉字"霾"来表示这个情形，并且推断在中国北方不同时期都有这种风暴出现。第 11 期、第 15 期还分别报道了黄河泛滥、河南地震等消息。社会新闻中，对罪犯和犯罪行为显得颇为留意。如第 10 期报道了通奸和毒杀的案件，第 11 期用 2 篇文章讨论了溺婴问题，第 12 期连续报道了通奸、谋杀、乱伦、强奸 4 则消息，第 14 期报道了疯子杀父案。由此可见，其中既有暴力事件本身对读者具有一定吸引力，也看出编辑们的关注点更多集中在对中国一些负面的，尤其是和西方价值观不一致的信息。

第二，介绍中国的历史和文化信息。主要有三大系列内容。

系列之一是"汉学书目"（Bibliotheca Sinica）。从第 5 期起，《印中搜闻》在"论说、传教短简等"栏目刊登了介绍《明心宝鉴》的文章，开始连载以"汉学书目"为了栏目名称的系列文章，前后共 14 期（除第 15 期、第 20 期没有刊载），其中第三卷改版后，"汉学书目"移入"印中文化"栏目。据笔名为"蠹鱼"（Too-Yu）的文章作者称，写这一系列文章，是受到一位大学教授一封关于建议"将中国人推崇备至的作品整理成册，并对这些作品进行简要介绍"的信件内容的启发。[①] 作者在介绍每部作品时，分别按书名（Title）、作者（Author）、出版日期（Date）、作品性质（Nature）、版本（Form）、内容（Contents）、风格（Composition and Style）等进行详细介绍，并选取部分摘录（Extracts），有的还附有一些评论（Remarks）。《中国丛报》1847 年 8 月号开始转载"汉学书目"文章时，高度评价该栏目"在《印中搜闻》所有文章中最为珍贵、最有价值、最有趣味，无论是对普通读者还是对学习中文的学生，它们都是关于中国文学现存的最有教育意义的作品"。[②] 据统计，"汉学书目"前后共介绍中国作品 14 部，涉及启蒙读物（《明心宝鉴》《三字经》）、儒家经典著作（《论语》《中庸》《大学》

① 〔英〕马礼逊、〔英〕米怜主编《印中搜闻（Indo-Chinese Gleaner，1817—1822）》，第 164 页。

② 张西平主编《中国丛报（1832.5—1851.12）》第 16 卷，顾钧、杨慧玲整理，广西师范大学出版社，2008，第 410 页。

《孟子》)、宗教 (《西方公据》《天然和尚同住训略》①《功过格》)、音韵词典 (《高厚蒙求》《佩文韵府》)、皇家文献 (《圣谕广训》《御制律历渊源》) 以及图录类书 (《三才图会》)。② 由这份书单可见，马礼逊对中国文化的认识是从宗教文化意义上进行的，他特别关注中国的儒家学说与佛家学说，关注道德劝箴，即便是皇家生活或日常生活的书，也重在道德关怀，所以马礼逊从宗教的角度探讨古代中国最流行的道德系统，他在向西方世界介绍一个"道德中国"。而且道德教化的偏重与对一些中国绝学如中国韵律学的介绍，拉开了中国与西方的距离，应该是想刺激西方人对中国的了解兴趣。此外，这样的介绍可以让西方人更加敬重懂得中国学、汉学的传教士，比如他介绍《佩文韵府》甚至让人感觉就是为了表明中国学问之神秘。

系列之二是"译文" (Translations)。对于该栏目，《印中搜闻》第 1 期创刊词论及内容安排时，便说到有此考虑，其中在"杂录"部分包括"在伦敦会传教士所劳作的国家的文学、哲学、历史等有关的杂闻消息，和由当地语言所翻译的译文"。③ 在第 3 期结尾的《通告》中，再次表明《印中搜闻》的内容将包括从中文、马来文等翻译过来的译文。但"译文"栏目的真正出现是从第 4 期开始，直到第二卷第 14 期结束，除了第 10 期没有外，其他各期少则 2 篇，多的则达到 8 篇，共计 43 篇。其中，大部分以翻译中国文献为主，占到 32 篇 (除去连载的几篇外，有近 30 篇不同题目的译文)；翻译马来文次之，占到 8 篇；另有印度语、葡萄牙语、阿拉伯语各 1 篇。第三卷之后，不再单设"译文"栏目，但每期都会有一两篇翻译文章出现在"印中文化"栏目中。

在所翻译的中国文献中，关于中国宗教、哲学方面的题材居多，如第 5 期《佛儒体系的对比》全文翻译王阳明的《谏迎佛疏》，第 12 期《佛骨》全文翻译韩愈的《谏迎佛骨表》，虽然这两篇文章风格迥异，但都是谏阻皇帝崇信佛教的，选择刊载这两篇译文，编者对佛教的态度便不言自明。④ 儒

---

① 《印中搜闻》提及此书中文名时误作《天然和尚同住训格》，见〔英〕马礼逊、〔英〕米怜主编《印中搜闻 (Indo-Chinese Gleaner, 1817—1822)》，第 1003 页。

② 卞浩宇：《〈印中搜闻〉对近代西方汉学发展的影响》，《苏州教育学院学报》2014 年第 5 期。

③ 〔英〕马礼逊、〔英〕米怜主编《印中搜闻 (Indo-Chinese Gleaner, 1817—1822)》，第 12 页。

④ 刘美华：《〈印中搜闻〉视域中的中国社会信仰和习俗》，《北京行政学院学报》2014 年第 2 期。

家经典"四书"和《圣谕广训》也位列其中。另外还有关于中国的社会现象和文学方面的题材，如第 12 期刊登了《中国人的离婚》，探讨了中国妇女的"被离婚"问题，第 8 期、第 9 期分别刊出时任两广总督阮元的两首五言古诗《四十咏怀》和《起早歌》的英文译文。① 这些译文题材多样，内容丰富，在一定程度上增进了西方受众对中国情况和汉学的了解。

系列之三是连载其他两组较有影响的文章。第一组关于中医题材的文章 5 篇，分别刊登在第 14 期至第 18 期上，从中医代表人物、中医基本理论、中医治疗方法、中药药材等方面向西方读者介绍了中国传统医学。这 5 篇文章虽然篇幅不长，内容有限，但对习惯了西方医学思维和模式的读者而言，无异于展开了一个全新的领域。第二组文章总题为《广州志》，共 3 篇，分别刊登在第 18 期至第 20 期上。广州是当时中西方经济文化交流的主要聚集地，作者可能希望通过这组文章能够让那些前来广州的西方人，特别是商人与船长们了解广州的基本情况，便于他们活动。②

第三，关于中国宗教和在中国传教的情况。对于一份由传教士创办的刊物，有关中国的宗教问题包括涉及宗教的中国传统哲学等问题，自然也是其关注的重点。主要包括以下四个方面。

一是中国的传统宗教。在中国社会占有重要地位的佛教，最先成为他们的关注焦点。如《关于中国的宗教观》一文先介绍中国的"儒、释、道"，继而用一半的篇幅来谈佛教，作者已然注意到"佛教在中国广为流行，对民众影响至深"。这些文章篇幅不短，理解亦非肤浅，但是并非学术性文章，译者译介这些文章不外乎是为了将佛教名正言顺地纳入异教的范畴，并加以否定。③

二是中国的其他宗教。中国的民间宗教和其他宗教信仰也受到来华传教士的关注。第 1 期"杂录"（Miscellanea）栏目便收录了《清茶门教》《中国的犹太教》两篇关于中国这方面宗教情况的报道。清茶门教又名清茶门红阳教，又因教徒吃斋，也称为清净门斋，简称为清净门，是由明末闻香教发展而来。嘉庆十八年（1813）底，清廷在镇压天理教起义

① 卞浩宇：《〈印中搜闻〉对近代西方汉学发展的影响》，《苏州教育学院学报》2014 年第 5 期。
② 卞浩宇：《〈印中搜闻〉对近代西方汉学发展的影响》，《苏州教育学院学报》2014 年第 5 期。
③ 刘美华：《〈印中搜闻〉视域中的中国社会信仰和习俗》，《北京行政学院学报》2014 年第 2 期。

的过程中，逮捕了在山西阳城等县传教的王森后代王绍英，接着又抓获了他的同族兄弟。《印中搜闻》刊载了清茶门教成员被朝廷抓获并处决的消息。①

河南开封地区从 12 世纪的宋代起，就有大批的犹太族群移民来此定居，并在开封城的近"东大门"地区形成聚落。西方世界的记录中，首度有关河南开封地区犹太族群活动的记载，出现在利玛窦的著作中。1605 年，利玛窦在北京与一位来自河南开封名叫艾田的犹太人交谈后，产生了派遣传教士去开封的想法，并在 3 年后得到实施。② 新教传教士来到中国后，同样非常关注这一群体。《印中搜闻》第 1 期即刊载了《中国的犹太教》一文，文中称很久以来一些有识之士认为，以色列失踪的 10 个部落的一部分来到了中国河南省定居。文章从马礼逊随阿美士德使团出访北京的日志中摘录部分内容："（1816 年）10 月 10 日，在与（瓜洲的）穆斯林官员交谈中他告诉我（指马礼逊），在河南省开封府那里有一些家庭叫做挑筋教的教民，他们只吃挑去了筋的肉，他们有一座礼拜寺，把第八天当作礼拜日。"引用的日志原文中，出现了"挑筋教""礼拜寺"等中文字样。作者评论认为，在中华帝国的"心脏"地区存在一些与世隔绝的家庭的事实，观察他们的宗教仪式与犹太教徒有些相似，而看上去又与中国其他任何礼拜仪式有很大不同，这是一个非常有趣的、值得深入探究的事情。……如果他们是犹太教徒，那么是什么时候、通过什么路线进入中国的；如果他们不是犹太教徒，那么又是属于其他什么种族、教派，这些都是值得关注的问题。③

三是中国的社会风俗习惯。《印中搜闻》有 4 期连载了题为《中国的迷信和习俗》的文章，除第 13 期归入"译文"栏目外，第 16、17、18 期都归于"印中杂录"栏目之下。每一条"迷信和习俗"后都注明"罪"（SIN），并有小一号字体的阐述。从这一形式看，文章的作者事实上是在逐条进行批判，这些批判涉及中国人日常生活的方方面面。④

---

① 〔英〕马礼逊、〔英〕米怜主编《印中搜闻（Indo-Chinese Gleaner，1817—1822）》，第 96 页。
② 〔美〕夏伯嘉：《利玛窦：紫禁城里的耶稣会士》，向红艳、李春园译，上海古籍出版社，2012，第 264~265 页。
③ 〔英〕马礼逊、〔英〕米怜主编《印中搜闻（Indo-Chinese Gleaner，1817—1822）》，第 25 页。
④ 刘美华：《〈印中搜闻〉视域中的中国社会信仰和习俗》，《北京行政学院学报》2014 年第 2 期。

四是在华传教士的有关情况。在报道伦敦会各地传教情况的"各传道团报道"栏目中，编者介绍了马礼逊在中国传教的情况，其中相当部分内容为研究马礼逊译《圣经》、编词典、出手册等传教情况提供了一手资料。如《印中搜闻》第1期中说到马礼逊随使团从北京回来后，继续翻译《旧约》、印刷《字典》以及中国政府持续执行禁教政策等情况。① 《印中搜闻》第4期记载了马礼逊近一阶段的出版活动。其他各期大致都有此类记载。

三 兼顾伦敦会其他传教地区的报道

《印中搜闻》作为恒河域外传道团的一项事业，其报道内容所涉地域范围也基本与恒河域外传道团的工作范围相若，除了中国之外，还涉及印度、东南亚乃至南非及其他伦敦会设有传教机构的地区。虽然这些报道的篇目数量和篇幅加在一起都远不及有关中国内容的报道，但的确给读者提供了很多当时这些地区的第一手信息。

（一）关于马来民族的报道

早在马礼逊和米怜商定建立马六甲布道站时，便已确定除了中国人外，马来人也应被纳入计划。在"恒河域外传道团传教计划"中马礼逊明确提出，"这一布道站的工作主要面向中国人；但不并仅仅如此。一旦获取充足的设备和工具，即可建立马来和其他国家的布道站。这一点更为重要，因为伦敦传教会很可能在不远的将来派传教士前往马来等地"。② 第三卷发刊词也呼吁人们提供关于马来半岛、琉球、日本、交趾支那、暹罗、缅甸以及中国的台湾、西藏等地状况的文章。③

《印中搜闻》中有不少翻译自马来文的文章，介绍马来人的有关情况。如第2期的《马来人关于创造的概念》一文译自一篇名为《因陀罗王子的历史》的马来故事，第4期的《马来人对现实世界更加理智的看法》一文翻译了5段马来人类似箴言的看法，第8期的一篇译文《马来的恶魔》的作者在"致编辑信"中表示，未能足够成功地按照最初所愿向编辑提供有

---

① 〔英〕马礼逊、〔英〕米怜主编《印中搜闻（*Indo-Chinese Gleaner*，1817—1822)》，第15页。
② 〔英〕米怜：《新教在华传教前十年回顾》，第65页。
③ 〔英〕马礼逊、〔英〕米怜主编《印中搜闻（*Indo-Chinese Gleaner*，1817—1822)》，第745页。

关《圣经》历史的文章，马来民族的历史等的朦胧晦涩阻拦了他进一步深入研究，因此他得以有时间研究其他方面，进而发现巫术、恶魔、魔法等在马来人中盛行到几乎难以置信的程度，并且超过所有其他国家。作者进而详细描述了诸多恶魔中的一个名为"Polong"的恶魔，并且附上了图片，这也是《印中搜闻》中首次出现图片。① 随之第9期刊出了一篇译文《马来人的巫婆》，编辑最后评论称，他们的工作性质要求他们无法后退，他们要努力诠释印中各个民族的智力和道德状况，否则，他们就应该向他们的读者道歉。② 第18期的"印中文化"栏目中，以"询问"为题，编者问了三个问题：第一，马来人有没有关于他们起源的记叙，无论是口耳相传的或是书面的？第二，何时何地下列印度国王开始统治的（后面列了一些国王的名字）？第三，有没有关于下列国家和城市的记叙（后面列了6个名称）？拟以此唤起与读者的讨论和互动。③

（二）关于日本的报道

1817年11月，马礼逊和米怜在广州经过一段时间的商议，确定了《恒河域外传道团临时委员会决议》，强调除了中国是主要目标、重点关注马来民族外，接着就是对日本的关注。该决议最后的第15条强调："我们非常渴望关注重要的日本列岛，尽可能收集一切有关的信息，如果有可能，循序渐进地准备将来我们中间有人乘船前往日本，以便学习日语，并确认中文《圣经》要经过哪些修改与调整才能适用于该国，或者是否需要一部全新的日文版《圣经》。"④ 1818年2月出版的《印中搜闻》第3期，报道了刚从日本海岸航行回来的戈登船长简要介绍日本有关情况的"致编辑信"，信后面接了一段相当于"编后"的简短文字，称"编辑借此机会向戈登船长写来这封友善的信件表示感恩"，同时表示"任何关于日本这个重要岛国的近期、真实的信息，都将会受到最热诚的欢迎和最衷心的感谢"，⑤ 这既体现了《恒河域外传道团临时委员会决议》的内容要求，又如同一则"征稿启

---

① 〔英〕马礼逊、〔英〕米怜主编《印中搜闻（Indo-Chinese Gleaner, 1817—1822）》，第319～320页。
② 〔英〕马礼逊、〔英〕米怜主编《印中搜闻（Indo-Chinese Gleaner, 1817—1822）》，第387～388页。
③ 〔英〕马礼逊、〔英〕米怜主编《印中搜闻（Indo-Chinese Gleaner, 1817—1822）》，第195页。
④ 〔英〕米怜：《新教在华传教前十年回顾》，第93页。
⑤ 〔英〕马礼逊、〔英〕米怜主编《印中搜闻（Indo-Chinese Gleaner, 1817—1822）》，第55页。

事"。第 4 期则继续刊出了戈登船长关于介绍日本以及俄罗斯的鄂霍次克情况的信件，在信件正文前，编辑表示："知道此类内容对公众来说不是最新的，但它们承担'基督教的传播'这一重要主题，因此我们必须要全文提供。"① 第 8 期、第 14 期都有关于短暂访问日本以及日本有关情况的简要报道。

（三）关于其他地区的报道

在亚洲主要是马六甲、印度等地区，总的篇数并不是很多。如第 10 期、第 13 期有 3 篇报道介绍了印度的一些情况；第 11 期报道了马六甲解放奴隶和霍乱病的有关情况，其中前者包括了马六甲总督关于解放奴隶发表的演说，后者则附录了 1820 年荷兰医生 Sanger 在马六甲写的关于霍乱的文章及相关案例；第 16 期报道了交趾支那、马六甲的一些情况。

此外，还有一些对亚洲以外国家和地区的报道零星点缀其中。如第 1 期《爱尔兰的教育进展情况》介绍了爱尔兰有关传教情况，称"在这个长期被忽视的岛上，有 2000 个孩子主要是罗马天主教徒，在学习阅读《圣经》，而他们原本是对此排斥的，这些成果的取得归结于合信会（Hibernian Society）的劳作"。② 再如，第 4 期介绍了鄂霍次克，第 14 期报道了伊尔库茨克、鄂霍次克以及西伯利亚的一些情况。1822 年 4 月，第 20 期也是刊物的最后一期，在"印中基督教杂录"栏目中刊出了基督教在摩鹿加群岛的传播情况等。

第三节　《印中搜闻》传播特征分析

一　马礼逊等新教传教士承担主要撰稿任务

伟烈亚力认为，"《印中搜闻》刊物的存在很大程度上要归功于马礼逊的投稿以及米怜博士的管理"。③ 从撰稿人的情况来看，"虽然也有几位学者和具有科学精神的人，包括李文斯东博士，都是《印中拾闻》的撰稿人，

---

① 〔英〕马礼逊、〔英〕米怜主编《印中搜闻（*Indo-Chinese Gleaner*，1817—1822）》，第 99 页。

② 〔英〕马礼逊、〔英〕米怜主编《印中搜闻（*Indo-Chinese Gleaner*，1817—1822）》，第 19 页。

③ 〔英〕伟烈亚力：《1867 年以前来华基督教传教士列传及著作目录》，倪文君译，广西师范大学出版社，2011，第 17 页。

可是该杂志的主要撰稿人仍是马礼逊博士和米怜先生"。① 米怜在 1820 年时也曾说："和我们大多数其他工作一样，《印中拾闻》依然处于成长阶段。迄今为止，投稿者和订阅者都很少。"② 由此可见，《印中搜闻》的撰稿人人数不是很多，其中马礼逊、米怜是主要的撰稿人。

按照 19 世纪欧美发行期刊的惯例，作者一般不署名，或者只署缩写，或者署名通讯员，或者随意署名 Nobody，特别是教会刊物发表稍微敏感问题的看法时，为了谨慎起见作者常常不署名。《印中搜闻》也遵循了这一做法。其所刊文章中，署名的大约占到一半，其中绝大多数以"致编辑信"的形式出现，既然是信件，写信人自然就在信的结尾署了名。有一些非"致编辑信"类型的文章也署了名，但所占比例极少。从现有署名情况来看，有的是真名，比如署名为"R. M."或者"Morrison, R."的应该就是马礼逊，署名为"Livingstone, J."的应该就是东印度公司的外科医生李文斯东，而更多署名则是笔名。《印中搜闻》第一卷、第二卷的卷末均附有索引，包括标题索引和作者索引两部分内容。第三卷应该是由于米怜去世、《印中搜闻》在第 20 期出版后便仓促停刊之缘故，未能提供索引。笔者对此做了补全，把第三卷署名情况一并进行了统计。

就总三卷的作者署名出现频率来看，"Amicus"出现频率最高，共有 25 篇文章，包括第一卷 12 篇（P20, P47, P56, P57, P64, P66, P92, P146, P152, P156, P178, P204），第二卷 9 篇（P257, P297, P327, P329, P433, P458, P502, P574, P579），第三卷 4 篇（P780, P935, P953, P961）。

其次为"Servus"，共有 20 篇文章，包括第一卷 2 篇（P113, P205），第二卷 8 篇（P285, P334, P366, P461, P575, P583, P627, P631），第三卷 10 篇（P770, P784, P818, P893, P923, P953, P1020, P1039, P1044, P1055）。

第三为"Too-yu"，共有 12 篇文章，包括第一卷 3 篇（P164, P172, P215），第二卷 6 篇（P275, P407, P465, P585, P635, P710），第三卷 3 篇（P826, P894, P1003）。

---

① 〔英〕艾莉莎·马礼逊编《马礼逊回忆录 2》，第 13 页。
② 〔英〕米怜：《新教在华传教前十年回顾》，第 89 页。

第四为"Sianu"，共 11 篇文章，包括第一卷 3 篇（P107，P153，P205），第二卷 5 篇（P273，P321，P387，P465，P561），第三卷 3 篇（P821，P941，P1050）。

另外，署名为"R. M."或者"Morrison, R."的 5 篇（P59，P265，P372，P395，P1013）；署名为"Lucius"的 4 篇（P117，P516，P554，P635）；署名为"Livingstone, J."的 4 篇（P226，P370，P372，P754）；署名为"W. R."的 4 篇（P324，P400，P445，P511）；署名为"Z"的 4 篇（P777，P778，P843，P844）；署名为"Aliquis"的 3 篇（P110，P325，P584）。

《印中搜闻》的作者人数虽不多，但要辨别这些笔名的真实使用者，还是颇费周折。裨治文认为，语言是向中国人传播西方知识，或将中国的知识传播到西方的最大阻碍。19 世纪 30 年代中叶，只有屈指可数的几个西方人和为数更少的中国人能够将两种语言的信息有效地相互转译。[①] 卫三畏在《中国回忆》中写道："那个时期的一个显著特点是，研究中国的外国人很少。我记得在林则徐担任钦差的时期实际上只有五位——不算在澳门的葡萄牙人，就是他们当中也很少有人认识汉字。五个人当中的一位是罗伯聃（Robert Thom）先生，后来成为英国驻宁波的领事；另外一位是马儒翰（John Robert Morrison）先生，马礼逊的儿子；第三位是郭士力博士。这三个人是英国政府 1834 年后能聘为翻译的仅有的选择。"[②] 而在此之前，能同时熟知中文、英文或者马来文、英文的人就更少了。戈公振在《中国报学史》中介绍马礼逊初来广州继续练习汉语时称，"故当时欧人之精通中文中语者只三人，马礼逊其一也"。[③] 因此，在对当时外人尤其是懂中文者的在华情况做系统梳理后，笔者大致对撰稿者的情况分析如下。

第一，马礼逊撰稿情况。《印中搜闻》作者群中最为引人注目的"Amicus"（其字原为拉丁文，义为"朋友"），发表了不少介绍中国情况的文章。他在《印中搜闻》上发表的第一篇文章，是在第 1 期上的《中国罪犯的处决》来信，这封信落款为"广州，中国，1817 年 3 月 9 日"，可见其

---

① 〔美〕雷孜智：《千禧年的感召——美国第一位来华新教传教士裨治文传》，第 99 页。
② 转引自〔美〕卫斐列《卫三畏生平及书信——一位美国来华传教士的心路历程》，顾钧、江莉译，广西师范大学出版社，2004，第 20 页。
③ 戈公振：《中国报学史》，第 63 页。

人当时居住在广州，这就排除了出自米怜之手。而从其发表的如"On the Logos"（《论道》，Vol. Ⅱ，pp. 82 – 83），"The Worship of Confucius"（《祭孔》，Vol. Ⅱ，pp. 254 – 256），"Philosophy and Paganism"（《哲学和异教》，Vol. Ⅱ，pp. 79 – 81），"On Religious Opinions in China"（《中国的宗教观》，Vol. Ⅲ，pp. 186 – 189）等涉及中国的宗教和哲学主题的文章来看，此人对中国文化非常熟悉。当时居住在广州的在华外人中，除马礼逊以外也实无他人如此熟悉中国文化，因此可以确定"Amicus"是马礼逊无疑。①

第 18 期至第 20 期连载了没有提供作者署名的"Annals of Canton"（《广州志》）一文，分别介绍了广州城的发展历史、广州人的性格、海幢寺、海上进入广州的通道、洋行贸易等方面的情况，其中第 20 期连载中刊出"The European Factories"（《欧人商馆》）一节，详细描述了"十三夷馆"②的街道与各商馆建筑物的名称与排列的顺序。从该描述对整个"十三夷馆"的熟悉精确度来推测，如非常住广州者是写不出来的，加之马礼逊以东印度公司译员身份在清政府每年规定的时间内停留广州，也只能居留在广州城外所谓的"夷馆"（Factories）内，因此这一组文章的作者也非马礼逊莫属。③

此外，马礼逊还翻译了《京报》等中国报刊上的许多内容，这些文章加上另外几篇其真实署名的文章，马礼逊在《印中搜闻》上的发稿量占了整个刊物稿件量的较大比例，内容涉及中国时政消息、中国文化典籍介绍以及中国传教站动态等诸多与中国相关的情况。

第二，米怜撰稿情况。经考证，《印中搜闻》的署名文章中，至少有 3 个笔名为米怜所用，分别为"Servus""Too-yu""Z"。

署名"Servus"的共 20 篇文章，内容既涉及传教内容，包括传教士所

---

① 中国学者吴义雄曾经推测，"Amicus"就是《印中搜闻》的发起人马礼逊，认为"除他之外，在当时的广州英人中，有如此的中文水平且对《印中搜闻》有如此热情的人，应该再也找不出来了"。见〔英〕马礼逊、〔英〕米怜主编《印中搜闻（Indo-Chinese Gleaner，1817—1822)》，前言，第 15 页。新加坡学者龚道运也认为"Amicus"就是马礼逊。见龚道运《近世基督教和儒教的接触》，第 65 页。

② 广州"十三夷馆"与"十三行"是两个不同的概念，西方人分别用两个英文词"Thirteen Factories"与"Thirteen Hongs"来界定。"十三行"原为官设牙行，其后权力逐渐扩充，乃成包办洋务之团体，即指中国大商人从皇帝处取有对外贸易专利权后的那些大商家行号的总称。与"十三行"对称者有"十三夷馆"，为外国商人之营业及居留所，俱系赁自十三行商。见查时杰《马礼逊与广州十三夷馆》，广西师范大学出版社，2010，第 2～5 页。

③ 查时杰：《马礼逊与广州十三夷馆》，第 22 页。

需的医药才能和慈善途径、女基督徒如何在异教徒中发挥作用等，又涉及中国文化和时事的相关内容，同时还阐述了欧美一些传教士的情况，可以看出其人实为对欧美和中国的情况皆有相当了解，且具有一定传教经验的人士。第 4 期刊登的题目为《中国神话作者关于基督的记述》（"A Chinese Mythological Writer's Account of Christ"）的文章，是"Servus"第一次在《印中搜闻》露面，以"致编辑信"的形式，向读者介绍了译自《神仙通鉴》一书的部分内容。而"另一篇则是关于完全不同的主题——一位中国人关于怎样是个好将军的描述"，[①] 体现了作者对中国文化的了解。

在第 15 期（第三卷第 1 期），"Servus"以《传教片段》为题，阐述了除了布道、祈祷等这些初步的也是更为直接的传教方法，其他还有一些可以做得较好，也不用强迫别人来硬性接受的办法，首先就是医学的使用。作者提出五点呼吁：一是所有的传道团将来在培训他们的传教士时，应在课程中加入医学知识的课程；二是所有的基督徒应该在医学的知识和实践两个方面提供他们力所能及的协助；三是所有的传教士在他们的年龄、精力和其他条件的允许范围内，要把医学操作作为他们学习的一部分内容，四是所有的传道站应该备有一些常用的必需药，这样当贫困的人走进来时能够对其提供帮助；五是建议伦敦会应该发起、鼓励和支持"基督教传教士对异教徒中的穷人免费医疗计划"。他希望读者中能有人支持并且传递这些信息。[②]

1820 年 10 月，《印中搜闻》第 14 期刊载了《中国医药历史》一文，作者表示推荐这篇文章出于两个原因：一是中国医药这一主题还没有被展现在英国公众面前；二是此前一位从事中国自然历史等方面调查研究的中国先生读过这篇文章后，认为其中有许多新的信息可以期待。这也是《印中搜闻》第一次登出有关中国医药情况的专文。1820 年 11 月 3 日，米怜在给马礼逊的信中说道："几天前我收到了巴达维亚购买此刊的 67 卢比（Sicca Rupee）[③]，我原以为卖不出去的地方反而卖了一些。时不时还有人要购买全套的《印中拾闻》，因此我相信以后可以弥补现在出版的亏空。

---

① 〔英〕马礼逊、〔英〕米怜主编《印中搜闻（*Indo-Chinese Gleaner*，1817—1822）》，第 109 ~ 113 页。
② 〔英〕马礼逊、〔英〕米怜主编《印中搜闻（*Indo-Chinese Gleaner*，1817—1822）》，第 780 ~ 784 页。
③ 注：19 世纪 30 年代印度通用的货币，1 卢比约合 0.5 银元。

我敢肯定那些有关中国医药的文章增加了我们的读者。"① 而在接下来的第16期、第17期、第18期等几期刊物中，有关中国医药情况的文章明显增多。实际上，第15期"Servus"的文章既是对第14期有关中国医药文章的小结归纳，又是对今后几期涉及相关内容的铺排，能做到内容如此衔接安排，若非负责编务者通常很难实现。

"Servus"在第18期发表的《论为异教徒所作基督教出版物之风格问题》一文，采取"致编辑信"的形式，分析了在此问题上的一些观点，从六个方面阐述了关于为"异教徒"准备基督教出版物应采用何种风格的问题，所运用的例子多针对中文基督教作品的写作问题，主要讨论传教士用中文写作基督教作品的原则和技巧等。作者声称自己重点阐述的是一位"在外国工作数年、以获得在其言谈和写作中与本土人士相近的表达方式的能力"的朋友之计划大纲，并将这位朋友"称呼为博爱（Poh_ Gae）"。米怜在具体编辑《察世俗》时即署名"博爱者"，因此，可初步断定这篇文章阐述的是米怜的观点，甚至"Servus"可能就是米怜本人。

那么，为什么"Servus"不是马礼逊的笔名或者当时熟悉中国情况的其他外国人呢？一来，按照马礼逊的说法，米怜经常为本刊写稿，平均每期2~3篇，仅1819年便写了11篇文章，1821年又供稿10篇（以主编立场写的部分除外）。② 除去可识别为马礼逊的署名外，"Servus"是最为重要且连续不断地写作的撰稿人。二来，由撰写工作量来看，"Servus"只能是马礼逊或米怜中的一位，而马礼逊已经承担了中国时政类消息的大部分翻译工作，以及以"Amicus"署名发表了大量文章，从每期文章的分量布局来看，"Servus"为米怜的可能性较大。

署名"Too-yu"的共有12篇文章，除了第一篇是为"译文"栏目翻译的一篇王阳明的文章外，其他基本是"汉学书目"栏目中的内容。"Too-yu"有很大可能就是米怜本人，因为在当时的西人中，具备如此深厚的中国文化修养的人并不多。后来《中国丛报》1847年第16卷第8期至第10期先后转载了"汉学书目"系列文章中的前三篇《明心宝鉴》《西方公据》

① 〔英〕艾莉莎·马礼逊编《马礼逊回忆录 2》，第 39 页。
② Robert Morrison, *Memoirs of the Rev. William Milne*, pp. 101 - 102. 转引自苏精《中国，开门！——马礼逊及相关人物研究》，第 155 页。

《圣谕广训》，每篇文章的开头均明确标示作者为米怜。① 新加坡学者龚道运也认为"Too-yu"就是米怜。② 在"汉学书目"的序言中，作者以"蠹鱼"的口吻幽默地写道，偶然读到苏格兰西北大学一位教授的信，信中建议将有价值的中文典籍做简要介绍并加以编辑。作者表示对该建议做积极响应，并保证：自己虽然不过是条书虫，却关心人类，也对舆论开诚布公。他以自负的语气宣称，在英文世界，他即将从事的是一项破天荒的工作，同时还特别声明，他所编写的"书目"对传教士有利，也能为他们所接受。这一栏目的编纂既以传教为前提，又和《察世俗》以"耶教为主体，而以儒教为辅助工具"的方针相辅相成。

　　署名为"Z"的4篇文章集中出现在第三卷。第16期连续刊载了两篇，即《中国人不知上帝》和《中文表达"上帝"的术语》。③ 前者引述几位翻译《圣经》的学者陈述中文中没有能够完全对译基督教最根本概念之"God"和"Deity"的情况；后者重点讨论了用什么汉语词语翻译基督教"Deity"之观念，即"Theos"、"Deus"和"God"究竟应该用哪个词来翻译方为恰当。作者主张放弃马礼逊的《圣经》中文译本所用的"神"这一译法，并列举了9条理由来论证"上帝"是比较合适的译名。到了19世纪中后期，基督新教在华传教士在修订《圣经》中译本的过程中，再次就此发生旷日持久的争议，其中主张用"上帝"作为译名的麦都思等英国传教士，援引《印中搜闻》上的这篇文章为自己的观点辩护，提到这篇文章的作者就是编者米怜本人。④ 新加坡学者龚道运也通过考证米怜对"God"一名的汉译，认为《中文表达"上帝"的术语》一文为米怜所作。⑤ 由此可见，这两篇以"Z"署名的文章，包括第15期《关于皈依》《谁是我的邻居？》这两篇讨论宗教问题的文章，皆为米怜所作。

　　第三，署名"Sianu"共发表11篇文章。这些文章有明显的共同特点，即有8篇介绍马来人的情况，或翻译马来语有关宗教的著作及知识，或介绍

---

① 张西平主编《中国丛报（1832.5—1851.12）》第16卷，第410、452、504页。

② 龚道运：《近世基督教和儒教的接触》，第65页。

③ 〔英〕马礼逊、〔英〕米怜主编《印中搜闻（Indo-Chinese Gleaner，1817—1822）》，第842~843页。

④ 〔英〕马礼逊、〔英〕米怜主编《印中搜闻（Indo-Chinese Gleaner，1817—1822）》，前言，第11页。

⑤ 龚道运：《近世基督教和儒教的接触》，第53页。

马来人的教育状态等内容。如第 4 期中的译文《马来人对现实世界更加理智的看法》，"Sianu" 翻译了 5 段马来人的看法，其中第一段：这个世界可以与一具腐烂的尸体相比，每个人都在无节制地寻求占有财富，但最后都是喂了狗；另一段：这个世界是不信教者的天堂，是信徒的监狱，是沉思者的花园，是无信仰者的愉悦之地。文章向读者呈现了马来人对世界的哲学思考。① 再如第 10 期 "论说、传教短简等" 栏目中《印度的教育状况》一文的第一部分 "马六甲的马来人教育状况"，介绍了马六甲当地马来人的教育状况，包括马来人的学校数量、学生数量、入学年龄和典礼、上课时间、教学方法、学费等情况，为读者了解马六甲当地马来人的教育状态提供了详细资料。② 另外有 3 篇文章主要介绍伊斯兰教的情况，包括第 5 期中译自阿拉伯语故事的《伊斯兰教徒拒绝福音的理由》一文（这篇文章叙述了《古兰经》和《新约圣约》不一致的地方），以及第 6 期中的译文《伊斯兰教徒对圣经历史的看法》、第 7 期中的译文《伊斯兰教中的该隐与亚伯》。"Sianu" 的文章从 1818 年 5 月的第 4 期开始发表，持续了整个办刊始终，每一两期便会发表 1 篇。"Sianu" 首次撰文时在写给编辑的信中提到，"在我与一些更为见多识广的马来人交往中，我能碰到一些与我们的主给予我们警告非常相似的内容"。在当时的传教士，尤其是和马六甲布道站关系紧密的传教士中，能和马来人有较多交往、掌握马来语、熟悉马来人情况的传教士当数汤姆生牧师。"Sianu" 很可能就是汤姆生。汤姆生牧师夫妇于 1815 年 9 月抵达马六甲，主要从事在马来人中的传教工作，开办了一所马来文和英文学校，马六甲布道站也设立了相应的马来部门。后来，因为汤姆生夫人生病且久病不愈，汤姆生夫妇于 1816 年 9 月离开马六甲前往爪哇、英国就医，次年 2 月汤姆生夫人于航行途中去世，汤姆生则继续航行回到英国，并于 1817 年 12 月返回马六甲。马六甲布道站马来部门的工作在中断 15 个月之后又重新开始。而这一时间恰好与 "Sianu" 自 1818 年 5 月《印中搜闻》第 4 期开始发表文章的时间段大体吻合。

由以上分析可见，马礼逊、米怜等新教传教士利用长居中国、懂得中

---

① 〔英〕马礼逊、〔英〕米怜主编《印中搜闻（Indo-Chinese Gleaner, 1817—1822）》，第 107 ~ 108 页。
② 〔英〕马礼逊、〔英〕米怜主编《印中搜闻（Indo-Chinese Gleaner, 1817—1822）》，第 461 ~ 465 页。

文、熟悉中国的优势条件，投入相当精力，承担起《印中搜闻》绝大部分的撰稿任务，向欧美社会全方位介绍他们所了解的中国，塑造了19世纪初期中国在欧洲社会的形象。

二 注重意见的表达以及与读者的互动

《印中搜闻》虽然创办于200年前，但即便今日翻阅，仍然可以感到其有不少编排的理念和特点与现代报刊有互通之处。这既是因为马礼逊、米怜等人充分吸收了当时欧美宗教刊物的办刊实践，也是结合来华传教士办刊实际需要进行本土化改造和发展的结果。

一是评论文章的大量运用。《印中搜闻》有很多评论或短评，编者观点意见的表达随处可见，贯穿始终。在刊载各方面文章或报道时，编者往往或在前面先有一段议论，或在文后加一些评论，阐明选录的主要原因或补充相关内容，以进一步传达编者的观念和意图，恰似今天报刊中的"编者按"。例如，《印中搜闻》有多篇文章或译文讨论中国人的偶像崇拜，其中刊载的一篇关于缺雨的法令，指出法令颁布缘因京城雨季无雨，故皇帝下令对罪犯从轻发落以感动上天而降雨。作者由此认为，人原本是有宗教概念的，只是丢失了而已，愚笨的人自作聪明，批评中国人信奉造物主所造之物却不信奉造物主。[①] 又如第11期在正文之前，用4页的篇幅刊登了两篇关于中国溺婴问题的文章，并说道"作为编辑刊物来说，在新的一年开始，增加一些记叙作为前缀是通常的做法"。[②] 实际上，这一所谓"通常的做法"，已经是明显包含了编者的强烈思想感情在内。

二是书信体构成了刊物与受众、编者与读者之间的"互动交流平台"。一方面，在"加强同道交流"的办刊目标之下，《印中搜闻》刊登了许多伦敦会传教士们之间的往来书信。正如编者所说："传教士能用于写信的时间很少，但他们不能没有信件往来，当他们给自己周围的弟兄们写信时，他们肯定必须将同样的事情重复好几遍；现在，通过共同支持这本刊物，他们家庭、布道站和工作中发生的有趣而适合公开的事情，只要叙述一遍，就能以这种媒介简单迅速地流传开去。因此，在熏陶启发的同时，又节省了大量的

---

① 〔英〕马礼逊、〔英〕米怜主编《印中搜闻（*Indo-Chinese Gleaner*, 1817—1822）》，第94~95页。

② 〔英〕马礼逊、〔英〕米怜主编《印中搜闻（*Indo-Chinese Gleaner*, 1817—1822）》，第471页。

时间；既能维持弟兄间的联络，又展现了异教徒奇特的一些想法。"刊载传教士们之间的书信，既有效地提升了同道交流的效率，又为其他读者了解传教士们的工作提供了第一手资料。另一方面，《印中搜闻》刊载了许多"致编辑信"或者称为"读者来信"的稿件。这些或以真名或以笔名发表的稿件，在刊物中随处可见，围绕《印中搜闻》的目标，介绍了大量印中地区的各类宗教、文化、社会类信息。《印中搜闻》这一重视与读者互动交流的做法，在与其同时期编辑出版的中文刊物《察世俗》中也有充分的体现。

三是相继出现了"勘正""问询""通告""预告"等许多现代报刊常见的栏目。"勘正"栏目首次出现于 1818 年 2 月的第 3 期，对前几期的一些拼写错误进行了纠正。以后的各期中，不时有此栏目出现。但实际上，由于《印中搜闻》在办刊过程中曾经有段时间编辑、印刷质量都相当糟糕，"勘正"栏目显然不能完全起到每错必纠的作用。1820 年 11 月 3 日，米怜在给马礼逊的信中抱怨道："你找的抄写稿子的人错误百出。我恳求你不要太相信他们了，如果这些文章的错误少些，将会提高作者和我们刊物的声誉。"①"问询"栏目主要登载读者遇到的一些问题，希望获得知情者的解答。比如，第 3 期"Amicus"提出的 6 个问题，第 7 期"Servus"以致编辑信的形式做出了回答。第 10 期的"问询"栏目刊出了一位北苏格兰的先生希望获知中国人关于移民的看法，1821 年 10 月第 18 期的"印中文化"栏目刊登了三个有关马来人的问题。有时这些所谓读者的问题，实际上也是编辑们想要了解的。"通告"栏目主要是刊物本身经营、出版的一些情况告知。比如第 3 期至第 5 期连续刊登"通告"，介绍刊物本身的情况，包括内容、价格、订购办法，以及若有盈余将如何处理等。第 14 期（第二卷的尾期）、第 15 期（第三卷的首期）各刊载了一篇内容大致相同的"致订户"（Notice to Subscribers），类似广告，表明"如果在印度地区能够拥有两百份订阅，每期售价 3 个卢比，那么每期刊物的篇幅将会扩充到 100 页左右"。②"预告"栏目，如第 16 期刊出"告客户"的文字，预告下一期将要刊登有关中国人关于脉搏学说的文章。

四是版面编排上已经穿插出现图片和一些汉字。整个刊物共出现 4 幅图

① 〔英〕艾莉莎·马礼逊编《马礼逊回忆录 2》，第 39 页。
② 〔英〕马礼逊、〔英〕米怜主编《印中搜闻（Indo-Chinese Gleaner，1817—1822）》，第 726 页。

片。第 8 期刊载了译文《马来的恶魔》，作者"Sianu"详细描述了诸多恶魔中的一个名为"Polong"的恶魔，并且附了图片，这是《印中搜闻》首次出现图片；第 9 期刊载的译文《马来人的巫婆》，出现了第 2 幅图片"巫婆"；第 3 幅图片为第 14 期刊载的 1820 年 5 月在中国观测到并绘制的彗星图；最后一幅图片是当时广州城内"海幢寺"的平面图。① 作为以介绍中国情况为主要内容的刊物，《印中搜闻》的内容中还出现了一些汉字。马六甲布道站成立后不久，从中国购买了钢铸模来浇铸活字柱体，再雇用当地工人在柱体表面刻字，制作了约 10000 个活字，印刷英文书籍时偶尔需要一些汉字，例如《印中搜闻》常常引用一些中文，这些活字就派上了用场。有人考察《印中搜闻》第 1 期中出现的中文，依次出现了佛、三十三重天、变化、神仙、地狱、清茶门教、奴才、臣、挑筋教、礼拜寺等汉字、词组或短语，进而仔细分析第 2 期至第 14 期依次出现的汉字、词组或语句，发现关于中国人的哲学和风俗信仰的字词出现得最早、最多也最频繁。② 另外，在第 6 期"大事记"栏目的《北京的飓风》一文中，还出现了中文汉字"霾"，这也为研究 200 年前北京地区的气象提供了历史资料。使用这些汉字，固然是行文所需，也不排除编辑努力以此使刊物变得更加生动，吸引读者的眼球。

此外，《印中搜闻》还刊登了恒河域外传道团的一些重要文件资料，如第 6 期刊登的《马六甲英华书院总计划书》，内容包括书院的名称、办学目标、向学生提供何种教学、入学对象、在书院可以待多久、资源、管理等信息。第 9 期刊登了《恒河域外传道团总章程》③，第 10 期刊出了《马六甲华人慈善会》文件。这些文件既增强了刊物注重实用性的色彩，也为后人留下了研究恒河域外传道团的宝贵原始资料。

三 《京报》是《印中搜闻》关于中国时事报道的主要信息源

《印中搜闻》作为一份办刊地点在马六甲、编辑为英国人、受众主要为

---

① 以上 4 幅图片分别见《印中搜闻（Indo-Chinese Gleaner，1817—1822）》第 319、386、692、982 页。

② 蔡慧清：《论朱子学在英语世界的最早传播与研究（上）》，《湖南大学学报》（社会科学版）2012 年第 6 期。

③ 1819 年 4 月 27 日由马礼逊、米怜、汤姆生、麦都思、斯莱特、弥尔顿、贝顿、恩士等牧师同意并签署。

西方读者、语言为英文，但内容却以中国报道为主的一份季刊，其办刊意图、编辑方针能否落到实处，受到当时环境和条件的许多制约，刊物稿件来源是其中一个主要方面。披览全卷，其稿件一部分是对中文典籍的介绍，包括从 1818 年 8 月第 5 期开始设立的"汉学书目"栏目，前后共介绍中国作品 14 部。而更多的是关于中国时事方面的介绍，从第 1 期的《清茶门教》，到从第 3 期开始的"大事记"栏目，再到第三卷第 15 期改版后的"印中新闻"栏目中登载的许多时事报道，绝大部分内容标明了翻译自《京报》（*Peking Gazette*）。

在近代化的报纸产生之前，《京报》是封建王朝的臣民们获知朝政和国家大事的主要信息来源。读者们可以按己所需，从《京报》所提供的宫门钞、上谕、章奏等稿件中寻找所关心的和感兴趣的各类信息。最早介绍《京报》的英语著述，出于在马礼逊之前担任东印度公司职员的斯当东之手。①

《京报》是当时马礼逊等传教士了解和掌握中国情况的重要渠道。在马礼逊来华直到他去世前的日记里，多处记载了他阅读《京报》的情况。他在 1813 年 7 月 25 日的日记中，首次明确提及阅读《京报》："《京报》上登载了一条皇帝的敕谕，让佛、道两派在山上、河边摆设祭台，进香求雨。几位皇子受命前去敬拜献祭。一位佛教和尚在北京被捕入狱，他一时兴起竟胆敢张贴告示请求皇帝修缮全国毁坏的寺院。他因胆大妄为并且行为不合程序而受到了指控。"② 1815 年 1 月 10 日，马礼逊在致斯当东的信中，附有他译自《京报》的一条通告。③ 在 1816 年 1 月 1 日写给伯德牧师的信中，马礼逊回顾了 1815 年的工作和遇到的困难，提到"最新一期《京报》即 1815 年 10 月 6 日号刊登了一起他们破获的试图联合湖北、江西、江南各省叛变

---

① 斯当东在《英使谒见乾隆纪实》一书中记载：它的内容主要登载全国的重要人事任免命令、豁免灾区赋税的命令、皇帝的恩赐、皇帝的重要行动、对特殊功勋的奖赏、外番（藩）使节的觐见、各处的进贡礼物等。皇室的事务和私人日常起居很少登在邸抄上。邸抄上还登载一些全国发生的特殊事故，如老年人瑞、违法失职的官吏处分，甚至于奸淫案件也登在内。登载后的用意在防微杜渐、以儆效尤。在战争时期，军事上的胜利、对叛乱的镇压也登在邸抄上。邸抄内容只限于国内事务，国外事务一概没有。转引自林玉凤《中国近代报业的起点——澳门新闻出版史（1557~1840）》，社会科学文献出版社，2015，第 174 页。

② 〔英〕艾莉莎·马礼逊编《马礼逊回忆录 1》，第 195~196 页。

③ 〔英〕艾莉莎·马礼逊编《马礼逊回忆录 1》，第 224 页。

的阴谋，有几个人被捕，破获此案的总督得到了提拔。频发的谋反当然让政府提高了警惕，却让无辜的人忍受诸多限制和不便"。① 马礼逊还曾节译一些《京报》资料寄给欧美的宗教杂志，如 1816 年费城《宗教备忘》曾报道："我们收到数期由马礼逊牧师翻译成英文的《京报》和其他中文作品，这些讲述中国风俗与文学的文章很有意思。"②

1815 年初，马礼逊最早系统翻译《京报》内容并辑录成《中文原本翻译》（*Translations from the Original Chinese，with Notes*），由东印度公司澳门印刷所出版，这也是东印度公司澳门印刷所成立后最早的出版物之一。该书为全英文著作，共有 11 章，其中第三章至第十章均以《京报》为标题，内容译自 1813 年 10 月至 1814 年 3 月 6 日《京报》登载的消息，各章内容独立，既有嘉庆帝的上谕，也有地方官和儒生的奏章。奏章内容连同嘉庆的朱批均被译为英文，部分附有马礼逊的按语。马礼逊在《中文原本翻译》的序言中，这样介绍他所翻译的《京报》："中国各地上呈给皇帝的报告以及天朝发出的谕令，每日都会在北京出版。这些在北京出版的内容，会传送给各省官员，各省官员会将他们喜欢的内容抄录后向人民出售。"③

《印中搜闻》中同样有大量翻译自《京报》的内容。《印中搜闻》在第 1 期刊载了译自《京报》的关于清茶门教的内容，第 2 期没有译报文章，从第 3 期设立"大事记"栏目开始，每期都刊有译自《京报》的内容，少则三五条，多则 20 多条。到了第三卷第 15 期《印中搜闻》较大改刊后，译报内容的栏目名称改为"印中新闻"。译报主要译自《京报》，还有少数译自《广东新闻》（即《广东每日新闻》，*Canton Daily Paper*，见于第 12 期、第 13 期、第 15 期、第 20 期等）。当时在中国内地传教的新教传教士，只有马礼逊一人能够持续译报并供《印中搜闻》刊用，大致可推断此类内容皆为出自马礼逊之手。

《京报》每日一期，所提供的消息可谓数不胜数，但马礼逊在翻译文本的选择上有着明确的思路。从内容上看，摘译的消息大部分与清朝政务相关，包括皇室动向、政府政策、各地官员上疏内容、皇帝对政局的观点及评

---

① 〔英〕艾莉莎·马礼逊编《马礼逊回忆录 1》，第 229 页。
② 〔美〕雷孜智：《千禧年的感召——美国第一位来华新教传教士裨治文传》，第 78 页。
③ 林玉凤：《中国近代报业的起点——澳门新闻出版史（1557～1840）》，第 175 页。

论等，通过此类文章可以清晰地了解中国政局，迎合母国政府及其他世俗力量的现实需求。同时，马礼逊摘译了多件通奸、谋杀、乱伦、叛乱等诸多反映中国社会贫穷、落后状况的内容，以中国社会的负面报道为多，反映出其特意揭露中国社会黑暗面的明显倾向。

四　传播覆盖区域范围广

《新教在华传教前十年回顾》在列出"恒河域外传道团成员所著及印刷书籍目录"时，分为"所翻译和编写的中文书籍"与"面向欧洲读者的书籍"两大部分，《印中搜闻》被纳入后者，被定位为"面向欧洲读者"，并且注明了"并非由任何特定宗教团体出资印刷"。① 这里说的欧洲读者，主要是指那些关心基督教传教事业的欧洲人和海外传教士，既包括欧洲的读者，又包括身处亚洲以及其他欧洲以外国家和地区的欧洲人士。米怜曾在一封信中对马礼逊直言："对于《印中拾闻》问世后会遭人蔑视或者被人忽略，我已经有所准备……只有传教士、书商、博爱者、人文学者能容忍它的缺陷和不足。"② 他把欧洲的传教士、书商、博爱者、人文学者列为《印中搜闻》的主要受众对象。

1819 年时，马六甲布道站的中文出版物已经得到广泛分发，"其中有一些送到居住在伦敦、美国、圣赫勒拿岛、孟买、马德拉斯、孟加拉、缅甸、吉达、槟榔屿、明古连、巴东、邦喀、爪哇、马都拉、摩鹿加群岛、婆罗洲、西里伯斯岛、马六甲海峡周围的半岛和岛屿、中国海域内的岛屿、马尼拉等地的中国人；同样也被送到暹罗、交趾支那、东京湾等处，中国的几个省份；还被送去西伯利亚的伊尔库次克，有些书籍还被送往日本等地；许多书籍每年由回国的人和返航船只带到中国"。③ 理论上看，凡是马六甲布道站中文出版物所及之处，《印中搜闻》都可以循着同样的渠道得以传播，主要包括英国、美国以及亚洲地区。

《印中搜闻》传递到读者手中的途径主要有两个：一是订阅和零售；二是交流赠阅。从第 3 期至第 5 期，《印中搜闻》连续 3 期刊登了一则类似

---

① 〔英〕米怜：《新教在华传教前十年回顾》，第 127 页。
② 〔英〕艾莉莎·马礼逊编《马礼逊回忆录 2》，第 8 页。
③ 〔英〕米怜：《新教在华传教前十年回顾》，第 133 页。

"征订广告"的《启事》，订阅价格为 1 卢比，任何个人或者多人以同一个名字来订阅，订 10 份可以获得 11 份。任何书商或者其他有意向派发这份刊物者，订 50 份或者 100 份，可以获得额外 1/5 的赠予，也就是说订 50 份可以获得 60 份，订 100 份可以获得 120 份，以此进行促销。马礼逊等人甚至一度乐观地认为《印中搜闻》最终能够盈利，并计划将所有盈余用于慈善事业。① 马礼逊也曾想通过伦敦会代为销售一部分，但结果却不尽如人意。伦敦会在 1819 年 2 月 26 日致马礼逊的公函中说道："内斯比特先生（Mr. Nesbit）收到了你委托销售的一部分，可是每份售价两先令六便士在很多人看来太贵了，因此很多人不会花钱购买在海外出版的报纸。"事实果然如此，截至 1819 年 12 月，《印中搜闻》在英国的销售除去关税仅盈余一磅左右。②

尽管《印中搜闻》的订户数量目前尚无法考证，但据刊登在《印中搜闻》第 15 期（1821 年 1 月）末的一则通告："一些有识之士建议可将期刊的页数每期扩充到 100 页，这样亦可适当提高期刊的订费。但就目前形势而言，期刊尚未达到收支平衡，故不敢冒险尝试。……如果在印度我们的订阅量达到 200 份，我们便打算将每期页数扩充到 100 页；如果达不到这个数字，我们则维持原状。"③ 由此可见，《印中搜闻》在印度自始至终订阅量不足 200 份，发行量有限。

交流赠阅是《印中搜闻》传播的另一个主要渠道，主要对象包括伦敦会海外各传道站的传教士、伦敦会母会以及与马礼逊有着密切联系的相关人士。除了伦敦会能够经常收到《印中搜闻》外，斯当东等对马礼逊帮助较多的人也收到了马礼逊寄去的刊物。此外，英国和美国其他传教机构也会收到《印中搜闻》。1819 年 12 月 28 日，英国福音小册公会司库雷诺在写给马礼逊的信中说："我对你出版的期刊《印中拾闻》很感兴趣，希望它能让中国人接受福音真理。我看到的不全，但是仅我看到的几期就非常鼓舞人心。"④ 美国基督教会也收到了马礼逊寄去的《印中搜闻》。美部会司库伊瓦茨（Joseph Evarts）于 1821 年 5 月 15 日给马礼逊的信中说："感谢你为我们

---

① 〔英〕马礼逊、〔英〕米怜主编《印中搜闻（*Indo-Chinese Gleaner*，1817—1822）》，第 87 页。
② 〔英〕艾莉莎·马礼逊编《马礼逊回忆录 2》，第 39 页。
③ 〔英〕马礼逊、〔英〕米怜主编《印中搜闻（*Indo-Chinese Gleaner*，1817—1822）》，第 802 页。
④ 〔英〕艾莉莎·马礼逊编《马礼逊回忆录 1》，第 283 页。

寄来的几期《印中拾闻》，凡是由波士顿船转交的包裹都会安全地送到我们手中，我会立即把它们交给书记。"①

当时在澳门显然也能看到这份刊物。1820 年 10 月，《印中搜闻》第 14 期刊出了一篇葡萄牙人写的《关于葡萄牙人居留澳门的历史》的文章，对《印中搜闻》第 10 期根据《香山县志》节选的文章《葡萄牙人在澳门的首次居留》中中国人有关葡萄牙人进入澳门的论述表示质疑。② 暂且不论该葡萄牙人提出的明末葡萄牙人协助抗击海盗侵袭澳门由此获得地方政府好感的观点是非，这篇文章的刊发至少告诉我们，《印中搜闻》搭建起了当时居留澳门的葡萄牙人和英国传教士之间的沟通桥梁。③

第四节　《印中搜闻》传播效果与影响

一　通过东西文化比较吸引欧美社会对中国的关注

新教时代的西方国家已经脱离了曾经笼罩着 17 世纪欧洲的宗教冲突和专制政治的阴影，并取得了辉煌的发展进步。与此相反的是，中国的政治和社会环境进入了一个衰败的阶段，尽管在清朝政府的统治下有过一段较长的和平繁荣时期，但各种恶性因素正在严重地破坏中国社会的整体性。这个曾经让耶稣会士们钦佩不已的中国对于新教传教士而言并没有多少值得称道之处，实际上，他们在中国所看到的大部分实情只会让他们强烈地意识到西方文明的无上优越。④ 在这样的背景下，来到中国的马礼逊等早期新教传教士通过创办报刊在中国人中传播西方的知识和宗教，但又不同于早于他们来到中国的耶稣会传教士，他们在希望告诉中国人西方的情形的同时，也要告诉西方人中国的情况，努力向西方人展示中国的哲学和宗教，尤其是展示中国

---

① 〔英〕艾莉莎·马礼逊编《马礼逊回忆录 2》，第 62 页。
② 〔英〕马礼逊、〔英〕米怜主编《印中搜闻（*Indo-Chinese Gleaner*，1817—1822）》，第 438 页。
③ 关于所谓葡萄牙人协助明朝政府赶走海盗从而得到明朝政府把澳门给其作为酬劳这一谬论的来源及发展，可参阅谢后和、邓开颂《澳门沧桑 500 年》，广东教育出版社，2014，第 38～43 页。
④ 〔美〕雷孜智：《千禧年的感召——美国第一位来华新教传教士裨治文传》，第 3 页。

多么需要基督教文明的影响。① 正如《印中搜闻》第 1 期创刊词中所称："对于异教徒国家，我们首当其冲要做的就是了解其思想和道德特性，了解其各种哲学体系的真实的、文本的观点，了解其国家和各地的各种规定和制度，了解其偶像崇拜。"② 《印中搜闻》介绍了大量中国哲学和宗教文化，通过东西方文化比较吸引欧美社会对新教在中国的传教事业和中国人精神状态的关注。

《印中搜闻》对中国儒学等哲学系统进行了较为全面系统的介绍。儒家文化是中国传统文化最重要的组成部分，特别是其自汉代以来成为占支配地位的统治思想，一直影响着中国古代文化的主要内容和走向。欧洲对儒学的了解始于《利玛窦中国札记》，该书更多侧重于对孔子学说的介绍。作为孔子、孟子之后儒家思想最重要的传承者，朱熹集理学之大成，是宋代以后最重要的哲学家之一，其学说与孔子、孟子的学说一起受到了马礼逊的高度重视。《印中搜闻》发表了多篇文章，从六个方面对中国的哲学和宗教信仰进行了译介和评述，包括：以译介中国文化的重要概念为中心，关注中国人的哲学信仰、文化习俗，并在中西比较的视野中进行比照和解释；直接讨论基督教根本概念和中文对译的问题；讨论中国人的信仰，认为中国人只尊崇儒家、崇拜孔子；讨论中国的哲学性质以及中国哲学背景下对基督教的认识；讨论中国人的道德价值观；对中国人的宇宙观及中国文明起源的介绍、分析和讨论；等等。③ 其中《印中搜闻》第 9 期刊登了马礼逊所撰《中国的形而上学》（*Chinese Metaphysics*）一文，这也是整个刊物中为数不多马礼逊署了实名的文章，占了该期约 10 页的篇幅，通过讲述、诠释《性理大全》《朱子文集》中的重要概念，译介朱熹的哲学思想及其性理学体系，讨论中国哲学的性质，以及中国哲学背景下对基督教的认识。作者试图通过译介和阐述朱子哲学的重要概念，描述理学的理论体系，努力寻找理学和基督教的相通之处，尝试着采用朱子之理学去解释和传播基督教义。这一态度取向和研究路径，仍然承袭着利玛窦以来的"适应"政策，强调基督教和儒家之间

① Elizabeth L. Malcolm, "The Chinese Repository and Western Literature on China 1800 – 1850," *Modern Asian Studies*, Vol. 7, No. 2 (1973), Cambridge University Press, p. 165.

② 〔英〕马礼逊、〔英〕米怜主编《印中搜闻（*Indo-Chinese Gleaner*, 1817—1822）》，第 11 页。

③ 蔡慧清：《论朱子学在英语世界的最早传播与研究（上）》，《湖南大学学报》（社会科学版）2012 年第 6 期。

的相通性，采用儒家学说解释基督教义，也超越了利玛窦等人排斥程朱理学、独尊先儒的认识局限，大胆论证理学和基督教并不是互为异己文化而是有其相通之处，无疑对促进东西文化交流具有积极意义。①

同时，《印中搜闻》所刊文章中多处对儒学进行肆无忌惮的抨击、扭曲甚至讽刺。比如，在对《论语》的译介中，作者由"未能事人，焉能事鬼"和"未知生，焉知死"指出孔子对上帝的本质和来世的无知；在对《圣谕广训》的说明中，指出此书充斥着无神论者对每一种宗教形式以及虔诚职责的漠视。又如，名为《祭孔》的译文以书信的形式就偶像崇拜进行讨论，作者认为"对人（与造物主相对）的崇敬"和"精神上对于上帝之外任何人、物的崇敬"都是偶像崇拜。而精神上的崇敬付诸行动便是诸如祈祷、祭祀等行为，在作者看来，中国文人的祭孔礼仪完全可以称得上是偶像崇拜。② 这些观点无疑迎合了当时欧美社会对中国的复杂心理态度，从根本上看，也都是服从和服务于其传教需要的。

《印中搜闻》刊登的大量关于中国的报道传到欧美后引起轰动，在欧美学术界和汉学界产生了很大的影响。许多想要进一步了解中国的人，不断给马礼逊来信询问中国的事情，有些信件和答复内容在《印中搜闻》上刊出，又进一步扩大了马礼逊和中国传教事业的影响。《印中搜闻》"一直持续到米怜去世，在欧洲学界享有很高的知名度，吸引一位英国贵族资助英华书院，捐赠了1500磅，大幅增加了书院的经费，还赠送了一批贵重的书籍给书院的图书馆"。③《印中搜闻》为扩大马礼逊在欧美的影响以及促进在华传教事业的发展起到了积极推动作用。

二 展示对华传教艰难以争取欧美社会支持

新教在进入中国的过程中屡屡碰壁，传教工作遇到的最大障碍是中国政府坚决排斥外来宗教的政策和态度，这成为《印中搜闻》着力反映的重点内容。围绕"增进伦敦传教会在印度不同地区传道团之间的联系与合作"的初衷，《印中搜闻》刊载了许多传教方面的报道，其中不乏传递在异域传

---

① 蔡慧清：《论朱子学在英语世界的最早传播与研究（下）》，《湖南大学学报》（社会科学版）2014年第1期。
② 刘美华：《〈印中搜闻〉视域中的中国社会信仰和习俗》，《北京行政学院学报》2014年第2期。
③ 〔英〕艾莉莎·马礼逊编《马礼逊回忆录1》，第261页。

教劳作艰辛的内容。如前面提到的嘉庆皇帝去世以及有关新任皇帝的消息引起马礼逊、米怜的高度关注。在许多时事报道和杂录文章中，在叙述事实的时候还不忘做出带有负面性甚至批评性的评述。第 3 期刊登了译自 1817 年 8 月 12 日《京报》的一则消息，介绍了《京报》登载的四川总督常明写的一封信的内容，提到四川一个叫章谷的地方在 1816 年 4 月发生了一次地震，导致超过 2800 人死亡，包括中国人和外国人，其中有一些喇嘛，在介绍四川时，特别提到那里两年前发生过对教徒的打击。① 接着第 5 期第一条消息《四川总督自杀》，报道了常明在 1817 年 10 月服毒自杀的情况，又提到了常明在 1815 年迫害住在四川山区里的本地基督徒以及将一位欧洲传教士砍头的情况，② 其中带有了某种隐喻景象。第 4 期也特别提到一位满族的官员和他的车夫因为被指控为基督徒而被捕并被押送至刑部受审。③ 类似观点的文章在《印中搜闻》中比较多见，这既是强化传递传教活动在中国到处受到禁止的情形，也是想吸引欧美传教团体的关注，唤起其对进入中国传播福音运动的支持。

此外，《印中搜闻》刊载了伦敦会许多年资较深、海外传教经验丰富的教友的观点，这对他们彼此之间分享异域传教经验和获得情感支持，以及使许多新加入的年轻传教士获得海外传教工作经验，都起到了积极的促进作用，加强了传教士之间的联系，为他们在异国他乡从事艰辛传教工作增加了心灵上的力量，坚定了传教信心。

三　对中国英文报刊事业产生重要影响

如果说《察世俗》是"以阐发基督教义为根本要务"，以传教为目的、宗教性质明显的刊物，面向的是广大的中国读者，那么相对而言，《印中搜闻》则是"以在伦敦会各布道团之间建立更为固定、更有效率的联系"，以非宗教类内容为主，面向的是印度、中国和欧美地区的西方读者。虽然《印中搜闻》并非直接以传教为目的，但其办刊方针、刊物内容都与《察世俗》形成互补，二者相辅相成，可谓相得益彰，共同服从和服务于伦敦会

① 〔英〕马礼逊、〔英〕米怜主编《印中搜闻（*Indo-Chinese Gleaner*，1817—1822）》，第 49 页。
② 〔英〕马礼逊、〔英〕米怜主编《印中搜闻（*Indo-Chinese Gleaner*，1817—1822）》，第 143～144 页。
③ 〔英〕马礼逊、〔英〕米怜主编《印中搜闻（*Indo-Chinese Gleaner*，1817—1822）》，第 96 页。

传教的总体目标和任务。

《印中搜闻》办刊中反映出的马礼逊的新闻传播思想以及该刊的办刊特点等对东南亚和中国后来的英文报刊产生了很大影响。1818年10月，英国人白金汉（Buckingham）创办《加尔各答政治、经济和文学编年报》谴责印度社会陋习；后又创办《加尔各答日报》抨击东印度公司的弊端。1823年6月3日，东印度公司职员创办《东方约翰公牛报》（*John Bull in the East*），与《加尔各答日报》形成强劲竞争。1824年新加坡沦为英国殖民地，1月，英国人伯纳德（Bernard）创办英文报纸《新加坡纪事报》，此后新加坡先后出版了14种英文报刊。① 这些创办英文报刊的实践活动，紧紧追随《印中搜闻》，并与《印中搜闻》一起，为后来中国英文报刊的创办提供了经验借鉴。也许正因为《印中搜闻》成功模式的影响，1827年，马礼逊还曾计划创办一份《印中丛报》（*Indo-Chinese Repository*）以替代《印中搜闻》。② 在《印中搜闻》停刊近10年后，1832年，马礼逊倡导、支持创办了英文《中国丛报》。该刊持续办刊20年，详尽地报道与评述中国的政治、经济、军事、文化、外交、地理、历史、风俗等各方面情况，其编辑风格明显受到《印中搜闻》的影响。如《中国丛报》定期摘译《京报》上关于中国时事和发展动态的消息文章，将其作为"新闻杂俎"专栏的主要内容，使这个专栏成为西方人了解中国事务的一个最可靠的、最基本的信息来源。③

总之，《印中搜闻》前后出版5年多时间，三卷共1061页，尽管刊物内容"对于饱学之士来说它不够深入，对于宗教界来说它的宗教色彩不够浓厚，对于世俗的人来说它不够生动有趣，而高雅的人和高谈阔论者又会觉得它不够高雅"，④ 其宗教性也未得到伦敦会认可而给予经费资助，但对不远万里、远离家人来到异国他乡的传教士来说，耗费如此多精力从事这项工作，根本上还是要服务于其传教目的。1819~1820年，马礼逊与米怜对

---

① 邓绍根、伍中梅：《近代中国英文报业的开端——〈广州纪录报〉初探》，《新闻与传播研究》2017年第8期。
② 张西平主编《中国丛报（1832.5—1851.12）》第5卷，第155~156页。
③ 〔美〕雷孜智：《千禧年的感召——美国第一位来华新教传教士裨治文传》，第78页。
④ 1819年11月26日米怜写给马礼逊信件中的内容。见〔英〕艾莉莎·马礼逊编《马礼逊回忆录2》第8页。

《印中搜闻》的办刊走向又有过一段集中的思考和讨论，并做出进一步明晰。1819 年，米怜在总结新教来华十年传教情况时说："我们有两种向传道团所有成员开放的定期刊物：一种是介绍异教徒信息的中文期刊，另外一种是介绍更为普通知识的英文期刊。由传道团成员进行的对于中国政府、文学、历史、宗教和风俗的调查，毫无疑问将间接对教会伟大的终极目标产生影响——让这一大帝国完全臣服于弥赛亚。"[①] 1820 年，米怜在写给马礼逊的信中又提到，"我负责出版两份报刊，通过这些事情我也许能够对中国、欧洲和印度的公共舆论产生积极的影响，促进福音的传播"。[②] 其间虽然历经艰辛，缺钱少人，出刊过程也非一帆风顺，然终能积卷存世，对以马礼逊为首的赴中国首批新教传教士以及恒河域外传道团开展传教工作，起到了很好的宣传和推动作用，增进了欧美社会对中国传教事业的了解和认知，进而使其扩大了对马礼逊等人传教事业的支持，帮助他们更好地实现传教使命，达到了迂回传教的积极效果。

多年之后，《中国丛报》的主编裨治文在论及《印中搜闻》时，对其大为赞赏："尽管《印中搜闻》仍有许多不足之处，但其每一期内容都颇有价值，吸引了许多哲学家、历史学家，尤其是基督教慈善家们的关注。如果《印中搜闻》能够延续至今并秉承其一贯的风格，它必将汇集最有价值的信息。即便从其已有的成就而言，我们也找不出一家刊物能够在中国问题上与之相提并论。"[③]

1824 年，《印中搜闻》停刊近两年后，马礼逊回到阔别 17 年之久的英国，获得了受到英国国王乔治四世接见、当选为英国皇家亚洲学会会员等一系列殊荣。他走访英格兰、苏格兰、爱尔兰的主要城镇以及法国巴黎等访问演讲，受到当地民众的热烈欢迎。《印中搜闻》对扩大马礼逊在英国国内影响的贡献，恐非他的其他文字传教工作所能及。

---

① 〔英〕米怜：《新教在华传教前十年回顾》，第 139 页。
② 〔英〕艾莉莎·马礼逊编《马礼逊回忆录 2》，第 37 页。
③ 张西平主编《中国丛报（1832.5—1851.12）》第 2 卷，第 194 页。

第四章　对华报刊传教活动的艰难延续

　　随着《察世俗》和《印中搜闻》的停刊，由马礼逊主导、米怜具体实施的马六甲布道站报刊传教活动暂告一段落。马礼逊于 1807 年抵达中国后，在十分困难的环境下陆续完成伦敦会交给的三项任务——学习中文、编纂词典与翻译《圣经》，还创办了英华书院，取得这一系列巨大成就的背后，是马礼逊付出了超越常人的艰辛努力。1823 年 10 月 21 日，马礼逊在给东印度公司特选委员会主席的信中说："我已经在中国度过了 16 个年头，常年伏案从事翻译、编撰汉语词典和其他工作，现在感到身体迫切地需要一些体力活动，我因此决定利用公司董事会慷慨允准的假期返回英国，他们还给我一些津贴。我准备乘奥尔萨格船长的'滑铁卢号'，将在 1823 年 12 月底离开中国。我计划在 1824 年底离开英国，经孟加拉回到中国，希望能在 1825 年 8 月恢复在商馆的工作。"①

　　这一请求得到了准许。马礼逊于 1823 年 12 月初登上了东印度公司的"滑铁卢号"，1824 年 3 月到达英国，直至 1826 年 5 月才登船返回中国，比预定在英国停留的时间多了一年多。在英国休假期间，马礼逊受到了民众对凯旋英雄般的热烈欢迎，包括国王接见、讲道演说、巡回各地、出席各传教团体年会等。伦敦会打破现职传教士不得担任理事的成例，特别邀请他为理事，并要求他延长在英时间一年，以便传授中文知识。马礼逊还与友人共同创办了语言传习所，他成为在英国讲授中文的第一人。马礼逊被英国"汉学之父"乔治·斯当东推荐为刚成立的英国皇家亚洲学会会员，被斯当东

---

　　① 〔英〕艾莉莎·马礼逊编《马礼逊回忆录 2》，第 119 页。

称为"公认的欧洲第一流的汉学家"。德国著名汉学家蒙土齐博士也认为，"马礼逊博士在过去 10 年所出版的中文书籍，要比过去 100 年来印行的天主教传教士的著作和文章，对欧洲的学者们要有用得多"。① 马礼逊得到的礼遇和获得的极大荣誉，都显示 1824～1826 年的返英之行，成为他生涯声誉的巅峰。

第一节　重返中国后陷入艰难处境

一　与伦敦会关系的恶化

马礼逊再次回到中国时，在传教方面，中国的门户仍旧紧闭，公开传教仍然遥不可期，他只能在家中为少数华人举行礼拜。在著作方面，他再也没有完成和《圣经》中译本或《中华字典》同等分量的重要作品。在商馆方面，马礼逊论年资已仅次于大班，后来更成为年资最深也是年纪最大的一位，但仍只是编制外的临时雇员，随时可能遭到辞退。1830 年以后，英国酝酿改变对华外交商贸体制，裁撤公司的传闻让马礼逊的前途更不确定。马礼逊回英国期间续弦后，接连生育 5 名子女，此时已有 7 名子女，家计负担极重。长期的辛勤劳作，马礼逊的个人健康也出现了问题。1827 年他在写给伦敦会的信函中，屡次提到自己身体状况不佳，到 1830 年的信中，除了自身外，马礼逊还提到对商馆的工作环境觉得厌烦，也感到自己精力不济，其实当年他还差两岁才满 50 岁。②

此外，他和伦敦会的关系也陷入了紧张状态，伦敦会甚至对他冷淡到不写信也不回信的程度，让他深感难堪。马礼逊万万想不到，载誉再度东来后情势竟会急转直下，自己所属的伦敦会居然和他产生疏离隔阂，还以减少通信的方式相待。马礼逊早年来华后，苦于自己孤立于异教徒社会和没有宗教信仰的西方人中，为求心理上的安全感，持续主动地写信给欧美的亲友，与亚洲各地的传教士联系，也请求大家多写信给他，这足以显示马礼逊非常重视与外界的交流联系。因此，当伦敦会在 1826 年以后和他疏远，尽管并未

---

① 苏精：《中国，开门！——马礼逊及相关人物研究》，第 65 页。
② 苏精：《中国，开门！——马礼逊及相关人物研究》，第 72 页。

达到马礼逊自认的"毫无音讯"的程度，却已让相当敏感于同僚联系而且不久前还获得众人欢呼的马礼逊难以忍受。

苏精认为，导致伦敦会理事们对马礼逊不满的导火线，应该是他再度来华前夕出版的《临别赠言》（*A Parting Memorial*）一书。书中除了 26 篇证道词，还有 6 篇议论传教的文章，其中有篇《论传教会理事或管理委员会的资格与责任》，马礼逊在文中以直率的语气提出多项建言，如一再重申理事们应该具有传教士般的信仰和言行；认为只有远方异域的传教士才能建构上帝真理的殿堂，而理事会不过是搭建殿堂的支架而已；理事们不应身兼多个传教团体的职务，以免来去匆匆无法专心一志；理事们应视传教士为伙伴而非雇员；等等。马礼逊虽然未指明是针对某个特定的传教会而言，但伦敦会理事们的不快可想而知。①

此后几年，伦敦会的信件明显减少，马礼逊和伦敦会的通信更多是涉及财务问题。但就连明显减少的伦敦会信件中，对马礼逊提出的一些财务问题也甚少正面答复。1827 年夏天至 1828 年初，马礼逊完成了为新受洗成为信徒的读者撰写的《古圣奉神天启示道家训》3 册，他想付印却缺乏经费，虽然向伦敦会请求支持，甚至呼吁成立"东方翻译基金会"（Oriental Translation Fund）做长远宏大的计划，却因他在英华书院问题的争议上坚决不妥协，导致伦敦会以冷淡疏远的态度相待。马礼逊大为不快，于 1829 年底函告伦敦会："困难已因马礼逊夫人拨款 400 元作为印刷之用而解除。"他同时进一步声称："就中国而言，印刷几乎是唯一可着力之处，本会竟然不用，实为怪异。"② 马礼逊非常失望地告诉伦敦会司库："我非常苦恼也经常为母会迟迟不答复或闪避问题而感到沮丧。我收到秘书伊利（Ellis）先生三封来信，满纸都是恭维与善意，却没有一句正事，说是母会没有时间对英华书院一事做出决议，也没有时间决定是否补助我生病的妻子和无助的儿女在离国七年后回乡。"他又写信给秘书表达类似的失望与不满，同时提到美国基督教界已经着手开展中国传教事业，他们的传教士正在积极地印制传教书刊。他写道："能够亲眼见到这幅景象令我满心喜悦，却又掺杂着遗憾，因为我心爱的母会似乎半途而废了。你们一度做得很好，是

---

① 苏精：《中国，开门！——马礼逊及相关人物研究》，第 78~79 页。
② 苏精：《马礼逊与中文印刷出版》，第 50 页。

谁阻碍了你们?"①

1830 年前后,马礼逊面临一个更困难的情势,东印度公司即将丧失独占对华贸易的权利,职员们也前途难卜,同时他和伦敦会理事的关系更趋恶化,理事对他的信函几乎都置之不理,最令他难堪的是对他请求拨款印刷自己与助手梁发的著作一事,理事竟决议仅补助后者。② 在传教方面他和伦敦会等团体的关系陷入低潮,在公司方面他遭受理事会限期解雇又不予退休金的待遇。而且马礼逊觉得广州办事处掌权的一些年轻人趾高气扬,对他不尊重,因此一度心灰意冷。

二　在华外国社群和外文报刊悄然兴起

19 世纪 20 年代,广州西人社群的情形逐步有利于传教,已和马礼逊早年来华之初不同。当时广州已经发展为中国对外贸易的商业中心,是中国最大、最主要和最繁荣的商港,成为海上丝绸之路环球贸易的唯一大港。大批外国商船的到来,使外国海员云集广州。18、19 世纪之交长年在广州的西人只有三四十人,大多是东印度公司的职员。19 世纪 20 年代广州的西人逐年增加至六七十人,到了 19 世纪 30 年代前期增加更快,1830 年的调查是 86 人,到 1832 年激增至 168 人。③ 1832 年,仅广州的十三行夷馆就居住着 124 名外国人,其中英国人居多,有 55 人(含英国东印度公司职员 20 人、英国 5 家洋行的 32 名职员),美国人有 21 人,还有荷兰人、法国人、西班牙人、瑞典人等。④

与此同时,在华外国人集中居住的澳门创办起一批外文报刊。1822 年 9 月 12 日,葡萄牙文周报《蜜蜂华报》(*A Abelha da China*)创刊,这是在中国出版的第一家外文报纸,澳门成为最先出现外文报刊的中国领土。这份由当地葡萄牙人中的立宪派人士为了宣传立宪党人的主张、争取民众的支持而创办的报纸,以立宪派首领、少校巴波沙(Panlino da Silva Barbosa)以及医

① 苏精:《中国,开门! ——马礼逊及相关人物研究》,第 93 页。
② 苏精:《马礼逊与中文印刷出版》,第 175 页。
③ 苏精:《中国,开门! ——马礼逊及相关人物研究》,第 90 页。
④ Hosea Ballou Morse, *The Chronicles of the East India Company Trading to China, 1635 - 1834*, Oxford: Clarendon Press, 1926, pp. 254 - 255. 转引自《西学东渐与东亚近代知识的形成和交流》,第 265 页。

生阿美达（Jose de Almeida）等为创办人，阿马兰特（Goncalode Amarante）神父等担任编辑工作，由官印局印刷，每逢周四出版，另附有增刊数种。作为当时在葡萄牙执政的立宪派在澳门创办的政府机关报，《蜜蜂华报》以鼓吹立宪派的主张为宗旨，以大量篇幅刊登立宪派人士的言论及政情消息、会议记录、名人演说、议事会与市民的往来信函、王室谕旨与报告等政治性报道，也刊有一些当地和广州一带的报道。该报取名"蜜蜂"，意味着要像蜜蜂那样痛蜇反对派。1823 年 12 月 26 日，由于葡萄牙政局发生变动，执政的立宪派被推翻，作为澳门立宪派喉舌的《蜜蜂华报》也受到波及而被迫停刊，共出版了 67 期。《蜜蜂华报》停刊后，与立宪派相对立的保守派创办了《澳门报》（Gazeta de Macao）取而代之。该报于 1824 年 1 月 3 日在澳门创刊，以宣传保守派的政治主张为主要内容，1826 年 12 月因财政问题而停刊。

这些报刊的创办，对身为先驱传教士并在报刊传教方面颇有作为的马礼逊来说，可以说是别有滋味在心头，于是马礼逊重新投身他一直认为是在华传布福音利器的文字传教事业。

第二节　参与和推动创办两份英文刊物

一　承担《广州纪录报》撰稿

1827 年 11 月 8 日，中国第一份英文报刊《广州纪录报》（Canton Register，第 2 期起改名为 The Canton Register，或译为《广州志乘》《澳门杂录》《广州纪事报》《广东纪录》等）① 在广州创刊。目前学界对这份报纸的研究仍很薄弱，概因《广州纪录报》散佚世界各地，不易收集研究。笔者委托友人分别从香港中央图书馆复印缩微胶片和澳门大学图书馆下载网上资源，集齐了自该报创刊至 1834 年马礼逊去世时的各卷内容，得以对马礼逊参与该刊办刊情况有了第一手研究资料。

《广州纪录报》由英国大鸦片商马地臣（James Matheson）创办，第一

① 邓绍根、伍中梅：《近代中国英文报业的开端——〈广州纪录报〉初探》，《新闻与传播研究》2017 年第 8 期。

任编辑为美国商人伍德（William W. Wood）。马地臣原在印度经商，1819年初来广州，从事走私鸦片活动，声势日大，成为广州的鸦片巨商，他为报纸提供了雄厚的经济基础。该报最初计划成为一份定期出版的半月刊，每月1日、15日出版，但前5期的发行周期并不稳定。从第6期也就是1828年2月开始，报纸坚持了9个月按周发行，又开始不稳定，1834年后改为周刊。1839年鸦片战争前夕，因广州局势紧张，《广州纪录报》迁往澳门，报社地址位于澳门医院街（Rua do Hospital）的渣甸洋行总部大楼内。该街道现改名为伯多禄局长街，因当时渣甸洋行正面墙上有一白马宣传标志，其又被称为白马行而沿用至今。①

《广州纪录报》定位为一份商业性质的报纸。创刊号首篇文章《致读者》阐发了创刊原因是要弥补"出版商业和中国其他信息纪录的缺乏"，刊物内容包括呈现中国国内外市场上丰富而正确的物价行情、中国贸易和海关的情况以及一些翻译稿件、航运信息等。② 第1期共4页，第1页除了发刊词外，还刊有《中国钱币》《改革》《意外》等文章，分别报道中国钱币制度、东印度公司驻华特选委员会改革和黄埔两名外国人意外溺水事故。其余3页都是货价行情表、库存货物、货币汇率、船期等商业信息。第2期至第6期，时政新闻类文章比重有所增加，货价行情信息略有下降，但大体维持在每期2页至2页半。

该报创办初期由于不时刊登攻击英国殖民印度政策、东印度公司制度和外国人管理政策等文章，东印度公司不断对该报发行人马地臣施加压力，1828年2月，报纸首任编辑伍德被迫辞职。马地臣聘请英国商人阿瑟·基廷（Arthur S. Keating）接任编辑，《广州纪录报》第7期宣布了三大编辑方针：记录事实、示好中国、自由讨论。《广州纪录报》从而逐渐由货价行情报发展成为一份关注中外社会状况的综合性商业报刊，并开始大幅刊登中国时局和社会新闻以及介绍中国政治、司法、风俗、文化的文章。③

据《广州纪录报》前7卷（1827年创刊号至1834年马礼逊去世）的内

---

① 李长森：《近代澳门外报史稿》，广东人民出版社，2010，第80页。

② *The Canton Register*, 8 November, 1827.

③ 邓绍根、伍中梅：《近代中国英文报业的开端——〈广州纪录报〉初探》，《新闻与传播研究》2017年第8期。

容，马礼逊与这份报刊的关系主要集中在以下几点。

第一，《广州纪录报》从第 2 期开始刊登马礼逊撰写的稿件，直到他去世为止。由前文所述《广州纪录报》创刊号各页内容，看不出有马礼逊的撰稿痕迹，但这份新刊物的面世的确引起了马礼逊的注意。刊物创刊当晚，马礼逊在日记中如此记载："《广州志乘》是个新生事物。在中国从来没有出现过。……《广州志乘》体现了商人的热情——他们不怕出版有关自己走私鸦片的文章；有太多的‘及时行情’，这份报纸将只会在商人间流通。"① 没有证据表明《广州纪录报》创刊前便已与马礼逊就编务问题有过接触，但马礼逊夫人艾莉莎在《马礼逊回忆录》中记载，这份新刊物在创刊初期便热情地请求马礼逊的帮助支持，马礼逊"认为在能对其所致力推动的那些道德和宗教问题完全自由表达观点的条件下可以帮助。该报欣然应允这个要求，并每年捐赠 300 元给他指定的任何慈善机构"。② 《广州纪录报》创刊后没两天，马礼逊就开始为该报撰稿。1827 年 11 月 10 日晚，马礼逊在日记中写道："今天我为《广州志乘》写了约三页。"③ 在 11 月 15 日出版的《广州纪录报》第 2 期上，出现了一篇署名为"Amicus"并标明写于当月 10 日的"读者来信"，④ 这是马礼逊在该刊发表的第一篇文章。1834 年 7 月 22 日《广州纪录报》第 7 卷第 29 期刊载了署名"R. M."的一封来信，这应该是马礼逊在该刊发表的最后一篇文章，正应了《马礼逊回忆录》里所说的"自此直到他去世前的一期，马礼逊博士积极撰稿支持该报"⑤ 的情景。海恩波甚至认为，马礼逊担任该报的撰稿员，其实是副编辑。⑥

第二，马礼逊在尊重该报作为"商业报纸"或"只会在商人间流通报纸"定位的前提下，积极影响该报。在《广州纪录报》第 2 期"Amicus"署名的文章中，马礼逊公开表达了他对这份报纸的评价和建议，在充分肯定

---

① 〔英〕艾莉莎·马礼逊编《马礼逊回忆录 2》，第 193 页。
② 〔英〕艾莉莎·马礼逊编《马礼逊回忆录 2》，第 193 页。
③ 〔英〕艾莉莎·马礼逊编《马礼逊回忆录 2》，第 193 页。
④ 新加坡学者龚道运同样认为马礼逊曾用笔名"Amicus"或匿名在《广州纪录报》前 7 卷发表文章。见龚道运《近世基督教和儒教的接触》，第 38 页。但据笔者翻查《广州纪录报》前 7 卷，除第 1 卷第 2 期外，未见其他"Amicus"署名的文章。
⑤ 〔英〕艾莉莎·马礼逊编《马礼逊回忆录 2》，第 193 页。
⑥ 〔英〕海恩波：《传教伟人马礼逊》，香港：香港基督教文艺出版社，2009 年修订版，第 141 页。

《广州纪录报》作为"新生事物"将得到广州西人社区支持的同时，希望该报除了提供商业信息服务外，能够更多关注中国的政府运作和对外政策，增加社论和中外新闻报道，并表示他将自费订阅一份报纸。他在文中说道："类似《广州纪录报》的出版物在这儿是如此被需要，我希望你们已经收到鼓励和赞扬，你们的劳作成果将得到社区足够的支持。我高兴地得知你们将把报纸的相当版面用于与这一地区的利益紧密联系的商业方面，在我看来如果你们同时提供准确的货价行情也是为公众提供服务，但我希望你们的栏目能够开放地提供有关贸易的更广阔视野，而不仅仅是刊登详细的商品价目信息。与其对这些陈述产生短暂和有限的兴趣，我倒希望在你们编辑过程中更多关注这个国家的政府特性、对外交往，这个庞大帝国的资源和需求，以及扩大和改善我们与它联系的最佳手段，以满足一种更为永久、广泛和普遍的好奇心。"① 随后，尤其是阿瑟·基廷接任编辑后，《广州纪录报》关于中国的报道，包括介绍中国时局、典章、习俗的文章和新闻有所增加，对中国的报道成为版面越来越重要的组成部分。

第三，马礼逊对这份刊物既给予撰稿支持，又保持一定距离。在《广州纪录报》前 7 卷中，除了上文提到的署名 "Amicus" "R. M." 的文章和新闻译报之外，其他文章不容易明显识别哪些出自马礼逊之手。马礼逊自己也曾说，"除了写写短篇记事，我与这份报纸毫无关系"。② 这应该和该报创办人马地臣大鸦片商的身份有关。《广州纪录报》不仅经常记载鸦片贸易情况，而且竭力为鸦片贸易合法化辩护。"鸦片"一直是该报上的高频词，该报还有许多关于鸦片的行情分析、商贸评论，宣扬鸦片不是毒品的观点。

新教传教士从一开始入华传教，就与鸦片贸易有着一种非常特殊的关系。在马礼逊受雇东印度公司的 25 年时间里，他曾担任过英国对华贸易的主要代理，而那时英国对华贸易是以鸦片为主的。同时作为传教士，马礼逊对英国人在中国进行鸦片贸易始终持异见。他在与斯当东的通信中曾说："沿海有两三条英国船向中国走私鸦片。粤海关监督已经两次下令要英国大班命令它们入港检查。走私鸦片无论是对英国国旗还是基督教徒人格都极不

---

①　*The Canton Register*, 15 November, 1827.

②　〔英〕艾莉莎·马礼逊编《马礼逊回忆录2》，第 193 页。

光彩。"①《马礼逊回忆录》中还收录了一位署名"G. F. M"的年轻人于1823年3月写给马礼逊的信件,信中谈到他自己对鸦片贸易的看法。这位年轻人表示,他与人无意间谈到了鸦片的话题,从而促使他对他们从事的贸易的性质有了更深刻的思考,"思考得越多,就越加确定向中国走私鸦片有悖福音严格意义上的道德律","很高兴自你(指马礼逊)离开后我终于下定了决心,因为有人或许猜测我是受你的影响才做出与现实利益和观点大相径庭的选择",并且希望能够得到马礼逊的回信,告诉他马礼逊对鸦片贸易的看法。② 虽然《马礼逊回忆录》中没有收录马礼逊的回信,也未提及马礼逊是否回信,但由上述引文可看出马礼逊对鸦片贸易的看法影响了这位年轻人。

第四,马礼逊为该报所撰稿件大多以新闻为主,但在有意无意间流露出教化倾向。有学者认为,《广州纪录报》有关中国的新闻基本都出自马礼逊的手笔。③《广州纪录报》广泛报道了中外新闻,作为"新闻纸"的内容包括三大块:中国新闻、外国新闻和社区新闻,其中外国新闻主要来自商船带来的新加坡、印度和欧美等地报纸、信件等传递的消息。如《广州纪录报》第2期即转载评论了《新加坡纪事报》关于当地政府禁止东印度公司职员向报纸提供信息的消息。④ 中国新闻最主要的组成部分是对《京报》的翻译,此外还有从各处得到的中国各地的社会新闻。社区新闻成为报纸上最丰富且最具时效性的新闻。马礼逊为《广州纪录报》提供的新闻内容主要是翻译《京报》新闻以及本地的社区新闻。虽然,《广州纪录报》作为一份商业报纸,宗教的消息如同其他政治、经济类消息一样,并无特别突出之处,也未见马礼逊在该刊上刊登传教文章,但在一些新闻的选择上,马礼逊还是突出了对中国阴暗面的放大,以形成潜移默化的教化效果。1827年11月30日《广州纪录报》第3期刊登了"一则令人悚然的案件,一个年轻人并非有意导致他放荡母亲的死亡",马礼逊把此事寄给该报作为一个警醒的事实,"让世界看到邪恶的存在;而且邪恶充满世界的各个角落",⑤ 其用意不言自明。

---

① 〔英〕艾莉莎·马礼逊编《马礼逊回忆录2》,第89页。
② 〔英〕艾莉莎·马礼逊编《马礼逊回忆录2》,第103~104页。
③ 方汉奇主编《中国新闻事业通史》第1卷,第186页。
④ *The Canton Register*, 15 November, 1827.
⑤ 〔英〕艾莉莎·马礼逊编《马礼逊回忆录2》,第193页。

1828 年 10 月 11 日，马礼逊在致斯当东的信中提道："我和您对《广州志乘》的观点一致——它当然是一个进步，尽管是微弱之举——作为一个新事物也许会有比较好的结果。我真诚地希望您所提到的那个政治力量能最终实现其所提出的良好目标。"① 1834 年 8 月，马礼逊因病去世，停止了对该报供稿。

二 推动创办《中国丛报》

1832 年 5 月，由马礼逊倡议，美国美部会传教士裨治文负责编辑的英文《中国丛报》（*The Chinese Repository*）月刊出版。该刊的发行对象为欧美各国政府、商业团体和在华外侨，其目的是"在外国人当中传播关于中国的消息，它的法律、习俗、历史和时事，以及有关对中国人传教的教会消息"。② 马礼逊倡议推动美国传教士而不是本国传教士出版这份报刊，既和他早在来华之初便结识了不少美国友人有关，也因为马礼逊当时得到的英国国内支持渐弱而不得已转向美国人。

马礼逊在 1807 年取道美国来华时，结识了不少美国友人，抵华后仍然继续与他们保持书信联系，并屡次表示既然英国传教士因为东印度公司的排斥无法来华，希望能有美国传教士献身中国传教事业。而美部会与伦敦会早有相通，美部会常以伦敦会之消息作为信徒对华人传教工作之鼓励，马礼逊早在 1820 年即受聘为该会通讯员，将中国传教情况报告美部会。③

19 世纪初，英美随着资本主义经济的发展，迫切希望打开中国市场，扩大同中国的贸易关系。而英美商人囿于对中国需求的了解，在对华贸易中处于入超地位。美国虽然在对华关系上是后起者，但是此时其对华贸易仅次于英国，居第二位。为了适应对华贸易扩张，美国人也亟须了解有关中国的一切。对此，任职东印度公司的马礼逊感触最深，加之他当时正与伦敦会以及英国其他传教团体处于僵持状态，因此他建议美国人可以派传教士来中国传教，并由美国人创办一份英文期刊，向欧美介绍中国。

马礼逊的提议得到美国商人奥立芬（D. W. C. Olyphant）的积极响应。

① 〔英〕艾莉莎·马礼逊编《马礼逊回忆录 2》，第 205 页。
② 赖德烈：《早期中美关系史》，商务印书馆，1963，第 186 页。转引自赵春晨、雷雨田、何大进《基督教与近代岭南文化》，上海人民出版社，2002，第 127 页。
③ 李志刚：《基督教早期在华传教史》，第 83 页。

奥立芬与马礼逊多年友好，马礼逊来华即是免费搭乘奥立芬的商船，而奥立芬对马礼逊也非常景仰，曾把他的一艘船命名为"马礼逊号"。1827年11月，马礼逊、奥立芬决定联手促成美国在华传教事业，同一时间分别致函美部会请求建立中国传教团。马礼逊的信除了表示希望美部会派来传教士外，主要分析广州、黄埔和澳门三地的情势与传教面临的各种困难。马礼逊在信中还提到要重视在中国创办印刷事业，表示由于中国禁止人民与外国人来往，传教士不能公开传教，只得以撰写和分发书刊的方式传播福音；并提到已在马六甲的英华书院建立了印刷出版的设施。马礼逊希望有更多的传教士加入工作，认为只要考虑到中国四邻国家也都阅读中文，派来一千名传教士也不为多。奥立芬和其他几人在广州马礼逊的住处集会并撰写了一份请愿书，请求美国教会立即派遣两名传教士到中国：一名协助马礼逊工作，为在中国人中传教做准备；另一名为黄埔港口的英国海员和商人布道。

他们的想法得到了美国教会的积极回应。美部会和美国海员之友会（Seaman's Friend Society）联合起来，共同挑选了两名志愿者，其中裨治文被美部会选中去协助马礼逊，雅裨理（David Abeel）则是美国海员之友会选中的那名海员牧师。美部会承认目前所掌握的关于中国的情况还非常有限，因此不能给出更详细的指导，具体工作的细节要由裨治文自己定夺，强调让裨治文一到广州就去找马礼逊寻求帮忙和建议。裨治文临去中国之前，收集到了《新教在华传教前十年回顾》和马礼逊的《米怜回忆录》（*Memoirs of William Milne*），加上这些年在美部会机关报《教士先驱报》上所刊载的有关马礼逊、米怜等内容的几篇短文，这就是他在前往中国这一全新的传教地前所能获得的全部资讯了。

1830年2月25日晚，裨治文和雅裨理抵达了广州城外的外国商馆区。马礼逊"用父亲般的热情"接待了他们，衷心欢迎他们来到新的工作环境。[①] 马礼逊建议裨治文首先着手几件事情，其中一件就是尽快学习中文，并督促裨治文聘请了一位中文教师。马礼逊还送给裨治文一套《华英字典》以及三四十本中文书，并且带两人去参观外国商馆河对岸河南岛上的一座佛教寺庙。

---

① 《传教士先驱报》，1830（9），第279页，转引自〔美〕雷孜智《千禧年的感召——美国第一位来华新教传教士裨治文传》，第58页。

裨治文来华后不到 3 个月，印刷和出版已经是萦绕在他心头的一个主题了。1830 年 5 月 14 日，在写给美部会司库伊瓦茨的信中，裨治文提到马礼逊转给他新近在印度孟买创刊并由当地美部会布道站印刷的《东方基督教观察家》（*The Oriental Christian Spectator*）月刊，并对他没有带来印刷机深感遗憾。从这时开始，裨治文在日志和信函中经常提及印刷与出版，有时是向马礼逊请教相关的问题，有时则是发表自己的看法。裨治文和马礼逊在传教站建立一家现代印刷所的请求得到了奥立芬的响应，其所捐赠的印刷机于 1831 年 12 月运抵广州。裨治文向马礼逊、马儒翰父子请教商量后，创办《中国丛报》的思路逐渐成熟。

从抵达中国至收到印刷机的 1 年 10 个月中，裨治文与马礼逊密切接触，可以说就是在马礼逊的帮助与指导下，度过了学习中文、认识中国及适应生活的初期阶段。事实上美部会在给裨治文的《工作指示》中，已特别交代他在各方面都要听取马礼逊的意见；而在裨治文的日志及写回美国的信函中，他频繁地记载马礼逊的言行及两人的来往互动，显示出他对马礼逊的确非常尊重。① 马礼逊创办《印中搜闻》的经历和对印刷出版的重视与爱好，使裨治文深受影响。他认为创办一份有关中国情况的刊物，有利于将基督教的精神要旨传达给中国人，也有利于让西方人了解中国。美部会伊瓦茨于 1830 年 10 月 15 日写给马礼逊的信中，以美部会委员会和理事会的名义感谢马礼逊真诚地接待裨治文并为他找到一位教师，以及为他学习中文提供图书，并且希望马礼逊继续帮助裨治文和雅裨理，"如果您能在东方传教方面给予我们任何建议，特别是在我们如何能尽快利用印刷推动中国人的福祉这一具体问题上提出建议，我仍将非常感激"。②

据苏精考证，美部会派遣中国传教士来华初期，印刷出版一开始并不在中国传教预定的计划之内，并且当奥立芬发动会众捐款为中国传教团新购置的一部印刷机运送到广州裨治文的手中后，他仍不知道怎么来运用，同时美部会也没能给他进一步的指示，于是马礼逊成为裨治文求助的主要对象。印刷机到广州将近 3 个月后，裨治文在马礼逊的影响下确定了编印期刊的想法。1832 年 3 月 26 日，他写信告诉美部会秘书安德森，马礼逊

---

① 苏精：《上帝的人马：十九世纪在华传教士的作为》，第 5 ~ 8 页。
② 〔英〕艾莉莎·马礼逊编《马礼逊回忆录 2》，第 219 页。

急于出版一种能将事实真理从广州传扬到各地的"公共媒介"（public vehicle），因此他们正计划编印一份类似《东方基督教观察家》的期刊，内容方面则已有郭实腊在暹罗与中国沿海活动的长篇日志，其他内容也在撰写当中。①

1832 年 4 月，印刷所需的铅字模板也运到了广州，裨治文向美部会报告说他已经聘请了一位印刷工，并设立了一家印刷所，每月花费 50 美元。他向美部会宣告："我们即将创办一份期刊，但具体形式尚待最后确定。"②一个多月后，裨治文于 5 月 5 日再度致函安德森时，编印计划更为具体：刊名已经定为《中国丛报》，而创刊号最前面的两大张也刚刚印完。同时，他又说明，因为缺乏关于中国及周围国家的资讯，深觉有必要从基督教立场编印一种有效报道联系的媒介；但本刊的基督教性质并不意味着其内容即全属宗教。裨治文着重表示，有马礼逊父子的协助，他将尽力编印一份有益的刊物。③5 月 31 日，裨治文再度函告安德森，《中国丛报》创刊号在当天问世，他还指出，该刊的出版者不是美部会，也不是中国传教团，封面上印的是"所有者"（Proprietors），裨治文解释这指的是 1830 年创立的基督徒在华协会（Christian Union in China）的 4 名成员：马礼逊与马儒翰父子、裨治文和奥立芬的外甥金查理（Charles W. King）。裨治文告诉安德森如此安排有两大好处：一是协会成员包含英美两国人，较易令人信赖刊物立场的公正性；二是若不幸有所亏损，他代表的美部会也只需要承担四分之一的损失。苏精在解释这一做法时认为："如果考虑裨治文当时的处境，如此安排的确相当明智：积极方面可以增加其他三人对本刊的支持，消极方面可以降低可能来自美部会的反对，而且一旦美部会不肯支持这份知识性远胜于传教性的刊物，他还可以在其他'所有者'或任何资源的支持下继续出版本刊。"④

---

① 裨治文致安德森，广州，1832 年 3 月 26 日。转引自苏精《上帝的人马：十九世纪在华传教士的作为》，第 10 页。

② 裨治文致安德森，广州，1831 年 4 月 18 日。转引自〔美〕雷孜智《千禧年的感召——美国第一位来华新教传教士裨治文传》，第 74 页。

③ 裨治文致安德森，广州，1832 年 5 月 5 日。转引自苏精《上帝的人马：十九世纪在华传教士的作为》，第 11 页。

④ 苏精：《上帝的人马：十九世纪在华传教士的作为》，第 9~12 页。

《中国丛报》创刊号以及后来的期数陆续寄回美部会，得到了美部会的肯定和赞扬，安德森在通信中陆续给予鼓励。收到创刊号后，安德森赞美说："印刷机用于《中国丛报》很好，本刊为印刷机增添许多光彩，而出版本刊的基督徒在华协会也会以本刊为荣。"1833 年 11 月，他继续肯定"《中国丛报》是一份极有价值的刊物，办得非常好，我很高兴你决定让本刊进入第二年。它在美国传播关于中国的资讯并激发对你的传教工作的兴趣，影响力很大，远超出我们的期望之上。"

马礼逊是《中国丛报》最主要的推动者，同时也是主要撰稿人之一。虽然《中国丛报》发表文章遵循了当时欧美发行期刊的惯例，文章一般不署名，但在《中国丛报》停刊后，卫三畏对所有发表的文章做了一卷索引，并根据他的了解，尽可能地附上了文章的具体作者。据统计，《中国丛报》共有可查证的作者 125 名，他们共发表文章 1027 篇，占总篇数的 82%。《中国丛报》设有"时事报道"专栏，主要消息来源同样是《京报》。在 1834 年 8 月马礼逊去世前，这部分内容主要由马礼逊翻译提供。除了为《中国丛报》提供新闻稿外，马礼逊还撰写了大量介绍中国的文章，包括《皇族特性》（"Traits of the Imperial Clan"）、《1832 年科举试题》（"Thems at the Examinations in 1832"）、《祭祖与上坟》（"Worship of Ancestors, and at the Tombs"）（《中国丛报》：Ⅰ，459；Ⅰ，502；Ⅱ，421），以及译自各种中文作品的选段。

笔者根据卫三畏所附索引（*The Chinese Repository*, Vol. XX ）做了统计，马礼逊从 1832 年 5 月《中国丛报》创刊到 1834 年 8 月他去世这段时间中，为《中国丛报》撰稿达 97 篇，内容涉及中国的政治、法律、语言、文学、人口、自然、宗教、哲学、对外关系等各个方面。两年多时间在一份月刊上发表这么多文章，足见马礼逊对这份期刊的重视。马礼逊还介绍他的儿子马儒翰为《中国丛报》撰稿，马儒翰共发表文章 76 篇。① 卫三畏说："《中国丛报》是在马礼逊的倡议下创办的。只要他活着，就会不断地供给有价值的文章和译作。"②

---

①　王化文：《马礼逊与〈中国丛报〉》，《兰台世界》2011 年第 1 期。

②　Samuel Wells Williams, *The Chinese Kingdom*, Vol. Ⅱ , p. 344.

正当《中国丛报》刚开始办得有声有色时，马礼逊的过世使得稿源方面出现了困难，同时马儒翰与郭实腊接任英国在华商务监督的中文秘书兼翻译，因公务繁忙减少写作，这三人原本是最重要的撰稿来源，如今病故或各有困难，迫使裨治文平均每期必须撰写一半篇幅的内容，有好几期还得独挑大梁应付全部48页的内容，以至于影响其学习中文和其他工作。他不禁问道，"我应该怎么办？我该放弃《中国丛报》吗？高人给我的忠告是放弃不智，但这看法也可能是错的"，感叹"有时候真想抛弃手中的笔"。① 由此也可见马礼逊对这份刊物的鼎力支持。

《中国丛报》是美国传教士在中国境内创办的第一份英文期刊，其宗旨是"提供有关中国及其邻近地区的最可靠的和最有价值的资料"，因而内容广泛涉及中国的历史、宗教、法律、政治、农业、儒家经典、文学作品等方面，并特别注意报道中国的时事和对外关系，记载了鸦片战争的全过程，被誉为"有关中国知识的矿藏""当时中国对外关系最好的史料"，是研究当时中国"不可缺少的史料"。②《中国丛报》主编曾三易其人，即裨治文、裨雅各（James Granger Bridgman）和卫三畏，出版地则辗转广州、澳门、香港、广州，持续办刊近20年，直至1851年底停刊，成为当时在中国境内出版的影响最大的外文期刊之一，为研究近代中外关系提供了重要资料。③

1827年，马礼逊计划在马六甲创办一份名为《印中丛报》的英文季刊，刊登有关中国历史、文学、哲学、政治、风俗等方面的内容，以增进西方对中国的了解；另还计划刊载中国的邻邦诸如暹罗、日本等国的礼仪、风俗方面的知识，并附登时事新闻等。④ 马礼逊的计划虽好，然而他身在广州，难以分身，并且没有助手协助，最终未能实现。《中国丛报》的创办，可以说是圆了马礼逊的这个梦想。

---

① 苏精：《上帝的人马：十九世纪在华传教士的作为》，第15页。
② 苏精：《上帝的人马：十九世纪在华传教士的作为》，第1页。
③ 谭树林：《马礼逊与中西文化交流》，中国美术学院出版社，2004，第182页。
④ 张西平主编《中国丛报（1832.5—1851.12）》第5卷，第155~156页。

第三节　亲力亲为：马家英式印刷所的办报活动

一　东山再起：马家英式印刷所的成立

马礼逊来华的前 20 年，他的出版工作一直受到教会组织和东印度公司的支持。后者一直支持马礼逊出版字典和其他介绍中国历史文化的著作。伦敦会、英国圣经公会（British and Foreign Bible Society）和宗教小册会（Religious Tract Society）三个组织，则一直支持他的中文传教刊物出版工作。可是，1826 年马礼逊结束其历时两年的英国休假前，为了他创办的马六甲英华书院而与伦敦会发生冲突，受到理事会以冷淡抵制的态度相待。马礼逊同时也疏远了英国圣经公会、宗教小册会这两个影响力巨大的团体。"两者在马礼逊以往的印刷活动中，都捐助过大批经费，但是从 1823 年以后，圣经公会的补助款都直接送到马六甲，因为当地有马礼逊的圣经刻板；至于宗教小册会，1827 年为一笔三百镑的印刷费与马礼逊发生争执后，就停止了对他的补助。"① 在这样的情形下，一直相信出版是向异教世界（中国）传教的唯一方法的马礼逊，只能以个人积蓄和向在华商人筹募经费的方式，继续其文字传教事业。另外，1832 年 9 月，在广州和澳门的外国人圈子中，已经开始流传东印度公司将关闭其在华办事处的消息，东印度公司印刷所前途未卜，此时马礼逊更加觉得从英国购买印刷机才是可以令其出版工作持久发展的办法。

相对于马礼逊个人面临的窘境，广州和澳门的外国人印刷出版活动却自 19 世纪 20 年代末起呈现欣欣向荣的景象，除了原有为了出版他的字典而设的英国东印度公司印刷所，还兴起了商业性和传教性的印刷出版活动。前者有 1827 年创刊的《广州纪录报》和 1831 年创刊的《中国信使报》（Chinese Courier and Canton Gazette）；后者如美部会在 1831 年、1832 年分别运到铅印和石印机后，在 1832 年创刊的英文月刊《中国丛报》。此外，德籍的传教士郭实腊也利用木刻方式在 1833 年创办了《东西洋考》中文月刊。对此，马礼逊有着深刻的感慨，他身为先驱传教士，有 20 余年的经验与声

---

① 苏精：《马礼逊与中文印刷出版》，第 17 页。

誉，如今却只能看着年轻一辈的新来者，活跃地从事他一直认为是在华传布福音利器的印刷与出版。几经徘徊考虑，他终于下定决心要以个人之力加入竞争。①

马礼逊投资于印刷出版的动机，固然是想从这项事业中增加个人的收入，此外还有两个因素：一是他 20 余年来对印刷出版产生的由衷兴趣与感情；二是在工作前途不定及与伦敦会疏离的情况下寻觅出路，以求纾解内心的压力。因此，他虽然没有足够的资本，也缺乏专业技术和经营能力，却相当乐观地大举投入，结果未能达到增加收入的初衷，只好以至少印发了许多福音产品自我安慰。②

1830 年起，利用儿子马儒翰以及梁发、屈昂③这两位最得力助手都在身边的便利，马礼逊开始在澳门自行出版报刊。1832 年 11 月，马礼逊在澳门成立了马家英式印刷所，设有 1826 年他从英国带到澳门的中国第一部石印机，以及 1832 年他购自伦敦的英式印刷机与活字，由此开启了新阶段的报刊传教事业。④

二 创办中国首份近代化中文报刊《杂闻篇》

1833 年 4 月 29 日，马礼逊创办了不定期中文报刊《杂闻篇》（*Tsu-Wan-Pien* "*A Miscellaneous Paper*"），该刊由马家英式印刷所印刷。《杂文篇》共出版了 3 期，第 1 期是 1833 年 4 月 29 日，第 2 期是 1833 年 8 月 29 日，第 3 期是 1833 年 10 月 17 日，每期印刷达 2 万份。该刊刊名在伟烈亚力书目中误为《杂文编》。《杂闻篇》比 1833 年 8 月 1 日在广州创办的《东西洋

---

① 苏精：《马礼逊与中文印刷出版》，第 17~18 页。
② 苏精：《中国，开门！——马礼逊及相关人物研究》，第 101~102 页。
③ 屈昂，生于 1787 年，1816 年与梁发同时接受米怜的施洗前教育但并未入教，1830 年由马礼逊施洗成了信徒，并成为梁发的助手。
④ 林玉凤把马礼逊来华后的出版工作分为三个阶段：第一个阶段是 1807 年马礼逊抵达中国后不久展开的，此时的出版物以中文印刷的宣教书籍和单张为主；第二个阶段以 1814 年东印度公司为支持马礼逊出版《华英字典》而在澳门成立印刷所为起点，此时马礼逊在澳门的出版物以英语为主，中文的宣教书籍和单张则转往马六甲的英华书院出版；第三个阶段是 1833 年从他自己在澳门成立马家英式印刷所开始，这一阶段马礼逊出版有中英文图书、刊物和单张，还承印别人的刊物。见林玉凤《澳门新闻出版四百年》，《澳门史新编》，澳门：澳门基金会，2008，第 1201 页。

考》还要早 3 个月，是中国出版的第一份近代化中文报刊。①

据伦敦大学亚非学院图书馆藏本，《杂闻篇》的有关情况如下。

第一期第一页下方马礼逊手书题记："Tsa-Wan-Peen 'A Miscellaneous Paper' /A. D. 1833/No. 1 Morrison's Albion Press/ 20000 copies"。第二期马礼逊题："Morrison & Son's Albion Press/ No. 2 [sic] 1833/20000 copies"。第三期马礼逊题："No. 3 [sic] Morrison and Son's Albion Press/ China. 1833/ 20000 copies printed"。

双面印，每期四页，每页板框 13.4cm×9.2cm，四周双栏。第一期第一页板框内上端分三栏，右小字"壹号/癸巳/年"，壹号两字黑底反白阴文；正中大字刊名"杂闻篇"自右至左横排，左"四月/二十/九日"。刊名下文内文十六行，行二十字。第二页至第四页十六行，行二十三字。第二期、第三期依此。②

第一期主要内容有：世界人口的说明，基督教徒、伊斯兰教徒、偶像崇拜者的人数，以及几百万犹太人；指出以神启为基础和以自然理性为基础的宗教的区别；一些与世界的创造者耶和华的伟大相关的《圣经》引文；天主教会传统与以《圣经》为依据的基督教的区别；父母对子女以及子女对父母的责任。

第二期主要内容有：生为埃及奴隶的摩西，却蒙神恩，带领人们前往迦南地；《出埃及记》中西奈山的十诫；耶稣的救恩；律法与福音的区别；信仰者的责任：爱神、爱人。此外还有一段关于教育聋哑人的内容，这是在西班牙创兴、在法国和英国实行的方法——都柏林的奥彭博士（Dr. Orpen）来信推荐，希望能够将这种方法引入中国。

第三期主要内容有：关于外国文学、活字、期刊及日报；宣告神对罪人的审判，对义人的仁慈；新旧约《圣经》引文，呼吁人们悔过及通过耶稣基督获救的《圣经》节选；耶稣基督被派以公义审判世人。③

可见，《杂闻篇》绝大多数篇幅刊载的是宣传基督教信仰的内容，前述第一期上马礼逊手书的"A Miscellaneous Paper"也说明《杂闻篇》是传教

---

① 林玉凤：《中国近代报业的起点——澳门新闻出版史（1557~1840）》，第 130 页。

② 苏精：《马礼逊与中文印刷出版》，第 51~52 页。

③ 〔英〕艾莉莎·马礼逊编《马礼逊回忆录 2》，第 240 页。

报刊，这也符合马礼逊创办马家英式印刷所的原意。除了宣教内容之外，《杂闻篇》也刊载一些重要的消息与文章。如第一期的第一篇文章中提及"原造化天地万物者，名之神爷火华三字"，这是中文文献中首次出现天主的中译名字——爷火华。"爷火华"就是后来各文献中将"天主"译为"耶和华"的源头。第一期第二篇介绍《神天圣书》的内容，应该是最早介绍中文《圣经》在华出版的中文文献。①

从出版数量而言，《杂闻篇》每期的印量多达 2 万份，与同期出版影响最大的英文报刊《中国丛报》的数百份相比，实有天壤之别。这与《杂闻篇》更多是作为传教刊物的办刊定位有关。苏精曾经把马家英式印刷所的产品大致分为三类：第一类是商人托印的生意表格等零星印件，例如颠地的鸦片交易单，这部分是营利的；第二类是自营的英文出版品，包括《传教者与中国杂报》《英华历书》《中国贸易指南》共 3 种；第三类是免费分发的传教书刊。② 《杂闻篇》被归到第三类，之所以免费分发，是因为"没有中国人愿意花钱买，虽然他们很有礼貌并且感谢收到单张"，③这与《传教者与中国杂报》有定价不同。从内容的时效性和实用性上来看，《杂闻篇》也不如第二类的 3 种刊物，更多的是宣传性的内容，没有时效性，因此每期大批量印刷，既可长期不断发放，又可以节省印刷成本。

关于《杂闻篇》的发放形式和途径，按照当时马家英式印刷所的人员分工，马儒翰在担任英商中文秘书之余，操作自家的印刷机和督工雕刻或铸造中文活字，梁发主要撰写传教小册，屈昂则协助缝线装订，外出分发由梁发、屈昂共同负责，考场分发是当时《杂闻篇》得以传播的一个非常特殊的渠道。

从马礼逊开始出版传教书刊以来，发行就是一大问题。鸦片战争前因为中国禁止传教的缘故，基督教书刊在内地只能秘密分发，根本无法进入一般图书的发行体系。在华传教士人少而事繁，能用来分发《圣经》的时间有限，于是想到模仿英国国内的通行做法，在中国雇用华人带着《圣经》巡

---

① 林玉凤：《中国近代报业的起点——澳门新闻出版史（1557～1840）》，第 136 页。
② 苏精：《中国，开门！——马礼逊及相关人物研究》，第 100～101 页。
③ 马礼逊 1833 年 10 月 10 日致福音小册公会书记信。〔英〕艾莉莎·马礼逊编《马礼逊回忆录 2》，第 247 页。

回各地分送或销售，以缓解传教士人手不足的窘境。梁发、屈昂从经验中发现，分发传教书刊的最佳时机，是广东学政岁试各府县士子期间，他们打听学政的行程跟着巡回分发，至少到过高州、肇庆、广州等府。1833 年 9 月广州府试期间，士子云集城内。梁发于 9 月 14 日在广州三个城门附近分发小书 400 本与出版不久的《杂闻篇》第二期（8 月 29 日出版）400 余份。①1833 年，梁发与屈昂的出版品分发数量极多，单是广州与广东其他地区就达 4 万册，包括 100 部全本《新约圣约》（5 册）、5000 部《圣书日课初学便用》（5 册）、5000 张单页等。② 5000 张单页中应该包括不少《杂闻篇》。1834 年 3 月中旬，梁发再度带着 1500 册《圣书日课初学便用》《杂闻篇》《新约圣经》等，追随广东学政在肇庆府试时分发。③

　　《杂闻篇》从 1833 年 4 月 29 日至 10 月 17 日，共出版 3 期。为什么只办了 3 期就停刊？对此目前未见到直接的记载。但从马礼逊当时身体日益衰弱的糟糕处境，已可做一推断。持续的脑力劳动，缺乏充足体力活动，让马礼逊面临很大的睡眠问题。他前半夜无法安睡，黎明时分又感到头顶很沉重，迫使他四点就起床。进入盛夏，炎热加剧，情况更加严重，他没有胃口，身体右侧疼痛，非常疲劳，但他仍坚持工作。他在 1833 年 10 月 10 日致托马斯·费希尔先生的信中说："我的健康在过去四个月里很差，我不能多读多写。然而我不能停下手中的船桨，因为家人的生计还要靠我在海外工作维持。"④ 进入 1834 年后，马礼逊也走到了他人生的最后阶段。从 1834 年初直到他去世前的 7 个月的日记中，关于他身体衰弱的记叙占了相当多的篇幅，且情况越见严重。如马礼逊于 1 月 30 日写道，"近来身体欠佳让我很沮丧"；3 月 2 日写道，"感到自己对写作力不从心。我很沮丧，我很孤独，因此本想多写中文书，但是我的大脑和体力让我的希望落空了"；5 月 11 日写道，"今天很热，站着、讲话、唱诗让我很疲劳……我的身体再也不能像以前那样承受高热"。⑤

　　1833 年 12 月，马礼逊的家人启程返回英国，身体的衰弱使得马礼逊更

①　苏精：《马礼逊与中文印刷出版》，第 27～28 页。
②　苏精：《马礼逊与中文印刷出版》，第 29 页。
③　苏精：《上帝的人马：十九世纪在华传教士的作为》，第 226 页。
④　〔英〕艾莉莎·马礼逊编《马礼逊回忆录 2》，第 243～244 页。
⑤　〔英〕艾莉莎·马礼逊编《马礼逊回忆录 2》，第 256～259 页。

加思念和牵挂远去的家人，情绪的压抑又反过来加重了病情。英国对华贸易体制的即将变化，进一步增加了马礼逊未来生活的不确定性。1833年底，马家英式印刷所的平版印刷机和石印机分别被搬到广州，由马儒翰保管使用，[①] 以当时马礼逊的实际处境，再无体力和精力继续出版《杂闻篇》。

马礼逊去世后，1834年8月8日卫三畏在澳门写给父亲的信件中，回顾了马礼逊过去一年的情形："在过去的12个月，任何一个见过他或听过他痛苦呻吟的人都强烈地感觉到，他的日子不多了。他自己也这么认为。""由于英国政府的变动，马礼逊有3个月的时间无所事事，由此引起的焦虑无疑加重了他的病情。他说自己一直很担心，寝食不安，坐卧不安。去世之前他饱受痛苦，他忍受精神和肉体痛苦的毅力证明了他对主坚定的信仰。他晚年的许多工作是在精力不济、对大多数人来说根本无法坚持的情况下完成的。他明显感到体力不支，无论怎样努力还是心有余而力不足。他在去世前好几年所感到的极度虚弱是由于缺乏锻炼。""自从东印度公司撤出后，对家庭未来生计的担忧也加重了他的病情。在一段安宁的日子之后突然担任律劳卑（Napier）勋爵翻译的任务，以及在袭击广州的暴风中受的风寒，则是上帝从这个世界上解脱他的最后两个原因。"[②]

《杂闻篇》对中国新闻出版史的最重要意义，在于这是中国出版的第一份近代化中文报刊，同时也证明了早在1833年基督新教传教士已经在澳门应用了西方的近代印刷术印刷出版中文报刊，以行动将西方印刷术运用到中文报刊的出版工作上，这是中西文化交流史上的一个巨大进展。[③]

从马礼逊报刊传教活动的实践来看，《杂闻篇》是首次在中国土地上直接印刷出版的中文传教刊物。尽管《杂闻篇》只是在澳门出版，但它的目标对象不只是澳门人，而是全体中国人。而1833年马礼逊主导下的印刷出版品分发数量极大，这种情形和20余年前他开始印刷出版时，只能暗中伺机送人，确实有很大的差别。[④] 与十几年前只能在马六甲出版中文传教报刊相比，《杂闻篇》在出版地点和发放渠道上，距离新教来华传教的目标受众都大大向前迈进了一步。

---

① 〔英〕艾莉莎·马礼逊编《马礼逊回忆录2》，第253页。
② 〔美〕卫斐列：《卫三畏生平及书信——一位美国来华传教士的心路历程》，第28页。
③ 林玉凤：《澳门新闻出版四百年》，《澳门史新编》，第1229页。
④ 苏精：《马礼逊与中文印刷出版》，第29页。

三 创办中国首份中英双语报刊《传教者与中国杂报》

1833 年 5 月 1 日，《杂闻篇》出刊两天后，中国首份中英双语不定期报刊《传教者与中国杂报》（*The Evangelist and Miscellanea Sinica*，或译为《传福音者与中国杂纂》）在澳门出版，主编及印刷者为马礼逊，后因报刊中部分内容引起澳门天主教神父的不满，澳门政府遂致函东印度公司，以违反当时"出版预检制度"为名，下令关闭马家英式印刷所。该报在澳门共出刊四期，后三期出刊时间分别为 5 月 21 日、5 月 27 日、6 月 3 日；随后马礼逊将印刷设备搬迁到广州，又继续出了两期。①

关于创办这份中英文报刊的目的，《马礼逊回忆录》中有这样的表述："虽然他为广州创立的两份英文刊物《广州志乘》和《中国丛报》大量供稿，但是盼望给在华基督教社群带来比上述刊物传达的更具福音性质的内容。"② 由此可见，在《广州纪录报》和《中国丛报》两份非宗教报刊上撰写文章，已经不能满足马礼逊传播福音的渴望。在具备出版报刊的条件后，马礼逊在过去办刊经验的基础上，开始直接创办同时面向华人和西人社群的报刊。

《传教者与中国杂报》每期 4 页，为一般西式小报样式，板框面积为 29.9cm × 21cm，双面印刷。报头下有横框，横框左侧为刊期号，如 "NO.1"，右侧为日期，如 "MAY 1，1833"，刊号与日期之间以大写刊有该报格言 "GO YE INTO THE WORLD AND PREACH THE GOSPEL TO EVERY CREATURES"（"走向全世界，将福音传播给每一个人"）。横框下分左右两栏刊正文，英语文字全部由左至右横排，中文文字全部由右至左竖排。每份

---

① J. M. Braga，*The Beginnings of Printing at Macao*，Lisboa：Separate de Studia，1963，p.109. 关于该刊出刊期数一直有 "4 期说" 和 "6 期说"。伟烈亚力在《1867 年以前来华基督教传教士列传及著作目录》中称该刊在 1833 年的 5 月和 6 月出版了 4 期（第 17 页）。林玉凤也认为只出版了 4 期，并在大英图书馆查得第 1~3 期以及藏于伦敦大学亚非学院图书馆的第 4 期前 3 页的原件。见林玉凤《中国近代报业的起点——澳门新闻出版史（1557~1840）》，第 145、148 页。但《马礼逊回忆录 2》中明确记载出版了 6 期，并详细说明了最后 2 期的内容：第 5 期为 "中国人的伦理"，配译文，描述 "四书" 之一的《中庸》；第 6 期为美兰克森（Melancthon）、费内伦（Fenelon）、拉蒂默（Latimer）、瓦茨（Watts）的生平简介。见〔英〕艾莉莎·马礼逊编《马礼逊回忆录 2》，第 240 页。目前实物只发现前 4 期，后 2 期是否存在以及出版详情都有待进一步考证。

② 〔英〕艾莉莎·马礼逊编《马礼逊回忆录 2》，第 240 页。

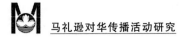

售价"1 mace"（一角）。①

关于这份报刊，有两个问题值得关注。

一是关于该刊的性质、主要内容和受众定位。1833年5月3日出版的《广州纪录报》第6卷第6期对这份新出版物做了如此介绍："正如刊物名称（*Evangelist*）所表露的那样，它是专门为具有明确宗教性质的情报而写的。"② 该刊各期内容主要有三个类型：宗教知识及教义讨论、中国文化知识、各地消息及评论。③ 其中，宗教知识及教义讨论占据了《传教者与中国杂报》各期的近半篇幅，包括基督教发展史、基督教历史人物简介、在华传教工作的历史和现状介绍，以及以"读者来信"或署名文章形式刊登的宗教评论。中国文化知识可以说是《传教者与中国杂报》最重要的特色，也是该报唯一以中英文对照方式刊出的内容，多以英语引介中文内容并加以解释，然后再刊出中文原文。从这些中英文对照内容可以发现，其有非常明显的读者差异，其中的一部分明显以英美读者为对象，旨在介绍中国的传统观念，如第一期的《清明祭祖祭文》《以己及物仁也，推己及物恕也》，第三期的《中国家训》等；另一部分则以中国人为对象，明显有导人向善和教化民众的目的。至于各地消息及评论，在4期《传教者与中国杂报》存报中刊登的消息共有8则，但在如"中国"等大条目下实则包含了多条消息，所以《传教者与中国杂报》实际刊出的消息数量要更多。这些消息既有报刊编者自采的，也有译自其他报刊或私人信件等处的。这部分内容，除了刊于该报第三期的《孔夫子》一文以中文"孔夫子"三字为标题外，其余的无论标题还是内文均为英语，可见当时这些新闻的读者主要是在华外国人。④

二是这份报刊被查禁过程中所反映出来的澳门当时特殊的社会政治环境。《马礼逊回忆录》最早记录了《传教者与中国杂报》被查禁的情况，内容非常简短，同时摘录了东印度公司特选委员会秘书林赛（Hugh Hamilton Lindsay）遵照公司要求写给马礼逊的信，以及马礼逊对信件几段内容的反

---

① 林玉凤：《中国近代报业的起点——澳门新闻出版史（1557～1840）》，第148页。

② *The Canton Register*, 3 May, 1833.

③ 林玉凤：《中国近代报业的起点——澳门新闻出版史（1557～1840）》，第152页。

④ 林玉凤根据《传教者与中国杂报》刊物原件，对4期内容做了逐一整理分类。详见林玉凤《中国近代报业的起点——澳门新闻出版史（1557～1840）》，第147～166页。

驳评论。① 白乐嘉依据《马礼逊回忆录》的内容，查阅了澳门议事会的书信档案，对查禁过程的细节进行了补充。②

综合《马礼逊回忆录》和白乐嘉的记载，《传教者与中国杂报》在1833年5月面世后，其中涉及天主教教义的内容引起了澳门天主教教区总代牧施利华（Inácio da Silva）的不悦。此前，马礼逊编撰和印刷了一些中英文的劝世文，制作了一批图文并茂且可以悬挂在中国家庭墙上的劝世文，已经引起了澳门天主教教区的注意。于是施利华于5月25日致函澳门总督依德费基（João Cabral de Estefique），称马礼逊用未经登记的印刷设备出版反对天主教教义的出版物，天主教是葡萄牙的国教，这样的行为应该被制止，他要求澳门当局立即根据法律采取行动。信件译文如下：

> 英国人罗伯特·马礼逊是英国现存的各种反天主教教派之一的成员和传教士，多年来一直居住在澳门冈卡罗·达·西韦拉的一所房子里，在那里他使用着未经任何官方登记许可的印刷设备。他印刷的出版物，其中一些是反对天主教教义、显然是异端的作品，攻击天主教的最重要教条，明显侮辱了葡萄牙法律和澳门的民事及教会当局。这也完全无视东印度公司伦敦董事们最近对其在中国的雇员所发布的禁令，而禁令的对象也包括了作为东印度公司中文译员的马礼逊。
>
> 作为本教区的总代牧，我必须要以此身份保护上帝的子民，使他们不受邪恶教义的蛊惑，不受普世教会的神圣议会和信仰的谴责。在最忠实的陛下的统治下，我也要尽可能地阻止会引起天主教徒注意的丑闻的发生，一个外国人拥有未经注册的印刷机推广他自己的宗教，并利用它不受惩罚地教唆和攻击罗马天主（葡萄牙民族完全属于这一教）。我有一份文件可以证明这一点。
>
> 我向阁下报告这次攻击我们宗教的严重程度，以便您作为这个城市的总督，可以毫不迟疑地行使当局的权力来补救这种情况，法律已经对此作出严格禁止。相信阁下是如此热情地去取悦一个如此虔诚和正统的

① 〔英〕艾莉莎·马礼逊编《马礼逊回忆录2》，第242页。

② J. M. Braga, *The Beginnings of Printing at Macau*, pp. 103 – 111.

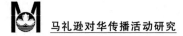

君主，因此作为来自葡萄牙的澳门总督，您的斡旋在一定程度上是可以预期的，并且将会给我带来慰藉。①

依德费基总督似乎向东印度公司特选委员会提及了这件事，但马礼逊并没有在意这一警告，并于 5 月 27 日出版了新的一期《传教者与中国杂报》。施利华总代牧于 6 月 1 日再次致函澳门议事会投诉此事。信中说：

> 我注意到一位名叫马礼逊的英国传教士在这个城市和教区通过英式印刷机出版反天主教教义的出版物。这无疑违反了我国的法律，他这样做也没有受到阻碍。按照涉及类似滥权行为的皇家法令的规定，5 月 25 日我已经写信给总督和首席法官，要求采取停止和查禁这类出版物的措施。
>
> 在此，我也向尊敬的议事会提出同样的请求，作为监管外国人遵守其义务的机构，相信你们众所周知的服务上帝和尊贵的陛下的热情将引导你们采取行动，尽快停止这个出版物，令这个传教士再也无法攻击我们，同时也禁止其他任何出版机构对我们做同样的事情。②

6 月 8 日，澳门议事会做了非常正式同时也是非常简要的回信，表示"理事会已经收到 6 月 1 日来信，注意到相关内容，将采取必要行动"。之后，在澳门葡萄牙当局各方和东印度公司之间，应该对此有过口头讨论，但没有看到相关的文献记载。文献中再次看到相关内容，已是 6 月 20 日澳门总督依德费基给东印度公司特选委员会写信，要求责令马礼逊停止使用他的印刷机出版刊物。信中称："我接获本教区总代牧的通知，马礼逊在澳门他的住宅，以印刷机刊印某种与罗马天主教教会相反的教义。但由于葡萄牙……是禁止使用印刷机的，凡未得陛下亲自核准并在事前严密检查者，一

① *Register of Communications and Letters from* 1832 *to* 1834. Codex 84 of the Macao Senate Archivers, ff. 14－14v. 转引自 J. M. Braga, *The Beginnings of Printing at Macao*, pp. 104－105。

② *Register of Communications and Letters from* 1832 *to* 1837. Codex 84 of the Macao Senate Archivers, ff. 15－15v. 转引自 J. M. Braga, *The Beginnings of Printing at Macao*, p. 106。

概不准使用。因此，我要求……命令他不得再在澳门使用上述印刷机。"①

东印度公司特选委员会欣然接受此要求，1833 年 6 月 22 日由秘书林赛致信马礼逊，要求其停止出版活动。马礼逊被迫服从，但对其中几段做了评论，写下对这种专横行为的反驳和不满，附在回复特选委员会的信中。

林赛的信件原文及马礼逊的评论译文如下：

　　特选委员会及主席指示我转交您一封信的复本。此信由澳门总督写给主席，从信的内容可知，总督从本牧区总代牧那里得知，您在自己家中设立印刷所，印刷某些违背罗马天主教（马礼逊批注称：我布道的教义当然不可能与罗马教会的教义一致——但是这些布道没有攻击它，《传福音者与中国杂纂》也没有攻击性内容）教义的作品，除非事先经过审查（马礼逊批注称：英国商馆在澳门拥有印刷所，至今有近二十年，可以在澳门印刷任何他们想印的材料，而无须事先审查），国王政府禁止在葡萄牙领土（马礼逊批注称：一直以来完全可以证明澳门属于中国，而不是葡萄牙国王领土的一部分，因此这种说法是僭权的说法）使用印刷机，因此总督阁下要求您按照指令停止在本城使用您的印刷机。

　　依照葡萄牙政府的这些规定，我接到特选委员会和主席的指示，要求您停止继续在澳门家中出版任何出版品（马礼逊批注称：特选委员会和主席有什么权力要求我这样做？是把我当作一名普通的英国公民，还是当作公司雇员？依照这些规定，只需要审查，而不是停止。委员会的意思是说公司的印刷所要受审查或停止。两者都不是，因此我抗议整个过程，因为这是听命于一位天主教神父对葡萄牙人和英国人的僭权、专制和压迫）。②

根据现有资料，未见东印度公司、澳葡政府和澳门天主教教区再有其他行动，但《传教者与中国杂报》在澳门也没有再出版。《中国丛报》对此事做了以下报道："我们很吃惊而遗憾地听到在澳门的马家英式印刷所被当地政府禁止继续出版。它出版过当年的中英日历、一份讲道书、四卷名叫

---

① 马士：《东印度公司对华贸易编年史》第 4 卷，第 361 页，转引自吴志良、汤开建、金国平主编《澳门编年史》第 3 卷，广东人民出版社，第 1488 页。

② 〔英〕艾莉莎·马礼逊编《马礼逊回忆录2》，第 241 页。

《传教者与中国杂报》的宗教报刊。它是马礼逊先生的产业。我们听说提出的两个封禁的理由是：首先，上述提到名字的出版物有违反罗马天主教廷的教义；其次，除非拥有葡萄牙国王的批准命令，在所有葡萄牙的领土上禁止拥有报社。"①

当年 10 月 10 日，马礼逊在广州写给福音小册公会书记的信中，也提到了这一事件："我……还印刷了四期基督教报纸，起名为《传福音者与中国杂纂》，以文摘为主。某人将宣教的讲章和《传福音者与中国杂纂》交给澳门罗马天主教总代牧看，总代牧是一位不能阅读英文的老人。他写信抨击我和印刷品，说它们不合天主教教会的教义。澳门总督给公司特选委员会写信，要他们压制这些出版物，我被迫屈从了。虽然英国商馆的印刷所在过去 20 年里没有受到葡萄牙人的干涉，但是他们现在却攻击出版这些印刷品的英式印刷所。"② 信中还说到，"广州的印刷能否维持也很难预料"，表明此时马家英式印刷所的设备已经运到了广州。

《传教者与中国杂报》短暂现世后即被禁止出版，反映了在中国闭关锁国到即将门户洞开这样一个特定的历史阶段，在澳门这一中国领土上发生的葡萄牙人和英国人之间关于在异国传教的特别争端。

自 16 世纪后期葡萄牙人到达澳门以来，在澳门活动的一直是天主教的各个派别。1576 年，教皇格雷戈利十三世（Gregorio XIII）颁布敕书，宣布成立澳门葡萄牙教区。18 世纪初期，澳门主教辖区的事务与整个中国的教务一样，受到了礼仪之争和中国禁教的影响。18 世纪后期，一向仇视耶稣会的葡萄牙首相庞巴尔利用 1758 年的塔沃拉事件对耶稣会进行镇压，颁布法令取缔耶稣会；1760 年又下令没收耶稣会在全国的所有财产，包括教堂、学校和布道场所。两年后，命令传到澳门，澳门总督安东尼奥·门东萨·莱奥（António de Mendonça Corte Real）采取措施，将澳门的耶稣会士全部赶出澳门。1773 年罗马教廷宣布取缔耶稣会，在澳门经营了 200 多年的耶稣会最终退出历史舞台。1783 年，教廷传信部命令遣使会接替耶稣会在华的传教工作。1818 年澳门的天主教徒有 5000 人，③ 1833 年约有 7000 人。④

---

① *Chinese Repository*, Vol. 2, No. 2, pp. 92 – 93.
② 〔英〕艾莉莎·马礼逊编《马礼逊回忆录 2》，第 247 页。
③ 黄启臣：《澳门通史》，广东教育出版社，1999，第 260 页。
④ 章文钦：《澳门历史文化》，中华书局，1999，第 152 页。

新教入华以来，天主教与新教在澳门也不时有一些不大不小的冲突，但总体而言算是相安无事。米怜夫妇1813年来到中国，因为新教传教士的身份刚到澳门即遭到了葡人总督的驱逐，马礼逊向总督、澳门天主教会主教以及东印度公司求情都无济于事。这次禁报事件也是比较大的一次冲突。在此之前的1829年，马礼逊参与了一个在澳门建立"中国大英博物馆"的计划，以收藏中国的文物，并增加公众对中国文化和语言的兴趣，[①] 同时马礼逊还就基督教和中国的主题给英语社群做了一系列讲座。这些公众活动让澳门一些人对马礼逊的意图产生怀疑，认为其出于政治上的目的，而不是文化上或精神上的。[②] 而《传教者与中国杂报》的出现，则进一步激起了澳门天主教对马礼逊的敌对情绪。实际上澳门天主教总代牧所援引的教义理由，在《传教者与中国杂报》内容中并无明显体现。[③] 同时，马礼逊在同一时段、同一地点出版的传教色彩更为浓郁的《杂闻篇》，却并未引起澳门天主教会的激烈反应，并且在《传教者与中国杂报》停刊后《杂闻篇》继续在澳门出版，《传教者与中国杂报》被查禁主要还是因为其传播对象涵盖了当时澳门的西方人和当地中国人，威胁到了天主教长期以来在澳门的主导地位，因而导致了澳门天主教区的强烈反应。

四 马礼逊"出版自由论"考

按照《马礼逊回忆录》的记载，《传教者与中国杂报》被迫在澳门中断出版，引致马礼逊在《广州纪录报》上撰写《出版自由论》一文进一步表达其"出版自由论"[④] 的观点，表明在身处三重专制的特殊境况下，他仍坚

---

① 1829年2月，英国东印度公司成立组委员，筹建位于澳门的博物馆，马礼逊为其重要成员。博物馆的资金来源以在华英商捐赠为主，少量来自其他国家的商人赞助。在组织结构上，由一个在华英商组成的委员会管理，感兴趣者以缴纳会费的形式成为会员。其他各国绅士可以通过投票选举成为荣誉和通讯委员。见吴志良、汤开建、金国平主编《澳门编年史》第3卷，第1463页。

② Christopher Hancock, *Robert Morrison and the Birth of Chinese Protestantism*, London: T&T Clartk, 2008, p. 124.

③ 详见林玉凤对《传教者与中国杂报》的内容分析。见林玉凤《中国近代报业的起点——澳门新闻出版史 (1557~1840)》，第155~156页。

④ "出版自由论"一词，中国新闻史上认为即出自马礼逊在《广州纪录报》上发表的同名文章。据查，"出版自由论"系由"The Press"翻译而来，有人亦将之译为"印刷自由论"。本书从"出版自由论"的译法，但在引证其他论著中关于"印刷自由论"的表述时，尊重原表述不做修改。

持公民和宗教自由原则的不妥协态度。① 现有新闻史著作谈及此文时，通常认为马礼逊"所撰关于出版自由的文章，是我国境内报刊上对这一问题的最早阐述"。② 有学者认为1833年6月《广州纪录报》上刊登的马礼逊所撰《印刷自由论》，是出现在东方报刊上第一篇介绍西方出版自由观念及天赋人权学说的文章。③ 还有学者认为《广州纪录报》不仅最早在广州践行了新闻出版自由理念，而且传播了新闻出版自由思想。④ 对此问题，笔者在查阅《广州纪录报》缩微胶片复印件和电子文件时专门做了关注跟进，但并未查找到此篇文章。这里结合对原刊查阅情况和现有研究成果——主要是于翠玲、郭毅的《马礼逊的〈印刷自由论〉版本探源及价值新论》和邓绍根、伍中梅的《近代中国英文报业的开端——〈广州纪录报〉初探》两篇论文，对马礼逊撰写这篇文章的情况做细致探究。

（一）《出版自由论》的最初来源

经查阅现有材料，最早关于马礼逊在《广州纪录报》上发表《出版自由论》文章的记载，当是1839年在伦敦出版的马礼逊夫人所著的《马礼逊回忆录》（*Memoirs of the Life and Labours of Robert Morrison*）一书，其中完整收录了名为"The Press"的文章。内容译文如下：

> 所有法国人都有权利印刷出版他们自己的观点；永久废除审查制度!⑤ 由于语言能力使人作为理性生物而区别于无理性的不能言语的兽类；智能高的人之间的社会交往提供了一场理性盛宴，智者珍视它，远胜过任何身体慰藉。政府没有权利剥夺人的知识交往，如同它们没有权利剥夺人的身体的慰藉，或人的一部分天然食物。在这个原则下，只能剥夺最危险的罪犯的笔、墨和纸。印刷机只是一种更迅速的写作机器，在神的眷顾下，印刷机使时间和空间上相距最遥远的人交换他们的思想；因此与任何身体慰藉相比，它为理性人类带来更多快乐和进步。所

---

① 〔英〕艾莉莎·马礼逊编《马礼逊回忆录2》，第242页。
② 方汉奇主编《中国新闻事业通史》第1卷，第186页。
③ 徐培汀、裘正义：《中国新闻传播学说史》，重庆出版社，1994，第114页。
④ 邓绍根、伍中梅：《近代中国英文报业的开端——〈广州纪录报〉初探》，《新闻与传播研究》2017年第8期。
⑤ 原注：新法国宪章。

以，没有任何以公正、平等为原则行事的政府能禁止自由使用印刷机。那些在阅读中找不到乐趣的人可以避免阅读；但不能因为他们碰巧有权威，就有权剥夺其他人的乐趣。

　　中国人允许来自欧洲和美洲各个国家的人居住在他们的沿海；各国人可以遵循他们自己的着装、饮食、舞蹈或其他娱乐的方式。这些外国人中任何一方都无权控制其他人的习惯或观点意见。可以取缔一个美国人或英国人的报纸，那么现在也有可能剥夺他必需的食物。如果葡萄牙人没有这个品味，如果他们选择服从他们的神父或总代牧，不管他们读不读书，就让他们去服从；然而，他们没有权力禁止为那些经常来中国（澳门是中华帝国不可侵害的一部分）的数量众多的到访者而编写的书籍和报纸。禁止出版是对人的天赋权利的侵害。我们认为取自法国宪章表达天赋权利的题句应该是全人类的宪章——自然法或神的律法，为了祂的创造物的幸福，神赋予他们思想和语言的能力，写作和印刷的权力；所以没有哪部人类法律能使这些权力无效。"听从你们，不听从神，这在神面前合理不合理，你们自己酌量啊！"看看《行徒行传》4∶19 记录的圣徒彼得在耶路撒冷的大祭司和统治者面前所说的话。显然，必须遵守神的律法，尽管某教会或某国家的人的法律可能违背它。所以我们的结论是，违背那些禁止言语、写作、印刷的法律是问心无愧的。

　　暴君惩罚的，但神会赞成。①

　　英国伦敦会传教士博克斯 1904 年在《教务杂志》（*The Chinses Recorder*）发文说：马礼逊在《广州纪录报》上引用法国宪章中的话大胆抗议，他毫无畏惧地主张思想和言论是上帝赐予人类的礼物，没有任何人类的法律可以将之随意废止。② 海恩波的《传教伟人马礼逊》一书中也有类似记载。③ 追溯这些记叙，其最初来源都指向了《马礼逊回忆录》一书。除此以外，相关引文中并未见有其他信息来源。

---

① 译文引用自〔英〕艾莉莎·马礼逊编《马礼逊回忆录 2》，第 242 页。
② 〔英〕博克斯：《马礼逊、米怜和麦都思——新教在华传播的三位先驱》，谭树林、钟凌学译，（澳门）《文化杂志》2008 年第 67 期。
③ 〔英〕海恩波：《传教伟人马礼逊》，第 146～148 页。

（二）《广州纪录报》涉及"出版自由论"的内容刊载情况

《广州纪录报》出刊之初，便不时刊出带有"出版自由"观点的文章。早在《广州纪录报》第 2 期，就有关于"The Censorship of the Press"的内容："在第 91 期《新加坡纪事报》上我们注意到一则政府的通告，严格禁止东印度公司所有职员不论等级，不论是在槟榔屿、马六甲还是新加坡，向报纸提供任何有关印度政府的法令或者决议的任何信息"，批评"新闻审查制度（The Censorship of the Press）以最为专制的方式在印度各个场合进行"。① 1828 年 2 月，该报出现"Freedom of the Press"的表述，旗帜鲜明地支持新闻出版自由。1830 年 12 月，该报刊登《自由报纸》一文，称该报是一份自由报刊，认为作为一份自由报刊就应该努力发出声音，"让它将我们所受的弊害和压迫告知全世界"。②

尽管如此，但笔者遍查手头掌握的《广州纪录报》前 7 卷原文，却并未找到《马礼逊回忆录》中所说的那篇"The Press"。于翠玲、郭毅分别翻检了香港公共图书馆、澳门大学图书馆和美国斯坦福大学胡福图书馆所藏《广州纪录报》的全套缩微胶片，也未能找到这篇文章。邓绍根、伍中梅查阅了香港中央图书馆的《广州纪录报》缩微胶片，尽管不否认"The Press"一文的存在，并论证了其在新闻理念方面带来的开创性贡献，但同样未在《广州纪录报》中找到原文。有观点认为，《广州纪录报》目前无足本存世，或许存在缺页情况，③ 是不是在现有资料中缺少了这页呢？据笔者查阅，当年各期正文内容结束之后，每期会附上一两页货价行情，现存各期内容相对完整连贯，并无明显缺页。1833 年 5 月 3 日第 6 期共 4 页正文内容后面有 1 页缺失，电子文档中还特意留出一页空白页，并在其上标明"Page Missing"，按照当年其他各期的内容排列情况，这 1 页应该是货价行情，其他并未发现有明显缺页。

从《广州纪录报》出刊情况来看，如前文所述，出刊周期最初并不规律，1833 年各期出刊时间尤其不规律。1 月 10 日至 8 月 5 日出版第 1 期至第 12 期，随后 9 月 16 日出版第 13、14 期合刊，10 月 24 日出版第 15、16 期合刊，11 月 15

---

① *The Canton Register*, 15 November, 1827.

② 邓绍根、伍中梅：《近代中国英文报业的开端——〈广州纪录报〉初探》，《新闻与传播研究》2017 年第 8 期。

③ 于翠玲、郭毅：《马礼逊的〈印刷自由论〉版本探源及价值新论》，《北京行政学院学报》，2013 年第 6 期。

日、12月5日出版第17期、第18期,12月26号出版第19、20期合刊。其中,5月至7月共出刊6期,分别是5月3日第6期、5月18日第7期、5月31日第8期、6月17日第9期、7月15日第10期、7月30日第11期。这6期中,并未发现题为"The Press"的文章。倒是在第8期找到一篇名为"The Press in China"的文章。① 但这篇文章探讨的是外国人在中国应该借助期刊和出版物来传播科学技术、开展宣传报道,以消除荒谬和偏见,完全没有涉及上述"The Press"的内容,也未谈及葡萄牙人的情况,二者内容基本没联系。

在现有的1833年《广州纪录报》各期中没有发现"The Press"原文,一方面,不排除仍有未被发现的内容缺失情况,尽管从现有掌握情况来看这一概率很小;另一方面,也由此引发《马礼逊回忆录》关于《出版自由论》的说法是否确切可靠的疑问,为进一步探索留下了空间。

当然,也不能就此抹杀马礼逊对"出版自由论"的关注和提倡。实际上,早在1819年,马礼逊以笔名"Amicus"在《印中搜闻》第8期《中国没有出版自由》("The Press not Free in China")一文中提及1818年5月《京报》的一则皇帝谕告时,便提出了"新闻自由"的概念,认为中国虽然在10世纪发明印刷术之后便印刷出版了大量的书籍,但在绝对的帝制统治下,中国并没有新闻自由。②

此外,在1833年6月出版的《中国丛报》中有一篇没有作者署名的题为《论出版》(英文名同样为"The Press")的文章,对《传教者与中国杂报》被禁事件做了报道。查《中国丛报》卷末所附的作者索引,此文并非马礼逊所作。

五 《依湿杂说》与马礼逊

在过往的中国新闻史记载中,与马礼逊同段时期新闻事业密切相关的还有一份刊物《依湿杂说》,③ 该刊物通常被认为是澳门出版的首份中英双语

---

① *The Canton Register*, 31 May, 1833.
② 〔英〕马礼逊、〔英〕米怜主编《印中搜闻(*Indo-Chinese Gleaner*,1817—1822)》,第296页。
③ 该出版物之前多被称为《依泾杂说》。刘家林认为,《依泾杂说》当为《依湿杂说》,"湿"字,《海国图志》道光年版作"濕",光绪年版作"淫",均为"湿"之繁体。见刘家林《中国新闻通史(修订版)》,武汉大学出版社,2005,第80页。金国平亦持此说。见金国平《〈依泾杂说〉疑存析》,《澳门研究》2014年第1期。

刊物。① 澳门学者林玉凤进而认为,《依湿杂说》与《传教者与中国杂报》为同一份刊物,也就是马礼逊创办的 The Evangelist and Miscellanea Sinica。② 那么《依湿杂说》到底与马礼逊有着怎样的关系?

翻查现有中国新闻史著作,1927 年初版的戈公振《中国报学史》介绍鸦片战争前创办的中文杂志时,只说到了《察世俗》《特选撮要》《天下新闻》《东西洋考》4 种。1933 年燕京大学新闻系首届系主任、美国教授白瑞华(Roswell Sessoms Britton)撰写的 The Chinese Periodical Press, 1800 - 1912 一书中,也未见提及《依湿杂说》。

1983 年方汉奇的《中国近代报刊史》出版,书中首次提到《依湿杂说》:"《依泾杂说》(1828—),中文,澳门。"③ 后出众多新闻史专著或新闻专业教材,多以此为根据,将《依湿杂说》作《依泾杂说》并加以生发,但对其具体出版时间、出版形态、在中国新闻史上的地位认定则众说纷纭。④ 追根溯源可以发现,以上关于《依湿杂说》的内容主要是依据魏源《海国图志》的有关记载。⑤

《海国图志》是魏源受林则徐嘱托而编著的一部关于世界地理、历史知识的综合性图书。魏源与林则徐是旧识。鸦片战争中,魏源参与了浙江前线的抗英斗争,对英国的情况有一定的了解。鸦片战争的失败,对这位素抱经世之志的知识分子刺激很大。1841 年 8 月,魏源在镇江与被贬黜的林则徐久别重逢,林则徐将他所译的《四洲志》和其他一些有关外国的材料交给魏源,委托他整理出版。魏源依据这些材料和其他一些文献,翌年编著成 50 卷的《海国图志》。1847 年增补刊刻为 60 卷,1852 年又辑录徐继畬《瀛寰志略》及其他资料,补成 100 卷。

---

① 见方汉奇主编《中国新闻事业通史》第 1 卷,第 184 页;刘家林《中国新闻通史(修订版)》,第 43 页;黄瑚《中国新闻事业发展史(第二版)》,复旦大学出版社,2009,第 24 页。

② 林玉凤:《中国近代报业的起点——澳门新闻出版史(1557 ~ 1840)》,第 140 页。

③ 方汉奇:《中国近代报刊史》,山西人民出版社,1983,第 13 页。

④ 就笔者手头所见 10 多份资料中,均没有一致的说法,且有几份资料的作者谨慎地指出没有看到原件,因而不好做出确切的认定。

⑤ 林玉凤同样认为,各种中国新闻史研究中所有与《依湿杂说》相关的记载都是根据成书于 1842 年的魏源名著《海国图志》而写成的,而且从来没有学者提及《依湿杂说》的原件或提出超越《海国图志》所记载的《依湿杂说》的内容。见林玉凤《中国近代报业的起点——澳门新闻出版史(1557 ~ 1840)》,第 140 页。

《海国图志》书中有"夷情备采"部分，下分《澳门月报》论中国、论茶叶、论禁烟、论用兵、论各国夷情等五个主题。而《澳门月报》的内容全都出自《澳门新闻纸》。道光二十四年（1844），魏源排印的《海国图志》卷49"附录"的卷首"夷情备采"标题下方，清楚标注有"原无，今补辑"五个小字，显然是魏源自己表示在排印《海国图志》时，从林则徐给他的《澳门新闻纸》中选择部分内容，编成《澳门月报》作为《海国图志》的附录。

进一步查阅《澳门新闻纸》寻找《依湿杂说》的出处，可见以下文字：

澳门六月二十日即中国五月十一日新闻纸

又《依湿杂记》原系士罗所译转之嘆咭唎字，今在本礼拜内印出为中国字，可为学中国字嘆咭唎人所用……此书之序云："数百年前，在我等国中初用英咭唎言语之时，有一和尚将英咭唎同讷体那言语同印在一篇纸上，而我等现作出之杂说，亦仿其法。此书中之言语，皆系中国人之言语文字，少用虚字浮文。于一千八百三十七、三十八两年当此书初出之时，中国人甚赞美之，后又入之官府手内，官府因见其中所说之事，多有刺他们之恶规矩，遂出令禁止之……"①

由此可见，现有关于《依湿杂说》的中文记载，最初来自林则徐的译报。《澳门新闻纸》是林则徐受命为钦差大臣于1839年3月抵达广州后，即着手进行的译报成果。从现存的6册《澳门新闻纸》内容来看，内收1838年7月16日稿1篇，其余自1839年7月2日至1840年11月7日，历时一年又四个多月，除少数几篇译自伦敦、孟买、孟加拉和新加坡等处的报纸外，其余主要译自原在广州后于1839年夏迁到澳门的两家英文周报——星期六出版的《广州周报》②和星期二出版的《广州纪录报》，另有

---

① 林则徐全集编辑委员会编《林则徐全集》第 10 册译编卷，海峡文艺出版社，2002，第 282 ~ 283 页。转引自金国平《〈依泾杂说〉疑存析》，《澳门研究》2014 年第 1 期。

② 《广州周报》是《广州纪录报》之后又一家颇有影响的英文报纸，1835 年 9 月 12 日在广州创刊，1839 年中英关系紧张之际迁往澳门，1844 年 3 月停刊。见方汉奇主编《中国新闻事业通史》第 1 卷，第 187 ~ 188、308 页。

零星译自《中国丛报》。① 由现存《澳门新闻纸》的内容涉及时间及其译文出处，可以基本推定《依湿杂说》"一千八百三十七、三十八两年""此书初出"确实无误，此时马礼逊已不在人世，因此可以判定该书出版与马礼逊没有关系。

金国平则从另外一个角度做了考证，认为《依湿杂说》于 1837 年至 1838 年初刊于广州，共四卷本，"依湿"即"伊索"，为"Aeso（p）"的粤语译音，《依湿杂说》为《伊索寓言》最早之汉译名。他又根据 1838 年《东西洋考》的相关报道情况，认为《依湿杂说》当时题为《意拾秘传》，1840 年于澳门出版第二版时称《意拾喻言》，其作者为英人罗伯聃（Robert Thom，化名 Sloth，即译文中提到的"士罗"）。②

而据赵利峰考证，《意拾喻言》于 1840 年在澳门出版时，当年 6 月 20 日的《广州周报》在"English News"栏中登载了一则新闻对此书做了简要介绍。《广州周报》在报道中还全文引述了该书的英文序言，内容与《澳门新闻纸》上所刊同出一辙。同一时期的《中国丛报》对《伊索寓言》这个汉译本也做了详细报道，其中介绍了《意拾喻言》的编排版式和内容梗概，"该书正文共 104 页：每页分三列——汉语居中，右侧是其官话和广东话的两种拼音文本，左侧为其英文译本，有直译和意译两种形式"。据搜寻检索，英美等国的图书馆皆有该版本收藏，谷歌数字化版本亦可见。③

近年来，苏精经熟读《澳门新闻纸》译文，及仔细阅览《广州纪录报》、《广州周报》和《新加坡自由报》（The Singapore Free Press），全部还原出南京图书馆所藏《澳门新闻纸》的英文底本/抄校本。其中有关《依湿杂说》的英文文本内容如下：

The Canton Press, 20 June, 1840.

ESOP'S FABLES in Chinese, with a free and a literal translation into English, by SLOTH. This book has during the week published at the Canton

① 方汉奇主编《中国新闻事业通史》第 1 卷，第 308~309 页。
② 见金国平《西学东渐：从〈依湿杂说〉到〈伊索寓言〉》，《澳门日报》2014 年 5 月 14 日，E6 版；金国平《〈依泾杂说〉疑存析》，《澳门研究》2014 年第 1 期。
③ 赵利峰：《1840 年澳门版〈意拾喻言〉成书与出版问题丛考》，《澳门理工学报》（人文社会科学版）2013 年第 4 期。

Press Office, and though we ourselves are not a competent judge, being ignorant of the Chinese language, we may yet repeat that we have heard others say, that this publication forms a very valuable addition to the scanty stock of books which now facilitate the study of the Chinese language to the English student. As regards the getting up of the book, we may be permitted to say that is imperfections in that respect are principally owing to this being the first attempt at printing with wooden blocks and English types on the same page-subsequent trials will probably succeed better.

As to the objects of the book the Compiler (Mr. Robert Thom) explains them at length in the preface of which we copy the following:

' The following Fables were selected indiscriminately from Esop-Phedrus-Ananius-Barlandus & c. & c. & c. , but all published under the general name (used for the sake of briefness) of Esop's Fables. These were delivered orally at different times, in Mandarin Chinese, by the Compiler to his native Teacher: who being a good penman, found little difficulty in writing them off, in the simple easy style in which they are composed. This Style comes under the class of *tsǎ-luh*, being the *wǎn-tszé-che-mǒ*, or lowest and easiest style of Chinese composition. (By making himself master of this style, the Student will find little difficulty understanding the various *seaou-shwǒ* or popular novels of the day, and it may serve as a stepping stone to much higher literary attainments.) This method of dictation employed towards our Teacher, may remind the reader of what was the custom in our own country some centuries back, where the person so dictating would speak in the native English of the period, and the transcriber (commonly a priest) would write the substance of the same in Latin. Composing in Chinese after this manner, has both its advantages and its drawbacks. The advantage consists in that, the document thus produced will purely *idiomatic Chinese*-free from those blemishes of style, redundancies, and other mistakes into which ever our best Sinologues sometimes fail. The disadvantage is that it encourages slothful habits on the part of the student, and by accustoming him to rely upon his Teacher for assistance renders his almost impotent when cast on his own

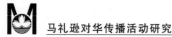

resources.

'When first published in Canton 1837 – 38, their reception by the Chinese was extremely flattering. They had their run of the Public Courts and Officers until the Mandarins taking offence at seeing some of their evil customs so freely canvassed ordered the work to be suppressed. It is not the first time that we have elucidated a disputed point by referring to one of these Fables having analogy to the question in handnay, we remember once stopping the mouths of a party of Mandarins who insisted that England desired to quarrel with China, by reciting the story of the Goose that laid the Golden Eggs. The application was at once perceived and the justice of the remark admitted immediately. No man can help feeling an interest in the progeny of his brain as well as in the posterity of his body and we plead guilty to a certain feeling of pride and satisfaction in relating this anecdote of our Chinese offspring; for the certainly not the principal party to whom it owes its being we may nevertheless justly lay claim to a share in the ushering of this Granco-Sinico compound into the world. The good natured Reader may thus even feel disposed to admit that, it is quite possible for so paltry a publication to be useful in its way. ①

由此可见,《依湿杂说》就是 ESOP'S FABLES（《伊索寓言》）,1840 年 6 月 20 日的前一周,在当时已经搬迁到澳门的《广州周报》编辑部出版,与马礼逊的新闻出版活动没有任何直接关系。这也回答了有学者曾经提出的疑问:在当时的《察世俗》《特选撮要》《天下新闻》《东西洋考》《各国消息》等 5 种中文报刊之间存在某种一脉相承的关系,而《依湿杂说》则具有某种独立性,和前面的 5 种刊物之间看不出有什么内在联系。② 因为,无论是从办刊者的身份,还是作者之间的关系来说,二者之间都存在很大的差异。

虽然马礼逊与《依湿杂说》的出版没有直接关系,但与《依湿杂说》

---

① 苏精:《林则徐看见的世界:〈澳门新闻纸〉的原文与译文》,广西师范大学出版社,2017,第 382 ~ 383 页。
② 方汉奇主编《中国新闻事业通史》第 1 卷,第 184 页。

所载的故事却有联系。《察世俗》曾先后翻译刊载过5篇《伊索寓言》中的故事：贪犬失肉、负恩之蛇、蛤蟆吹牛、驴之喻和群羊过桥，每篇之后又附解喻评论。这是《伊索寓言》自明朝耶稣会士金尼阁口授、张赓笔传的《况义》于1625年出版以后，第二次译成中文，[1]译者的目的都是证教与传教，通过讲述这些故事，来隐喻其宗教思想。[2]

---

① 苏精：《马礼逊与中文印刷出版》，第167页。
② 金国平：《〈依泾杂说〉疑存析》，《澳门研究》2014年第1期。

第五章 马礼逊对华传播活动的评价

马礼逊自 1807 年来到中国，艰难推进新教对华传教工作，直至 1834 年辞世。他克服清政府教禁森严等重重困难，努力探索对华传教的有效方式，既通过布道进行直接传教，又投入大量精力开展出书籍、办报刊、创学校、兴医务等间接传教活动，积极推动创办了 6 份报刊，包括在马六甲主导创办的与对华传教关系密切的报刊 2 份，积极推动创办或作为重要撰稿人参与的报刊 2 份，直接在中国主办的报刊 2 份等。马礼逊的对华传播活动前后延续20 多年，在传承明清时期耶稣会文字传教经验的基础上，开创了报刊传教这一基督教对华传播的新模式，对扩大新教在华影响、促进传教事业发展起到了积极作用。

第一节 马礼逊对华传播活动总述

一 筚路蓝缕探索有效传教方式

布道、出版、教育、医药，被称作基督教传教事业的四大支柱。① 马礼逊有生之年对这几个方面都进行过艰难探索，努力有所作为，分别取得了程度不一的进展，在某些方面还做出了具有开创性的贡献。其中成效最为突出者，当是集译《圣经》、编词典、出书籍、办报刊于一身的文字传教工作。

---

① 熊月之：《西学东渐与晚清社会（修订版）》，第 71 页。

布道是传教士最常用的传教方式，马礼逊来华之后一直努力尝试进行布道活动。但在中国门户开放之前，清政府严厉禁教，公开布道根本无法举行，传教士几乎不可能在内地公开直接布道。马礼逊来华之后直到他病故，中外关系基本上没有变化，口头布道只能以家庭礼拜的方式进行，始终没有实现大的突破。参加秘密家庭礼拜者，主要是为马礼逊工作的华人和他们的家人以及马礼逊收容的孤儿等，这些人也不一定是自己主动出席，有的是应马礼逊的希望或要求而参加，每次参与人数一般很少超过 10 人。1812 年 12 月，马礼逊报告了经常在他住所聚会的 11 人名单，其中 6 人是受雇于他的中文教师、抄写员、仆佣等，一个是和他交往甚密的容三德，而其他人则是这些人的亲戚等。① 鸦片战争后中国门户开放，又因传教士们对中文掌握有限，布道时难得要领，使中国听众理解困难，收效甚微。直到 1855 年，在来华传教士中被公认为中文最好的卫三畏，用中文布道时仍没有足够的信心。②

　　实际上，非常熟悉中国情况的马礼逊，并不认为向中国人传教值得在布道上投入过多精力。1815 年，马礼逊和米怜在马六甲开设传教站的时候，对恒河域外传道团的传教策略做了深入分析研究。马礼逊认为，针对不同地区应视其情况采取相宜的传教方式。在马来地区，马礼逊认为应采用口头布道的传教方式，因为那里的人多不识字，所以要建立学校，但这并不意味着要放弃散发书籍和小册子，只是根据当时马来地区的状况，首先考虑的是口头布道。而对中国等一些国家和地区有阅读能力的人来说，同时应用口头传教和出版物能相得益彰。马礼逊认为，在像中国这样的地方，"要使它宜于讲道是极其困难的。在目前的情况下，进行集会讲道也是不可能的"。③ 因此，在当时艰难传教的环境下，马礼逊除了口头布道直接传教外，还探索尝试了教育传教、医药传教、文字传教等多种间接传教的方式，以扩大传教成效。

　　马礼逊关于教育传教的最早实践，始于 1812 年在广州的住所办的一所非正式学校，教一些十几岁的孤儿识字和诵读《圣经》。1815 年 8 月，按照恒河域外传道团传教计划中提出的"尽早建立一所免费的中文义学"的目标，马六甲开设了东方历史上最早的西式学校。这是一所专供华人儿童就读

① 罗伟虹主编《中国基督教（新教）史》，上海人民出版社，2014，第 97 页。
② 罗伟虹主编《中国基督教（新教）史》，第 96 页。
③ Robert Morrrison, *A Parting Memorial*, p. 87.

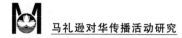

的学校，利用一间马厩权充教室，由一位讲闽南语的华人教读、写、算等课程，学生除文化课外还要学习《圣经》。

1818 年，马礼逊进一步创办了英华书院。传教是马礼逊创办这所书院的主要目的。在 1812 年底给伦敦会的信中，马礼逊明确表示："我真希望我们在马六甲有一所培养传教士的学院，专为恒河域外所有国家培养欧洲籍和当地传教士。"① 伦敦会同意马礼逊建立英华书院的设想，1815 年 10 月，马礼逊在《印中搜闻》上公布了筹建英华书院的消息，立即得到来自印度、美国、英国等国家的捐款赞助。马礼逊本人率先捐款 1000 镑，并认捐最初 5 年每年给予 100 镑。伦敦会捐了 500 镑，东印度公司每年捐赠 1200 镑，以资助英华书院的发展。英华书院于 1818 年 11 月在马六甲举行奠基礼，1820 年开始正式招生。英华书院严格实施以传教为目的的教学方案，开设的课程原则上必须与传教目的有关，如欲开设其他与此目的无直接关系的课程时，必须以不损害此目的为前提。英华书院是双语种学校，中、西籍学生均收。欧美籍学生须经教会保送并担保其费用。本地学生则不受信仰约束，学校还提供膳宿或助学金等，其用意显然在吸引华人青年入学信教，为传教事业服务。英华书院"向中国的年轻人教授英语和基督教教义，同时向传教士和其他人教授中国的语言和文学。……最终目的是在地上建立基督教的国度，文字是手段，不是目的"。②

马六甲义学和英华书院的创立，开创了以教育传播福音的先例，对基督新教在中国的传教事业颇具意义。自马礼逊 1818 年在马六甲创设英华书院后，1819 年麦都思在槟榔屿创立学校，恩士牧师在槟榔屿创立一所华人学校，还有美尔敦（Samuel Milton）、裨治文也创立了学校，甚至梁发也曾和古先生合设一私塾。③ 但从成效来说，能够直接进入学校的华人人数有限。如英华书院 1818 年仅有学生 7 人，1821 年有 11 人，1823 年有 17 人，1827

---

① 〔英〕艾莉莎·马礼逊编《马礼逊回忆录 1》，第 188 页。

② Brian Harrison, *Waiting for China: the Anglo-Chinese College at Malacca 1818 – 1843, and 19ᵗʰ century Mission*, Hong Kong University Press, 1979, p. 35. 转引自顾卫民《基督教与近代中国社会》，第 81 页。

③ 谭树林：《马礼逊：中国基督教开山事业的缔造者》，（澳门）《文化杂志》2006 年第 58 期。

年有 30 人，1835 年有 70 人，学生人数一直很少。[1]

在医药传教方面，马礼逊在来华前的教育训练准备中，便有仿效天主教以科学技术打动中国人的构想。除了学习神学、中文之外，马礼逊专门学习了医学、物理、数学和天文知识，由各领域的专家为他补习了 3～6 个月的时间。其间马礼逊还去了伦敦听布莱尔博士的医学课，并在其指导下在圣巴斯洛米的流动医院见习。在抵达中国后的当月，他在给沃牧师的信中请求伦敦会考虑为中国传教团培养两三名后备人员——其中一个人以医学为主要目标，他认为"医生是广州的中国人最不生疑的角色，船上都有随船医生——这里的商馆都需要医生"。[2] 两个月后，1807 年 11 月 4 日他在给伦敦会写的一封详细报告离开纽约到达广州的信件中，再次强调了这一点："我给沃先生写信，申明了再派一个人加入中华传教事业的原因。我觉得这个人最好是以医生的身份来中国，完全隐瞒他的真实身份，他作为随船医生很容易从美国乘船来中国。……我希望无论派谁来，最好都去槟榔屿和马六甲开拓事业。"[3] 传教过程中，马礼逊发现，通过为病人开处方、发放药品，可以打动那些好疑的人注意福音启示，[4] 更使他决定采用医药以助传教。1820年，马礼逊与东印度公司的医生李文斯东合作，在澳门开设了一家医馆，为中国穷人治疗疾病并且发放药品。每天早上马礼逊都去医馆一两个小时，李文斯东也经常去医馆，他们仔细观察中国医生治病的细节，通常每天都能看到 10～15 个病例。[5] 他们聘请中医和药剂师相助应诊和辨认草药，便于观察中医药治疗疾病的效果。该诊所专为贫苦人治病，开办不及数月，就有300 人前去就诊并被治愈。澳门诊所被海恩波 Marshall Broomhall 称作基督新教"在中国施行医药传教事业的先驱"。[6] 这段时期，《印中搜闻》还曾连续发表了李文斯东《中国医学的历史》《中医对特殊疾病的治疗》《中国脉

① 李志刚：《基督教早期在华传教史》，第 211 页。
② 〔英〕艾莉莎·马礼逊编《马礼逊回忆录 1》，第 93 页。
③ 〔英〕艾莉莎·马礼逊编《马礼逊回忆录 1》，第 89 页。
④ Charles Gutzlaff, *Chinese Medical Mission*, Nisbert Lco. 1956, p. 2. 转引自谭树林《马礼逊与中国文化论稿》，台北：宇宙光全人关怀，2006，第 179 页。
⑤ 〔英〕艾莉莎·马礼逊编《马礼逊回忆录 2》，第 11～12 页。〔英〕马礼逊、〔英〕米怜主编《印中搜闻（*Indo-Chinese Gleaner*，1817—1822）》，第 751～754 页。
⑥ 〔英〕海恩波：《传教伟人马礼逊》，第 97 页。

学》3 篇关于中国医学的文章,以期让西方人更多地关注和研究中国医学。①
1827 年,马礼逊又协助东印度公司的郭雷枢在澳门开设了一家眼科医馆,专为没钱看病的穷人免费治疗,前往就诊的人由东印度公司发给免费证明。传教士的医药活动甚得中国人好感,病愈的中国人常以水果、鞭炮等作为酬谢,也有人写信、作诗来表示感谢。

在基督教早期历史上,施医散药被认为是引人入教的一种常见的布道方式。16 世纪中叶后,葡萄牙人占据澳门,澳门天主教主教卡内罗(Melchior Carneiro,1515—1583)于 1569 年在澳门建立了中国第一所西式医院拉法医院(Hospital de S. Rafael),《澳门纪略》中称之为"医人庙",因医院位于白马行路,故其又被称为白马行医院。拉法医院直至 1975 年 10 月关闭,存在了 400 多年。卡内罗之后,其他一些传教士也在中国传播西医学,包括方济各会传教士亦在澳门建有医院,但没有形成规模性的系统输入,所以当时并未产生很大影响。马礼逊的医药传教活动在一定程度上消除了中国人对外国传教士及西医学的敌视与偏见,成为接近中国人并赢得他们信任的有效方式,但其传教的实际收效仍有限。一些病人受惠于西医学治疗,肯定西医学及教会医院,但他们表示未曾留意传教士医生布传的基督福音。②

二 文字传教是向中国传播福音最有效的方法

关于文字传教,学界有多种论述,表述虽各不相同,意思大致相近。如李志刚认为,"文字布道"指传教士以派发书刊单张的方式,使人从阅读中接受信仰,此种文字工作又称为"无声传教"(Silent Evangelism)。③ 也有人认为,文字传教活动即基督教文字事工,有时也称文字事业,包括文字创作与翻译和书籍、报刊的印刷、出版、发行等工作,其实就是新闻出版事业。④ 文字内容可起到三个方面的作用:一是传播神学思想、培训牧师信徒;

---

① 郭强、李计筹:《〈印中搜闻〉视域中的中国医学》,《广州中医药大学学报》2015 年第 4 期。
② 谭树林:《马礼逊与中国文化论稿》,第 187 页。
③ 李志刚:《基督教早期在华传教史》,第 268～269、288 页。其中"无声传教"引自 Suzanne W. Barnett, "Silent Evangelism: Presbyterians and the Mission Press in China, 1807 – 1860", *Journal of Presbyterian History* (1962 – 1985), Vol. 49, No. 4, 1971, pp. 287 – 302。
④ 陈建明:《激扬文字、广传福音:近代基督教在华文字事工》,台北:宇宙光全人关怀,2006,第 13 页。

二是交流传教经验、通报信息；三是面向社会宣传基督教义和普通知识。① 还有人认为，早期传教士大力开展文字出版、兴教办学、行医治病、慈善救济等辅助事业，不仅为传教事业的发展奠定了良好基础，而且在很大程度上因适应了中国社会的需要，进而极大地推动了传教事业的发展，文字出版因而与办学、行医、慈善事业等一道，共同被称为传教事业的助推器。② 总之，文字出版在传教事业中起着重要的基础性作用。

马礼逊从准备来华之日起就肩负着文字传教的使命。当他还在高士坡传教学院学习时，他的导师博固就给了他很多这方面的指导。博固强调，在所有的传教方式中他更偏好出版书籍。博固指出，与其他传教方式相比，出版书籍有很多优点：可以引导人们更准确地看待神理；更好地保存了神理的纯净；当传教士被驱逐后，还可以在当地保留真理；一些传教士无法到达的地方，神理可以通过书籍得到广泛传播。通过出版书籍的方式来传教，传教士取得了远超其前辈的效果。③

马礼逊来到中国首先努力完成了伦敦会交给他的三大目标：掌握汉语、编纂汉语词典、将《圣经》译成中文。掌握汉语，能熟练地与中国人交流，既是开展对华传教工作的前提，也是进行文字传教的基本条件。马礼逊非常重视学习中国的语言知识，在他看来，"不具备传教所去的那些国家的语言文学知识，怎么能够让这些国家的人们了解道德和精神的真谛，以及神绩的彰显呢？"④ 编纂汉语词典，为更多的传教士学习汉语、对中国人进行传教提供了可能。将《圣经》译成中文，并大规模印刷派发，使人在阅读中接受基督教义，则达到了文字传教的效果。

于是，当马礼逊来到中国观察一段时间并熟练掌握汉语后，他发现既不能直接给中国人传教，也不能通过正常途径接近中国人，只好把印刷和出版当作可能突破困境的重要手段，憧憬着通过大量散发出版品，最终使爱好阅读的中国民众逐渐接纳基督教的福音。马礼逊认为，在那些人们识字、书籍

① 《西学东渐与东亚近代知识的形成和交流》，第 458 页。
② 罗伟虹主编《中国基督教（新教）史》，第 181 页。
③ Christopher A. Daily, *Robert Morrison and the Protestant Plan for China*, Hong Kong：Hong Kong University Press, 2013, p. 72.
④ Brain Harrison, *Waiting for China*, Hong Kong：Hong Kong University Press, 1979, p. 97. 转引自谭树林《马礼逊与中国文化论稿》，第 243 页。

丰富而人们又有阅读嗜好的国家中，出版物是传播福音最有效的方法。而当时中国、日本、朝鲜、琉球、越南这些地区都使用中文，翻译《圣经》和出版一些适当的基督教书籍是很好的方法。马礼逊认识到，在中国当时的形势下，传教士禁止到达的地方，书籍却可以被输入，而且历史已经证明："在教会的不同时期，教会的发展以及沉寂后的复兴，在很大程度上都有依靠书籍产生的作用和影响。"[①] 马礼逊还看到，中国的佛教从来不公开讲道，仅靠翻译佛经和著书来传播，儒学的传播更是如此。在给伦敦会的信中，马礼逊曾多次提出应注重多印传教单，随着陆续出版的《圣经》译本一起在中国散发，他认为这是将真理传播给每一个中国人的好办法。

从 1810 年翻译刻印《耶稣救世使徒行传真本》开始，据统计，马礼逊著述的中文著作达 19 种，如果加上英文著作，则马礼逊的著作共计 40 种，这还不包括他在各类报刊上发表的文章。此外，马礼逊自费设立了两个印刷所，澳门的马家英式印刷所即是其中之一。他还极力要求英国和美国的基督教会派遣能著述和印刷书籍的传教士来华。[②] 麦都思曾说："从 1810 年到 1836 年，有不少于 751，763 册劝世小册子和书籍从中国的传教印刷所中分发到各地。这些书中相当数量的图书都是马礼逊博士撰写的。"[③] 麦都思还一再表示这不是完整的统计数字。文字传教工作是当时"最安全和最可行的工作，也是马礼逊一生事业的最大成就"。[④]

三 承接耶稣会文字传教之传统

基督教四度来华，每次传教策略皆因应当时的历史社会条件而有所不同。唐朝的景教、元朝的天主教、明清的天主教来华后，皆奉行自上而下的传教策略，唯新教入华在清朝闭关锁国、严厉禁教的情况下只有实行自下而上的传教策略。明清的天主教来华已开始运用出版书籍传教，及至马礼逊来

---

① Brain Harrison, *Waiting for China*, Hong Kong：Hong Kong University Press，1979，p. 97. 转引自谭树林《马礼逊与中国文化论稿》，第 245 页。

② 谭树林：《马礼逊：中国基督教开山事业的缔造者》，（澳门）《文化杂志》2006 年第 58 期。

③ Walter Henry Medhurst，*China：Its State and Prospect*，London，1838，p. 592. 转引自谭树林《马礼逊：中国基督教开山事业的缔造者》，（澳门）《文化杂志》2006 年第 58 期。

④ 梁家麟：《福临中华——中国近代教会史十讲》，香港：天道书楼有限公司，1988，第 38 页。

华，同样沿袭了出版书籍这一传教前辈们熟用而富于成效的文字传教方式。新教入华时，正值近代报刊事业开始萌芽发展，因此，马礼逊还开创了报刊传教的独特方式，即在直接传教严格受限的无奈之下，大力借助出版报刊进行间接传教，进而带动了中国近代中文和英文报刊事业的发展。

耶稣会在华传教主要以澳门为基地、以出版为渠道。最早来华的耶稣会西班牙籍传教士沙勿略从里斯本东来，首先抵达葡萄牙殖民地果阿和马六甲。1549年8月，沙勿略抵达日本，他很快就发现要影响日本，必先影响中国，原因是："日本人对中国的智慧评价很高，不管是对他们的神秘宗教还是文化修养均是如此。他们常常用一个原则问题反对我们，问我们说，如果世界真如我们布道的那样，为何中国人会不知道这些道理？"沙勿略慢慢形成了"欲归化日本，应先往中国传教"的想法，并直接影响了他的传教策略，即由原来他在印度和日本重点进行的口头布道，改为以文字为工具。他认为，虽然日本人不能用中文和中国人交谈，但因为中国的汉字在日本使用比较广泛，因此日本人可以阅读中国的经书，双方可以用文字互通。① 沙勿略于1552年7月抵达广东的上川岛，但传教事业还未开展，12月其就在岛上病逝。

1578年7月，耶稣会传教视察员范礼安抵达澳门并在那里逗留了至少10个月，得以详细研究中国的形势。他主张，既然中国是一个有着悠久文化传统的文明国家，到中国去的传教士应入乡随俗，必须精通汉语，能够用汉语与中国的士绅和百姓交流，启发他们了解并接受基督教的道理。② 罗明坚、利玛窦等人随后被派遣来华传教。利玛窦曾这样概括以出版书籍为在华传教主要手段的原因："在该帝国中，文化是如此昌盛，以至于在他们之中只有很少的人不会读某种书。他们的所有教派都更应该是以书籍的手段，而不是以在民间的布教和演讲的方法来传播与发展的。这种做法曾为我们的人向基督徒传授必要的日课提供了很大帮助。因为他们或自己阅读或让亲属朋友为其阅读基督教理书时，立即就能牢记心田，而且那里从来不缺乏能阅读书籍的人。"③

可以说，基于对中国"从来不缺乏能阅读书籍的人"的认知，从沙勿略开始，一直到负责指挥和执行最早期中国传教工作的范礼安、罗明坚和利

① 林玉凤：《中国近代报业的起点——澳门新闻出版史（1557~1840）》，第23~25页。
② 罗伟虹主编《中国基督教（新教）史》，第12页。
③ 林玉凤：《中国近代报业的起点——澳门新闻出版史（1557~1840）》，第27~29页。

玛窦，都一再确定耶稣会要以印刷出版为在中国传教的最重要手段，而不是当时在印度和日本所采用的口头布道等方法。耶稣会确立的以印刷术为其在华传教工具的策略，不仅为基督教在华传教奠定了基本策略，也为中国出版史书写了天主教书刊在华出版的篇章。这次天主教来华与之前两次基督教来华的一个最大区别，就在于它与中国出版史密切相关。①

利玛窦于 1582 年 8 月抵达中国，首先在澳门学习中文，了解掌握中国的风土人情，建立了其适应中国社会文化的"利玛窦式"传教方法，使天主教在华传教取得突破性进展。利玛窦时代，书籍以两种方式传达教会信息：第一，利玛窦的中文著作提高了他的名声，因此也提高了西学或者天学的名声；第二，欧洲书籍与廉价又普及的明朝书籍相比更昂贵精致，这在中国人中留下了深刻的印象。② 利玛窦之后，来华传教士开始翻译"四书"，以便为新来华的传教士提供研究中国经典所需的教科书。通过这些译著，来华传教士向西方民众介绍中国儒家的政治道德思想，一方面是显示耶稣会在华传教的成果、对中国文化的深入了解，并在欧洲为在华耶稣会士的传教方针，尤其是为耶稣会在礼仪之争中受到的责难辩护，显示耶稣会宽容中国民众祭祖祭孔的依据，以争取欧洲民众的支持；另一方面是激励更多的年轻人加入耶稣会，并招募更多来华宣扬福音的耶稣会士。③ 同时，他们也有吸引欧洲贵族以及知识分子对耶稣会在华传教事业的关注，从而为在华传教活动筹集更多资金赞助的考虑。

在 18 世纪末欧洲新教国家展开大规模全球传教事业时，出版传教与学校教育、医疗救济一起成为协助传教的主要手段，自 19 世纪初开始在中国进行的新教传教活动也积极运用出版传教这一方式。马礼逊等早期新教传教士对华传播的一个重要特点，就是在沿袭出版传教的同时，辅之以西方科学和人文思想的传授。与此同时，18 世纪末 19 世纪初，世界报业的发展为新教对中国的文字传教提供了新的选择，特别是马礼逊来华之前已深受英国传教报刊的影响，因此他在探索对华传教方式的过程中，借助创办报刊开展传教活动自然也被引用、移植到对华传教事业中来。马礼逊借助创办、推动创

---

① 林玉凤：《中国近代报业的起点——澳门新闻出版史（1557～1840）》，第 29 页。
② 〔美〕夏伯嘉：《利玛窦：紫禁城里的耶稣会士》，第 265 页。
③ 《西学东渐与东亚近代知识的形成和交流》，第 429 页。

办或者积极参与 6 份报刊的办刊实践活动，进一步丰富和扩大了文字传教的内涵，并由此构建了报刊传教的新策略。

对天主教、新教来华后借著书办报进行传教，戈公振有过一段比较论述："自葡人发见印度航路，基督教东来，而后我国人始知世界大势。基督教传教之方法，旧教由上行下，故重在著书；新教由下向上，故重在办报。而均以实学为之媒介以自重。……均足补我国旧有学术之不足，而另辟一新途径。同时渠等又致力我国经籍，贯串考核，讨流溯源，别具见解，不随凡俗。其印为专书而销行欧美者不少。中间又经过中英与英法之战，我国人士之守旧思想，渐次为之打破，而以研究新学相激励。至是，中西文化融和之机大启，开千古未有之创局。追本溯源，为双方灌输之先导者，谁欤？则外人所发行之书报是已。"① 戈公振指出"新教由下向上，故重在办报"，一针见血地指出了新教传教不同于天主教传教的鲜明之处。

第二节　马礼逊报刊传教活动特点

一　策略："适应性"的调整与发展

在中西文化交流进程中，马礼逊所处时代是一个重要而特殊的阶段。其时，英国等资本主义国家不断发展强大，而清朝政府闭关自守、外强中干、渐趋没落。有学者将晚清西学东渐分为四个历史阶段，其中从 1811 年马礼逊在广州出版第一本中文西书揭开晚清西学东渐的序幕到 1842 年鸦片战争清朝政府战败后被迫与列强签订《南京条约》《望厦条约》《黄埔条约》为第一阶段。其认为这一阶段传教士的活动，一方面因为没有受到不平等条约的保护，影响很难达于内地；另一方面，正因为没有不平等条约的保护，其活动通常不会被视为西方国家政府的活动，传播者没有盛气凌人的气势，受传对象也没有被压挨欺的心理，传、受双方处于相对平等的地位，文化交流在相对正常的状态下进行。② 马礼逊的报刊传教活动正是在这一大环境下进行的，他采用的方式既延续了明清时期耶稣会士对华传播的适应策略，又结

---

① 戈公振：《中国报学史》，第 106～107 页。
② 熊月之：《西学东渐与晚清社会（修订版）》，第 6 页。

合新教在华传播面临的实际情况进行了完善和调整。

适应策略的确立，始于以利玛窦为代表的耶稣会士对华传教过程。利玛窦在才智和性格上有着非凡的适应性，他大量吸收中国的文化知识，强调采取学习中国文献和文化、融入中国文人社会的传教态度，确立了耶稣会在华传教的主要方式。美国学者孟德卫将耶稣会传教事业在中国开辟的能设身处地从中国人立场出发，并显示其灵活性的路线，称为"适应性的"（accommodative）或"耶稣会的适应政策"（Jesuit accommodation）。① 利玛窦的适应策略，包含了对儒家传统本质的理解和将基督教介绍到中国的巧妙途径，努力让西方学术适应中国的文化氛围，并试图通过基督教与儒学的结合使之得到中国士大夫的接受。

从传播学的角度分析，要实现这种跨文化的有效传播至少需要解决三个问题。一是文化看待和文化认同问题。耶稣会士为了与明清文人士子对话，学习文雅的语言，研读中文典籍，翻阅知识类书，构建修辞、概念、参考文献方面的沟通桥梁，借此使天主教获得中国人的理解和接纳。学者叶农在研究曾追随、协助利玛窦传教多年的庞迪我的在华传教经历时指出，庞迪我是"利玛窦规矩"的共同确立者与执行者，从利玛窦、庞迪我及同时期其他人的传教工作中可见，传教士坚持此策略时，中国天主教传教事业就能够较为顺利地发展；在利玛窦去世之后，龙华民改变策略，而庞迪我又未能坚持此策略，故引发了第一次教案——"南京教案"。② 二是内容问题，即解决何种内容能够打动中国人的问题。基督教义固然是传教士想要传递的首要核心内容，但仅此还不够。传教士大多认为中国闭关自守，禁止传教活动的原因是中国人孤陋寡闻、盲目自大，应当用西方的实用知识来打开中国封闭的国门和中国人排外的人心。③ 三是表现手法问题。单纯的基督教义宣传，对于深受儒家文化影响的中国人来说是很难接受的，因此必须想方设法对中国人讲好基督教的故事，让中国人能接受、愿意听。

马礼逊的对华传播活动，在继承耶稣会适应策略的基础上，很好地解决了上述问题，并有了新发展。从来华初期完成学中文、译《圣经》、编词典

---

① 〔美〕孟德卫：《奇异的国度：耶稣会适应政策及汉学的起源》，大象出版社，2010，导言，第1~3页。

② 叶农整理《耶稣会士庞迪我著述集》，广东人民出版社，2017，前言，第88页。

③ 陈建明：《激扬文字、广传福音：近代基督教在华文字事工》，第24页。

三大任务之后，马礼逊便对学习研究中国传统文化和了解现实国情投入了很大精力，其对中国文化的认同突出反映在他向西方社会介绍、传播中国文化所做的大量工作中，而其学习研究中国文化的成果则更多体现在他对中西文化的交融和诠释上。

创办《察世俗》时，马礼逊便注意采用迎合中国人的思维习惯和运用中国人所熟悉的方式来宣传基督教思想。无论从内容到形式，还是从版面到装帧，《察世俗》都尽可能地"附会儒学"，刊登了不少伦理道德方面的文章，大量引用"四书""五经"和孔孟程朱的言论，宣扬儒家的纲常伦理，以此博得中国人的认同。《杂闻篇》同样贯穿了这一基调，其文章绝大多数是宣传基督教信仰的内容，比如《杂闻篇》第一期的第三则和第四则，将《圣经》内容与中国传统的伦理价值观"父慈子孝"结合起来，所以有了"父母要教孩子走路及学习神天之理"和"要孝顺，要照主诫做事，忤逆是大恶也"这一类的表述。[①] 这些都很好地继承了前人适应策略的经验。

从促进适应策略发展的角度来看，基督新教的对华传教对象与此前天主教走上层路线、关注士大夫阶层有很大不同，新教的传播对象更多是中国社会的中下层贫民。在翻译《圣经》的过程中，马礼逊便对用何种文体和风格颇费了一番脑筋和周折。《察世俗》等新教中文报刊在写作手法上广泛采用章回体以及中国古典小说中的一些套语，如结尾常用"欲知后事如何，且看下回分解"等，以符合"下里巴人"阅读习惯的方式写作稿件。他还创造出以《张远两友相论》为代表的对话体，以讲故事的方式由浅入深地解释并宣传基督教义，千方百计使基督教义更易于被中国人接受。这些都丰富和发展了适应策略的内涵，不仅在教义的诠释上"适应化"，而且在传播方式上同样"适应化"，以满足目标对象的需求。

在意识形态层面，马礼逊以主观的意愿坚持转化中国人的宗教和文化，而不愿客观理性地从中华文化的思想意识和社会背景中去了解中华文化，故对儒学的评论难免先入为主、失诸公允，甚至独断地认为儒学一无是处。[②]

---

① 林玉凤：《中国近代报业的起点——澳门新闻出版史（1557～1840）》，第136页。
② 龚道运：《近世基督教和儒教的接触》，第47～48页。

但在技术层面，马礼逊仍迎合中国普罗大众，注重世俗宣教。这种宣教方式，本身就是对适应策略的调整与发展。

二　途径：直接传播与迂回传播互补

马礼逊在华从事各项工作的终极目标都是传教。尽管他随英国特使阿美士德到过北京，一生中担任过不少职务，包括为东印度公司担任译员，但他说"他第一位的身份还是传教士"。① 马礼逊在生前签名的最后一封信是写给他的幼子的，信中解释他接受英国驻华商务监督律劳卑任命为中文秘书和译员这一世俗职务的原因时说："你必须知道爹爹是英王的仆人，威廉国王是我的主人。但是，罗伯特，我亲爱的孩子，我还有一个比国王更伟大的主人。主耶稣基督就是我所侍奉的主人。他将会在他天父的家园，为你、为我还有所有侍奉他的人准备一个家园。"② 因此，马礼逊在从事报刊传教活动时，根本出发点就是实现传教这一目标，其中既有面向华人、以传播教义为主的直接报刊传播，也有面向欧美社会及在华西人社群通过汉学推介、传递信息、争取支持的迂回报刊传播。或直接或间接，或紧密或松散，二者始终并行发展。

就直接传播而言，主要体现在《察世俗》《杂闻篇》这两份以中文写作、直接面向中国人、意在传播基督教义的报刊。《察世俗》创办的初衷即为"旨在传播普通知识和基督教知识"，创刊序言中进一步强调刊物以阐发"神理"为根本要务，刊物的内容设置和形式编排都围绕和服务于阐发"神理"。《杂闻篇》总三期绝大多数篇幅是宣传基督教信仰的内容。这两份报刊都采取了免费赠送的办法。《察世俗》创刊后前 5 年印刷份数达 37860份，③ 刊登在《察世俗》中有影响的文章，后来都以小册子的形式重新出版，流传甚广；《杂闻篇》虽然只延续了 3 期，但每期印刷多达 2 万份。免费派送、巨量印刷，显现出其对内容时效性的极少关注，更加符合这两份报刊作为基督教宣传品的特点。

就迂回传播而言，主要是借助《印中搜闻》《传教者与中国杂报》《广

---

① 〔英〕汤森：《马礼逊——在华传教士的先驱》，王振华译，大象出版社，2002，"译者的话"，第 3 页。
② 〔英〕汤森：《马礼逊——在华传教士的先驱》，第 156 页。
③ 〔新加坡〕卓南生：《中国近代报业发展史（1815—1874）》，第 39 页。

州纪录报》《中国丛报》等 4 份英文报刊（包括 1 份中英双语报刊）所开展的面向英语世界的传教传播活动。所谓英语世界，既包括欧美社会，也包括中国境内的外国人集中聚居的社区。每份报刊的具体受众对象、传播效果又因马礼逊参与程度不同、刊物编辑方针不同而各有差异。耶稣会时代，在实现让中国人信仰基督教的目标过程中采取了一种特殊方式：他们在欧洲传播关于中国的信息，以取得欧洲学者和统治者对他们传教事业的广泛支持。[1]这一方式得到了马礼逊的极大关注和高度重视，并在报刊传教实践中充分借鉴运用。4 份英文报刊中，马礼逊投入精力最多、写稿数量最多、持续时间较长的是《印中搜闻》，其传播地域范围包括英国、美国以及亚洲许多地区。《印中搜闻》通过介绍中国哲学和宗教文化，展示对中国政局的关注和对华传教的艰难，积极争取欧美社会对来华传教事业的支持。《传教者与中国杂报》虽然出刊时间短，但因为是马礼逊唯一全身心投入、整个编务在其主导之下，更能体现出马礼逊的传播观点。这份报刊旨在给在华基督教社群"带来更具福音性质的内容"，主要面向在华外国人，通过介绍中国文化知识以及在华传教工作情况，吸引在华外国人对传教事业的关注和支持。《广州纪录报》作为一份商业报纸，尽管马礼逊抱着有限度参与的态度，但在他坚持以"能对其所致力推动的那些道德和宗教问题完全自由表达观点"为前提条件下，竭尽所能影响这份刊物更多关注中国的时事政治和社会文化等，而不仅仅局限于纯商业内容，对在华外国人社群起到了一定的宣教效果。通过促成《中国丛报》的创刊并直接为该刊撰稿达 90 余篇支持办刊，马礼逊为该刊提供了大量有关中国各方面的信息，进一步扩大了其在西方社会、在华西人社群尤其是美国人中的传播。同时，这 4 份报刊都定位于"非直接传教"，因而与《察世俗》《杂闻篇》免费赠送读者不同，它们都明码标价，这也展示出它们与宣传品的不同，从而凸显了它们以提供实用信息为主的商品价值。

值得注意的是，马礼逊面向中国人的办报传教和面向西方人的介绍报道中国，总是同步推进的。马礼逊在创办《察世俗》取得成功后，不久就创办了《印中搜闻》，《杂闻篇》与《传教者与中国杂报》更是在同一年创办。这体现了马礼逊把争取西方社会的支持放在与对中国人宣教福音同等重要的位置上，彼此互补，相得益彰。

---

① 〔美〕孟德卫：《奇异的国度：耶稣会适应政策及汉学的起源》，导言，第 1 页。

三 内容：西学东渐和东学西传并重

马礼逊所办中文报刊突出传播基督教义，同时辅以西学实用知识，英文报刊则以报道中国政治、经济、社会等情况和传播汉学为主，在促进西学东渐和东学西传的过程中，这些报刊架起了中西文化沟通交融的桥梁。

从中文报刊内容来看，传播基督教义是其主要任务。《察世俗》以绝大部分篇幅宣传基督教、阐发"神理"，宣传宗教的文章约占了总发文量的84.5%。《杂闻篇》也以绝大多数篇幅刊载宣传基督教信仰的内容。而传播"欧洲学科中吸引中国人的那些方面"，则在马礼逊中文办报活动中担负了吸引读者的重要职责。《察世俗》编者自述办报之旨趣时表示："本报虽以阐发基督教义为唯一急务，然其他各端，亦未敢视为缓图而掉以轻心。"①《察世俗》除了宣传宗教内容之外，占比最大的就是科学文化方面的知识，尤其集中在一些关于天文学的简单原理、有教育意义的逸闻趣事、历史文献的节选、重大政治事件的介绍等内容，借此扩大《察世俗》的销路，从而增加传教文章为华人阅读的机会。②《杂闻篇》第二期第三则《胎生聋而哑巴者论》，从现代医学的角度说明失聪的原因，并以此反驳中国人对"胎生聋"种种迷信的论调；第四则《外国书论》以只有200字的篇幅，成为中国刊物上最早介绍西方活字印刷术和西方报业的中文文献，在中文报刊上引介了西方的医学观念、活字印刷术和"新闻纸"的概念。③ 这些报刊通过展示、宣传异于受传对象所掌握的知识，取得其好感、信任和尊敬，或在展示、宣传各种知识的同时夹带教义，进而服务于传教的目标。④

从英文报刊内容来看，大量关于中国历史和现实的信息得到了传播。《印中搜闻》以突出报道中国为主题，介绍了大量有关中国的各类信息，包括报道了180余条中国各方面的时事动态消息，详细介绍了14部中国传统文化作品，翻译了32篇有关中国哲学、文学等方面的作品，以及介绍了中国各类宗教的发展情况，为西方社会了解历史的中国和现实的中国提供了翔实丰富的资料。马礼逊承担了《中国丛报》《广州纪录报》的大量撰稿任

---

① 转引自戈公振《中国报学史》，第64页。
② 苏精：《马礼逊与中文印刷出版》，第167页。
③ 林玉凤：《中国近代报业的起点——澳门新闻出版史（1557～1840）》，第136～137页。
④ 熊月之：《西学东渐与晚清社会（修订版）》，第34页。

务，撰写了许多介绍中国的文章，在他去世前的两年多时间中，仅为《中国丛报》撰稿就达 97 篇，内容涉及中国的政治、法律、语言、文学、人口、自然、宗教、哲学、对外关系等各个方面。马礼逊作为当时唯一在中国长期生活并对中国文化有深入研究的西方人，他笔下的中国成为西方了解中国的重要信息来源。

四　渠道：兼顾中国与西方国家的传播体系

报刊印刷出版后必须要送达读者手中，才能产生传播效果。《新教在华传教前十年回顾》一书的相关记载为我们勾勒出一幅包括《察世俗》在内的马六甲布道站中文出版物的传播路线图，[①]其中既包括了英国、美国这样一些当时新教传教活动风行的欧美国家，也有以马六甲为中心向周边辐射的一些新教传教士已经到达的国家和地区，还有最重要的目的地之一——中国。而凡是马六甲布道站中文出版物所及之处，《印中搜闻》也同样可以循此渠道传播发行。由此可见，《察世俗》《印中搜闻》等报刊在当时已经形成一个面向中国和欧美国家以及亚洲其他地区的覆盖广阔的传播体系。

当时在澳门也能看到马礼逊的报刊出版物。1820 年 10 月《印中搜闻》第 14 期刊出《关于葡萄牙人居留澳门的历史》一文，对《印中搜闻》第 10 期内容做出回应，表明《印中搜闻》搭建起了当时居留澳门的葡萄牙人和英国传教士之间的沟通桥梁。而后来《传教者与中国杂报》的被迫停刊，更是说明马礼逊的新闻活动，尤其是英文报刊活动，受到居澳葡萄牙人的密切关注，从另一个侧面印证了马礼逊这些报刊在澳门落地的情况。

五　效果：教义的有限影响与文化的深远传播

马礼逊投身报刊传教活动，持续时间长，投入精力多，内容丰富，形式多样。从 1815 年《察世俗》创刊起，直至 1834 年马礼逊去世，报刊传教活动几乎贯穿了他在中国的后 20 年生涯。其中，就连 1824～1826 年回英国休假期间，他也不忘在英国的有关传教刊物上发表文章为向中国传教

---

① 〔英〕米怜：《新教在华传教前十年回顾》，第 133 页。

鼓与呼。① 在这些报刊中，从参与程度来看，既有马礼逊推动创办并具体指导参与的，也有亲力亲为、亲自创办的，还有给予大力支持的；从报刊性质来看，既有直接传教的，也有通过传播文化、实用知识进行间接传教、争取欧美社会更多传教支持的；从报刊种类和受众定位来看，既有面向华人读者的中文刊物，也有面向欧美读者的英文刊物，还有面向所有感兴趣的中国人、西方人的中英文合刊。这些报刊传教活动因应各自报刊定位、内容特点、传播对象的不同，在当时的社会条件下对马礼逊传教目的的实现起到了程度不一的效果。

马礼逊的报刊传教活动可大致分为两个阶段。前一阶段为 1815 年《察世俗》、1817 年《印中搜闻》先后创刊至 1822 年因米怜去世而分别停刊。这一时期虽然马礼逊只有米怜以及其他几位传教同工的协助，势单力薄，但在当时对华传教活动"一枝独秀"的情况下，其传教成效显得更为突出。《察世俗》的成功办刊，成为清廷禁教背景下新教传教士向中国人开展文字传教的一次有益的"破冰"尝试。但其教义传播没有产生明显效果，受其宣传教义的影响而入教者寥寥无几。《印中搜闻》则大量介绍中国的历史文化等各方面情况，在欧美社会引起了轰动，为马礼逊在欧美社会、传教界和汉学领域带来了非常高的声誉。

后一阶段是马礼逊结束英国探亲回到中国后直到他去世。在此期间，马礼逊自 1827 年起为《广州纪录报》撰稿，1832 年推动美国传教士创办《中国丛报》，1833 年直接创办《杂闻篇》和《传教者与中国杂报》。马礼逊从英国重返中国后，因深陷与英国传教团体矛盾、健康衰弱、经济面临较大压力等情况，陷入人生最为艰难的困境。这段时间，他的报刊活动也因此显得左支右绌，时常力不从心。同时正是因为与英国传教团体矛盾激化，他只能将目光转向美国传教机构，进而大力促成了《中国丛报》的创办。这一阶段，其他西人在华创办报刊的活动逐渐兴起，而马礼逊的报刊传教事业则由盛转衰，虽然他以更多时间、更多精力投入报刊传教活动，包括自办印刷所、推动美国传教士创办报刊，以图东山再起，但再难重现昔日辉煌。

---

① 据伟烈亚力记载，1825 年的《福音杂志》(*The Evangelical Magazine*) 上发表了马礼逊一系列有关中国语言、历史、宗教和政府的文章。见〔英〕伟烈亚力《1867 年以前来华基督教传教士列传及著作目录》，第 17 页。

第三节　马礼逊报刊传教活动影响

一　开创了基督教对华传播的新模式

如前所述，早在新教传教士来华之前，中国就已存在文字传教的实践。新教传教士于 1807 年来到中国后，至 1815 年《察世俗》创办之前，8 年间出版了 11 种中文书籍。《察世俗》获得成功后，马礼逊对报刊传教的兴趣一发而不可收。1817 年 9 月 4 日，马礼逊在给伦敦会的信中写道："马六甲新建立了一个欣欣向荣的重要的传教分支，通过印刷中文宗教书籍从那里向广大说中文、读中文的人传播神圣的真理。有两个人已经谴责偶像崇拜，表达了对我主基督耶稣的信仰。"[①] 此后，马礼逊又创办了《杂闻篇》，这两份中文传教报刊的创办，丰富了文字传教形式，开创了报刊传教的新模式，奠定了传教士在华创办中文报刊的基本样式，亦为后来的传教士所效仿。

新教传教士来华后利用创办报刊的手段进行传教，既立足于前人传教的成功探索，尤其是深刻总结吸收了耶稣会士出版传教、知识传教的经验，又借鉴运用了 19 世纪初近代资产阶级报业的发展成果。出版报刊成为马礼逊对华传教的开创性尝试。与出版著作相比，出版报刊可以弥补著书出版占用精力多、周期长等不足，有效缓解了马礼逊、米怜当时人手紧张的困难，符合新教传教士来华初期人手少、任务重，只能因陋就简、便宜行事的现状。同时，报刊定期或不定期的持续出版，可以让他们更加从容地设计好一个主题，一段时间写一部分，引起读者的持续关注，同时能把基督教义阐述得更加充分，强化传播效果。

自 1815 年至鸦片战争前，新教传教士先在南洋地区、后在中国境内创办了 6 种中文报刊。这些报刊就其本质而言，都带有或浓或淡的宗教报刊色彩，其基本内容均为阐发基督教义和宣传西方文化，有效扩大了基督新教在华人中的传播范围。在英文报刊方面，《印中搜闻》的理念和编辑方法，为后来在中国创办的英文刊物所追随模仿。《印中搜闻》刊载了大量介绍中国时政、经济、社会的信息，为增强欧美社会对中国的了解、争取其对中国传

---

① 〔英〕艾莉莎·马礼逊编《马礼逊回忆录 1》，第 248 页。

教事业的支持发挥了积极作用。

马礼逊病逝后不久，鸦片战争爆发，中国的大门被迫打开，传教士可以公开进入中国内地传教，传教士对华传播教义不再如从前般躲躲藏藏，基督教对华传教事业又进入了一个新阶段。但马礼逊的报刊传教活动作为在特定的历史阶段、特定的时空环境下的产物，为后人的报刊传教事业打下了基础、提供了示范。

中国内地会基督教牧师海恩波称马礼逊为"Master Builder"，简又文将之译为"传教伟人"。[1] 而李志刚认为将之译为"创建大师"更合适，并详细分析了马礼逊的"创建"事业，以其文字宣教最为伟大，主张称马礼逊为"文宣大师"，进而指出马礼逊推动文宣工作，为 19 世纪的传教士树立了风范，起到引发后人到中国传教的作用。[2] 从开创报刊传教模式的角度来看，马礼逊无愧此殊荣。

二 推动了中国近代新闻事业的发展

与马礼逊密切相关的 6 份报刊中，包括了第一份近代化中文报刊、最早系统介绍中国情况的英文报刊、中国第一份英文报刊、美国传教士在中国创办的第一份英文报刊、中国第一份近代化中文报刊、中国第一份中英双语报刊，这些报刊在中国近代新闻事业起源中占据着重要位置。报刊内容中反映出的马礼逊的新闻传播理念，为推动中国近代新闻事业发展起到了积极作用。

就中文报刊来说，马礼逊主导创办的《察世俗》，是公认的第一份近代化中文报刊，也是外国人所办的第一份以中国人为宣传对象的近代刊物，为中国近代报刊之发轫。[3]《察世俗》的成功创办，对鸦片战争前传教士创办的其他 5 份中文报刊，无论是办刊特点、风格，还是人才培养等方面，都产生了深刻的影响。而《杂闻篇》因比《东西洋考》早 3 个月创办，成为中国最早的近代化中文报刊、外国人在中国创办的第一份中文报刊，以及澳门

---

① 〔英〕海恩波：《传教伟人马礼逊》，第 8 页。

② 李志刚：《基督教在澳门》，澳门：澳门基督徒文字协会，2006，第 168~173 页。

③ 吴廷俊：《中国新闻史新修》，复旦大学出版社，2008，第 29 页。

出版的第一份中文报刊。①

就英文刊物来说，《印中搜闻》的创办对中国英文报刊事业的发展具有重要的先导意义。在《印中搜闻》创刊之前，与中国相关的英文刊物只有《亚洲杂志》（*Asiatic Journal*，1816—1845）和《布莱克伍德杂志》（*Blackwood's Magazine*，1817—1980）。② 更早些时候，欧洲天主教士陆续东来并进入中国宫廷后，分别用拉丁文、葡萄牙文、西班牙文、英文等多种文字译介中国的情况，借此西方才逐渐对中国有所了解，但总体上这种了解更多停留在东方神秘古国的概念和印象中。《印中搜闻》是19世纪初期唯一出于向中国传教目的而创办的、以相当大篇幅向西方读者介绍中国情况的刊物，虽然中国新闻史上对之提及甚少，但其通过大量报道中国传统典籍和中国时政消息，对汉学发展和中国形象的早期传播具有特别意义，这份刊物应该在中国近代新闻史上占有一席之地。同时，《印中搜闻》将西方新闻观念和技术引入中国，其办刊模式被随后出现的中国各英文报刊追随和借鉴，对中国近代外报事业发展产生了重要影响。在中国第一份英文报刊《广州纪录报》上，马礼逊有限度地为其撰稿，并努力引导其更多关注中国的时事政治而不仅仅只是作为一份商业报刊。马礼逊推动美国传教士在中国创办了英文报刊《中国丛报》，并积极为之撰稿。他还直接创办了中国历史上出版的第一份中英双语报刊《传教者与中国杂报》。

马礼逊传播了西方的新闻理念和知识。"新闻"的概念在马礼逊传教活动中得到重视和呈现。《察世俗》出现了中文近代报刊史上的第一条新闻《月食》，并且出现了随刊发行以铅字排印的"新闻篇"。《传教者与中国杂报》上刊载的消息，有意外、罪行、刑罚、动乱、政府丑闻和社会现象等社会新闻；有皇帝、地方政府命令等行政类新闻；也有时人介绍和可能是针对特定读者群（如英国人）的"花边新闻"。这些新闻的性质，应该说已经非常符合现代新闻学对新闻的定义。③《杂闻篇》第二期刊登了一篇非常重

---

① 见苏精《马礼逊与中文印刷出版》，第51~53页；林玉凤《鸦片战争前的澳门新闻出版事业：1557—1840》，第92页。

② 宋丽娟、孙逊：《近代英文期刊与古典小说的最早翻译》，《文学遗产》2011年第4期。转引自蔡慧清《论朱子学在英语世界的最早传播与研究（上）》，《湖南大学学报》（社会科学版）2012年第6期。

③ 林玉凤：《中国近代报业的起点——澳门新闻出版史（1557~1840）》，第165~166页。

要的文章——《外国书论》，文中首次向中国人介绍了西方报刊业的发展情况。

贯穿于马礼逊整个报刊传教活动的是对《京报》以及广东地方报纸上新闻的"二次传播"。在中文报刊上表现为"摘抄""转载"，如《察世俗》目前仅存的一页"新闻篇"刊载了上一年发生的 4 则消息，其中一则注明引自"京抄"；在英文报刊上则表现为"译报"，通过在《印中搜闻》《广州纪录报》《中国丛报》上大量翻译《京报》等上的内容，反映了中国形象，吸引了西方社会对中国和中国传教事业的关注。

新闻处理手法体现出对新闻价值"重要性"的认知。1820 年 9 月 2 日嘉庆皇帝去世，10 月出版的《印中搜闻》第 14 期以最快的速度，并以大写字母、加大字号的醒目标题，刊登了《中国皇帝逝世》的消息，体现了对重大新闻事件的关注。编者处理这条新闻时，虽然努力突出该消息的重要性，但在版面安排上还是按时间顺序放在了时事新闻的中间，并没有将之提到刊首，这也说明编者的认识仍处于探索发展之中。

强调"为普通民众"的写作原则。面向中国人的报刊通常篇幅短小、形式便携，基本不超过 10 页，大多数还是较小的 12 开本。编者认为生活在社会中下层的中国人没那么多时间阅读长文章，所刊文章大多篇幅短小、语言精练。

注意加强与读者互动。《察世俗》重视对读者意见的回应，在报刊中逐一回答读者的询问。《印中搜闻》等英文报刊主要面向受教育程度较高的西方社群，其中不乏学术界、宗教界、政界等的精英人士，因而着力提供更多全面深入有关中国的信息，以满足受众的信息需求。各报刊登载出来的许多编者与读者之间的书信互动，既丰富了刊物内容，也体现了尊重读者的受众意识。

此外，报刊中还以"编者按"或"编后"等形式刊登了大量评论文章，以及出现"勘正""问询""通告""预告"等现代报纸上的常见栏目，这成为马礼逊报刊活动的一大亮点。

三 构建了跨文化传播的新策略

在人类文化交流史上，当一种文化传入其他国家或地区时，必然会与该国家或地区的原有文化发生碰撞。碰撞的结果，取决于两种文化的内涵与文明程度。外来文化要想在所传入的国家或地区能够比较容易地被当地民族所接受，除非其具有明显的优势地位，否则就必须对原有文化有所认同，与原有文化相融合。① 中华文化作为自古至今唯一绵延数千年而未中断的文化，其古老性、承启性和稳定性，形成了完备的伦理体系和强有力的凝聚力，任何外来文化与其发生碰撞时，或被其排斥，或被其融合，绝不可能取而代之。利玛窦来华传教时绕不开如何协调两种不同背景文化的问题，基于在研习中国文化的过程中对博大精深的中华文化产生的认同，他采取了调和、适应的策略。他评价中国古代哲学是建立在"自然法则"基础上的，在讲人性天理方面优于西方古代哲学。② 因此，他融合中西文化，既有策略上的考虑，也有感情上的认同。

马礼逊的报刊传教活动，构建了跨文化传播的一种新策略，促进了中西文化的交流。《印中搜闻》所刊载的有关中国的消息、资料、译文和评论，成为欧美知识界与社会公众了解和研究中国的重要资料来源，客观上满足了西方公众对中国的信息了解需求。而《察世俗》《杂闻篇》等中文报刊，则向中国人持续传播了大量西方的新兴知识，打开了国人的眼界。

美国著名学者保罗·科恩认为："评价新教早期成就的真正标准，不在于它收到了多少信徒，而在于它为后来的工作所奠定的基础。"③ 评价马礼逊报刊传教活动的标准亦是如此。李志刚牧师在论及马礼逊的汉学成就以及其对中西文化交流的贡献时曾精确指出："综观一般汉学家，其事业以'中学西传'较多，而以'西学东传'则较少，对中西文化交流只属单程性的贡献。而马礼逊牧师既能使'中学西传'，又能使'西学东传'，此种双程性的贡献，才能促进中西文化相互往来的交流。"④ 虽然马礼逊直接传教的成效不彰，但对马礼逊个人而言，出版书籍和报刊是最重要且不可或缺的传教形式，客观上对促进中西文化交流起到了"无心插柳柳成荫"之效果。这一结果也深深地影响了鸦片战争前在南洋一带的其他传教士，出版书籍和报刊也是他们最重要的传教途径。鸦片战争以后，中外关系发生巨变，传教士开始进入中国直接传教，报刊传教虽然不再不可或缺，但仍是很重要的一

① 赵春晨、雷雨田、何大进：《基督教与近代岭南文化》，第 105 页。
② 赵春晨、雷雨田、何大进：《基督教与近代岭南文化》，第 109 页。
③ 费正清：《剑桥中国晚清史》（上卷），中国社会科学出版社，1993，第 604 页。
④ 李志刚：《基督教与近代中国文化论文集》，台北：宇宙光出版社，1989，第 49 页。

种传教方式。1877 年,传教士杨格非 (Griffith John) 提及传教界的一般心理:"传教士在中国最困难的事情之一,就是'不要'写书,每位传教士到达这里后,似乎都会听到一个神秘的声音,叫他提起笔来写作。"① 持续不断的文字传教、报刊传教实践,使中西文化交流的成果日益丰硕。

1834 年,英国撤销东印度公司在远东贸易的专利权,继而委派律劳卑出任英国驻华商务监督,马礼逊被聘为译员。律劳卑当年 7 月抵达澳门后前往广州,马礼逊亦随同前往与广州官员交涉。8 月 1 日,马礼逊由于长期积劳成疾在广州病逝,其遗体于 8 月 5 日运至澳门安葬在基督教坟场。

2005 年 7 月 15 日,澳门历史城区被列入联合国教科文组织"世界遗产名录",成为中国第 31 处世界遗产。澳门历史城区包括了 22 座历史建筑及 8 个广场前地,历史建筑中有 6 座天主教教堂,反映了天主教在澳门开埠初期的兴盛,而属于基督新教遗存的唯有基督教坟场 (Protestant Cemetery),是马礼逊等历史名人的坟墓所在,可谓"中国基督教会历史的一项盛事"。② 在基督教坟场的 169 个编号墓葬中,虽然也有其他一些历史名人,但仍以马礼逊及其第一任妻子玛丽、儿子马儒翰以及早夭的婴儿詹姆斯的墓葬群最负盛名。

今天,当我们走进基督教坟场,入口不远处映入眼帘的便是马礼逊小教堂。教堂内装饰简洁,主祭坛拱形彩色玻璃窗上砌有"太初有道"的图像,引自《约翰福音》首句。联合国教科文组织在批准澳门历史城区列入"世界遗产名录"时,曾有如此评价:澳门历史城区是中国现存最古老的西式建筑遗产,是东西方建筑艺术的综合体现。当我们身处此时,读着马礼逊墓碑上的碑文,再仔细品味联合国教科文组织这一评价,会更加感受到马礼逊 200 年前的执着与探索,以及其为推动中西文化交流融合所做出的贡献。

---

① *Records of the General Conference of the Protestant Missionaries of China, Held at Shanghai, May 10 - 24, 1877* (Shanghai: Presbyterian Hission Press, 1878), p. 221. 转引自苏精《马礼逊与中文印刷出版》,第 33 页。
② 李志刚:《基督教在澳门》,第 16 页。

附 录

马礼逊大事年表

1782	1月5日出生于英国诺森伯兰郡
1798	加入苏格兰长老会
1803	进入霍士顿神学院学习
1804	申请加入伦敦会并获批；被送到高士坡传教学院深造；被确定指派将去中国传教
1805～1806	继续在高士坡传教学院学习，随后前往伦敦学习中文、医学、数学和天文学知识等
1807	被按立为牧师；1月31日离开英国转道美国来华，9月4日抵达澳门，9月6日抵达广州；边学习中文，边开始翻译《圣经》和编纂词典
1809	2月20日与玛丽小姐结婚；同日被东印度公司广州商馆任命为中文译员
1810	能够熟练掌握汉语；编写出版《耶稣救世使徒行传真本》
1811	译完《圣路加氏传福音书》；编写出版《神道论赎救世总说真本》
1812	编写出版《问答浅注耶稣教法》
1813	马礼逊译完《新约圣经》；米怜夫妇来到中国
1814	印刷出版《新约圣经》；米怜前往爪哇、马六甲等地传教旅行；马礼逊大儿子马儒翰出生；为蔡轲（蔡高）施洗；

东印度公司澳门印刷所成立；马礼逊、米怜提出"恒河域外传道团传教计划"

1815　马六甲印刷所成立；8月5日中文月刊《察世俗每月统记传》在马六甲创刊，同日开办中文义学"立义馆"；出版《中文原本翻译》（*Translations from the Original Chinses, with Notes*）；出版《华英字典》第一部《字典》第1册

1816　马礼逊随阿美士德使团前往北京

1817　5月英文季刊《印中搜闻》（*The Indo-Chinese Gleaner*）在马六甲创刊；11月马礼逊、米怜签署《恒河域外传道团临时委员会决议》；出版《中国大观》；格拉斯哥大学授予马礼逊神学博士学位

1818　马六甲英华书院奠基

1819　完成新旧约《圣经》全部中译工作（除米怜译完《约伯记》和《旧约》中历史书部分，其余皆由马礼逊译完）；制定《恒河域外传道团总章程》；出版《华英字典》第二部《五车韵府》第1册

1820　出版《华英字典》第二部《五车韵府》第2册；在澳门开设中西医合作诊所

1821　马礼逊夫人玛丽去世

1822　《察世俗每月统记传》《印中搜闻》相继停刊（6月2日米怜在马六甲病逝）；出版《华英字典》第一部《字典》第2册和第三部英汉词典（该册无中文名）

1823　马礼逊访问新加坡、马六甲；出版《华英字典》第一部《字典》第3册；为梁发的儿子梁进德施洗；《神天圣书》全部出版，旧约取名为《旧遗诏书》，新约取名为《新遗诏书》；按立梁发为中国第一位基督新教传道人的圣职；年底回英国述职，随船携带中文图书10000册，准备捐赠给英国大学图书馆

1824　3月23日抵达伦敦，将中文《圣经》和一幅北京地图呈献给英国国王，被选为法国亚洲学会会员；11月娶伊丽莎白为妻

1825	创办语言传习所——伦敦世界语言学院；编写《中国杂撰》（*Chinese Miscellany*）；当选英国皇家亚洲学会会员；被选为伦敦会董事
1826	举家回到中国；继续传教和担任译员并开始用中文编撰《圣经注释》和校阅修改初版中文《圣经》
1827	《广州纪录报》创刊，应邀为其撰稿；写信给美国教会请求派遣美国传教士到中国传教
1829	完成《广东省土话字汇》
1830	为屈昂施洗；首批两位美国传教士裨治文、雅裨理抵达中国
1832	5 月由马礼逊倡议、裨治文负责编辑的英文月刊《中国丛报》创办；成立马家英式印刷所；为其中文老师朱先生施洗
1833	先后出版中文报刊《杂闻篇》、中英文报刊《传教者与中国杂报》
1834	7 月 16 日英国商务监督律劳卑爵士一行抵达澳门，马礼逊被任命为其中文秘书兼译员；7 月 17 日至 29 日带病随律劳卑在广州与中国官员谈判；7 月 30 日病倒在床；8 月 1 日晚 10 点去世；8 月 5 日遗体运至澳门安葬

参考文献

一 回忆录、人物传记

〔英〕艾莉莎·马礼逊编《马礼逊回忆录》，北京外国语大学中国海外汉学研究中心翻译组译，大象出版社，2008。

〔英〕艾莉莎·马礼逊编《马礼逊回忆录》（全2册），杨慧玲等译，大象出版社，2019。

顾长声：《马礼逊评传》，上海书店出版社，2006。

〔英〕海恩波：《传教伟人马礼逊》，简又文译，香港：香港基督教文艺出版社，2009年修订版。

〔美〕雷孜智：《千禧年的感召——美国第一位来华新教传教士裨治文传》，广西师范大学出版社，2008。

〔英〕米怜：《新教在华传教前十年回顾》，北京外国语大学中国海外汉学研究中心翻译组译，大象出版社，2008。

〔英〕汤森：《马礼逊——在华传教士的先驱》，王振华译，大象出版社，2002。

〔美〕卫斐列：《卫三畏生平及书信——一位美国来华传教士的心路历程》，顾钧、江莉译，广西师范大学出版社，2004。

Christopher Hancock, *Robert Morrison and the Birth of Chinese Protestanism*, London: T & T Clark, 2008.

Lindsay Ride, *Robert Morrison: The Scholar and the Man*, Hong Kong: Hong Kong University Press, 1957.

WM. A. Alcott，M. D. ，*The Life of Robert Morrison*，*The First Missionary to China*，New York：Carlton & Phillips，1856.

二 影印本

爱汉者等编《东西洋考每月统记传》，黄时鉴整理，中华书局，1997 年影印本。

〔英〕马礼逊、〔英〕米怜主编《印中搜闻（*Indo-Chinese Gleaner*，1817—1822）》，国家图书馆出版社，2009 年影印本。

张西平主编《中国丛报（1832.5—1851.12）》，顾钧、杨慧玲整理，广西师范大学出版社，2008。

三 著作

澳门印刷业商会：《澳门百年印务》，澳门：澳门印刷业商会，2012。

〔美〕白瑞华：《中国近代报刊史（*The Chinese Periodical Press*，1800—1912）》，苏世军译，中央编译出版社，2013。

北京外国语大学中国海外汉学研究中心、中国近现代新闻出版博物馆编《西学东渐与东亚近代知识的形成和交流》，上海人民出版社，2012。

陈继春：《钱纳利与澳门》，澳门：澳门基金会，1995。

陈建明：《激扬文字、广传福音：近代基督教在华文字事工》，台北：宇宙光全人关怀，2006。

陈垣：《基督教入华史》，《陈垣学术论文集》，中华书局，1984。

程曼丽：《〈蜜蜂华报〉研究》，澳门：澳门基金会，1998。

丁淦林：《中国新闻事业史》，高等教育出版社，2002。

方汉奇主编《中国新闻事业通史》第 1 卷，中国人民大学出版社，1992。

费成康：《澳门：葡萄牙人逐步占领的历史回顾》，上海社会科学院出版社，2004。

〔英〕高志：《澳门与英国人（1637—1842）：香港的前奏》，叶农译，澳门特别行政区政府文化局、社会科学文献出版社，2017。

戈公振：《中国报学史》，生活·读书·新知三联书店，2011。

龚道运：《近世基督教和儒教的接触》，上海人民出版社，2009。

顾长声：《传教士与近代中国》，上海人民出版社，2013。

顾卫民：《基督教与近代中国社会》，上海人民出版社，2010。

郝雨凡：《19世纪中叶美国在澳门的活动：在中美关系及东亚地缘政治背景下的考察》，澳门特别行政区政府文化局、社会科学文献出版社，2016。

〔美〕亨特：《广州番鬼录；旧中国杂记》，冯树铁、沈正邦译，广东人民出版社，2009。

黄鸿钊：《澳门同知与近代澳门》，广东人民出版社，2006。

黄瑚：《中国新闻事业发展史》，复旦大学出版社，2009。

黄启臣：《澳门是最重要的中西文化交流桥梁》，香港：香港天马出版有限公司，2010。

霍志钊：《澳门土生葡人的宗教信仰——从"单一"到"多元混融"的变迁》，社会科学文献出版社，2009。

柯达群：《港澳当代大众传播简史》，香港：香港中国新闻出版社，2009。

〔澳〕赖廉士、梅丽·赖德：《澳门基督教坟场》，谭树林译，澳门：澳门特别行政区政府文化局，2017。

李彬：《全球新闻传播史》，清华大学出版社，2005。

李长森：《近代澳门外报史稿》，广东人民出版社，2010。

李志刚：《基督教在澳门》，澳门：澳门基督徒文字协会，2006。

李志刚：《基督教早期在华传教史》，台北：台湾商务印书馆，1985。

梁锦英、萧洁铭：《澳门坟场》，三联书店（香港）有限公司、澳门基金会，2011。

吴志良、金国平、汤开建主编《澳门史新编》，澳门：澳门基金会，2008。

林玉凤：《中国近代报业的起点——澳门新闻出版史（1557~1840）》，社会科学文献出版社，2015。

林治平：《科学与救恩：基督教与华人现代化媒介人物的研究》，台北：宇宙光全人关怀，2006。

林子昇：《十六至十八世纪澳门与中国之关系》，澳门：澳门基金会，

1998。

刘芳辑《葡萄牙东波塔档案馆藏清代澳门中文档案汇编》（上下册），章文钦校，澳门：澳门基金会，1999。

刘家林：《中国新闻通史》（修订版），武汉大学出版社，2005。

刘然玲：《文明的博弈——16 至 19 世纪澳门文化长波段的历史考察》，广东人民出版社，2008。

刘圣宜、宋德华：《岭南近代对外文化交流史》，广东人民出版社，1996。

〔瑞〕龙思泰：《早期澳门史》，吴义雄等译，东方出版社，1997。

罗伟虹主编《中国基督教（新教）史》，上海人民出版社，2014。

〔德〕罗文达：《在华宗教报刊》，王海译，中央编译出版社，2017。

〔美〕孟德卫：《奇异的国度：耶稣会适应政策及汉学的起源》，陈怡译，大象出版社，2010。

〔法〕佩雷菲特：《停滞的帝国——两个世界的撞击》，王国卿等译，生活·读书·新知三联书店，2013。

苏精：《林则徐看见的世界：〈澳门新闻纸〉的原文与译文》，广西师范大学出版社，2017。

苏精：《马礼逊与中文印刷出版》，台北：台湾学生书局，2000。

苏精：《上帝的人马：十九世纪在华传教士的作为》，香港：基督教中国宗教文化出版社，2006。

苏精：《中国，开门！——马礼逊及相关人物研究》，香港：基督教中国宗教文化研究社，2005。

谭树林：《传教士与中西文化交流》，生活·读书·新知三联书店，2013。

谭树林：《马礼逊与中国文化论稿》，台北：宇宙光全人关怀，2006。

谭树林：《马礼逊与中西文化交流》，中国美术学院出版社，2004。

谭树林：《英国东印度公司与澳门》，广东人民出版社，2010。

王美秀、段琦等：《基督教史》，江苏人民出版社，2006。

王治心：《中国基督教史纲》，上海古籍出版社，2004。

〔英〕伟烈亚力：《1867 年以前来华基督教传教士列传及著作目录》，倪文君译，广西师范大学出版社，2011。

吴廷俊：《中国新闻史新修》，复旦大学出版社，2008。

吴志良：《澳门政治制度史》，广东人民出版社，2010。

吴志良：《东西交汇看澳门》，澳门：澳门基金会，1996。

吴志良、汤开建、金国平主编《澳门编年史》，广东人民出版社，2009。

吴志良主编《东西方文化交流——国际学术研讨会论文选》，澳门：澳门基金会，1994。

〔美〕夏伯嘉：《利玛窦：紫禁城里的耶稣会士》，向红艳、李春园译，上海古籍出版社，2012。

熊月之：《西学东渐与晚清社会（修订版）》，中国人民大学出版社，2011。

杨开荆：《澳门特色文献资源研究》，北京大学出版社，2003。

杨开荆、赵新力：《澳门图书馆的系统研究》，广东人民出版社，2007。

叶朗等主编《中国文化导读》，生活·读书·新知三联书店，2007。

游斌：《从地图看基督教传播世界二千年》，香港：香港中和出版有限公司，2013。

张西平等编《马礼逊研究文献索引》，大象出版社，2008。

张西平、吴志良、彭仁贤编《架起东西方交流的桥梁——纪念马礼逊来华 200 周年学术研讨会论文集》，外语教学与研究出版社，2011。

章文钦：《澳门历史文化》，中华书局，1999。

赵春晨、雷雨田、何大进：《基督教与近代岭南文化》，上海人民出版社，2002。

赵晓兰、吴潮：《传教士中文报刊史》，复旦大学出版社，2011。

赵鑫珊：《澳门新魂》，百花文艺出版社，2006。

郑炜明、黄启臣：《澳门宗教》，澳门：澳门基金会，1994。

周湘、李爱丽等：《蠔镜映西潮：屏蔽与缓冲中的清代澳门中西交流》，社会科学文献出版社，2013。

〔新加坡〕卓南生：《中国近代报业发展史（1815—1874）》，台北：正中书局，1998。

查灿长：《转型、变项与传播：澳门早期现代化研究（鸦片战争至 1945 年）》，广东人民出版社，2006。

查时杰：《马礼逊与广州十三夷馆》，广西师范大学出版社，2010。

J. M. Braga, *The Beginning of Printing at Macao*, Lisboa：Separate de Studia，1963.

Christopher A. Daily, *Robert Morrison and the Protestant Plan for China*, Hong Kong：Hong Kong University Press，2013.

Jean Crouch-Smith, BJ Lofland, Clarice Nobbs, Merryl Uebel-Yan, *Macau Protestant Chapel. A Short History*, Macao：Fundacao Oriente，1997.

Lindsay Ride, *The Old Protestant Cemetery in Macao*, Hong Kong：Royal Asiatic Society，1963.

四 期刊论文

卞浩宇：《〈印中搜闻〉对近代西方汉学发展的影响》，《苏州教育学院学报》2014 年第 5 期。

〔英〕博克斯：《马礼逊、米怜和麦都思——新教在华传播的三位先驱》，谭树林、钟凌学译，（澳门）《文化杂志》2008 年第 67 期。

蔡慧清：《论朱子学在英语世界的最早传播与研究（上）》，《湖南大学学报》（社会科学版）2012 年第 6 期。

蔡慧清：《论朱子学在英语世界的最早传播与研究（下）》，《湖南大学学报》（社会科学版）2014 年第 1 期。

陈建明：《近代来华传教士关于文字传教的认识》，《四川师范大学学报》（社会科学版）2005 年第 6 期。

陈建云：《来华基督教传教士办报动机辨析》，《西南民族大学学报》（人文社科版）2007 年第 4 期。

程曼丽：《中国近代报纸探源——兼论〈蜜蜂华报〉产生的历史条件》，《东瀛求索》第 9 号，1998 年 3 月。

邓绍根、陈玲玲：《威廉·伍德：中国英文报刊的奠基人与开拓者》，《新闻与写作》2013 年第 9 期。

邓绍根、毛玮婷：《西方自由主义新闻理念在中国早期传播的历史考察》，《新闻记者》2015 年第 8 期。

邓绍根、伍中梅：《近代中国英文报业的开端——〈广州纪录报〉初探》，《新闻与传播研究》2017 年第 8 期。

邓颖芝：《1815—1842 年来华传教士的办报活动及其影响》，《成都教育学院学报》2007 年第 11 期。

耿相新：《马礼逊与中国近代出版的诞生》，《编辑之友》2003 年第 2 期。

顾卫星：《马礼逊与中西文化交流》，《外国文学研究》2002 年第 4 期。

郭强、李计筹：《〈印中搜闻〉视域中的中国医学》，《广州中医药大学学报》2015 年第 4 期。

郭卫东：《英国与澳门早期关系的历史考察》，（澳门）《文化杂志》2002 年第 43 期。

侯建峰：《〈中国丛报〉近五年研究综述》，《教师》2011 年第 6 期。

侯杰、黄景辉：《马礼逊在澳门的文化活动初探》，（澳门）《文化杂志》2007 年第 65 期。

黄启臣：《澳门是"西学东渐"的桥梁》，（澳门）《文化杂志》2002 年第 44 期。

黄毅、张鹏：《中西文化交流史上的先驱——马礼逊》，《世纪桥》2007 年第 4 期。

贾永梅：《早期来华传教士的"非传教行为"研究——以第一位来华新教士马礼逊为例》，《山东师范大学学报》（人文社会科学版）2010 年第 2 期。

金国平：《〈依泾杂说〉疑存析》，《澳门研究》2014 年第 1 期。

黎尚健：《关于〈东西洋考每月统记传〉若干问题的探索》，《广州大学学报》（社会科学版）2009 年第 8 期。

林玉凤：《中国境内的第一份近代化中文期刊——〈杂闻篇〉考》，《国际新闻界》2006 年第 11 期。

刘美华：《〈印中搜闻〉视域中的中国社会信仰和习俗》，《北京行政学院学报》2014 年第 2 期。

潘剑芬：《马礼逊在穗澳地区主办的印刷出版活动》，（澳门）《文化杂志》2012 年第 83 期。

钱灵杰、伍健：《马礼逊英译〈京报〉析论》，《淮海工学院学报》（人文社会科学版）2016 年第 11 期。

谭树林：《〈察世俗每月统记传〉补证》，（澳门）《文化杂志》2006 年第 59 期。

谭树林：《近代来华基督教传教士所创中外文期刊之影响——以〈印支搜闻〉为中心》，《齐鲁学刊》2002 年第 5 期。

谭树林：《近代中西文化交流中的一个海外传教组织——关于恒河外方传教团的创建及其对华影响的考察》，《齐鲁学刊》2005 年第 5 期。

谭树林：《马礼逊：中国基督教开山事业的缔造者》，（澳门）《文化杂志》2006 年第 58 期。

谭树林：《马礼逊与 19 世纪美国基督教在华传教事业之关系研究》，《苏州科技学院学报》（社会科学版）2012 年第 3 期。

谭树林：《马礼逊与近代中西文化交流》，（澳门）《文化杂志》2003 年第 46 期。

谭树林：《马礼逊与西方近代印刷术传入中国》，（澳门）《文化杂志》2003 年第 49 期。

田峰：《基督新教传教士与中国近代报刊的发端》，《山东理工大学学报》（社会科学版）2016 年第 4 期。

王化文：《马礼逊与〈中国丛报〉》，《兰台世界》2011 年第 1 期。

吴义雄：《基督教传教士在澳门的早期文化活动略论》，《学术研究》2002 年第 6 期。

吴义雄：《〈印中搜闻〉与 19 世纪前期的中西文化交流》，《中山大学学报》（社会科学版）2010 年第 2 期。

吴义雄：《〈中国丛报〉与中国历史研究》，《中山大学学报》（社会科学版）2008 年第 1 期。

徐晓望：《澳门中西文化交融四百年的启迪》，（澳门）《文化杂志》2002 年第 44 期。

杨慧玲：《马礼逊与中国语言和文化的西传》，（澳门）《文化杂志》2006 年第 58 期。

于翠玲：《"出版"溯源与中国出版活动的演变》，《延安大学学报》（社会科学版）2008 年第 1 期。

于翠玲、郭毅：《马礼逊的〈印刷自由论〉版本探源及价值新论》，《北京行政学院学报》2013 年第 6 期。

卓新平：《澳门学与基督宗教研究》，《广东社会科学》2010 年第 4 期。

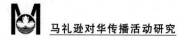

卓新平：《马礼逊与中国文化的对话——〈马礼逊文集〉出版感言》，《世界宗教研究》2010年第3期。

Elizabeth L. Malcolm，"The Chinese Repository and Western Literature on China 1800 – 1850," *Modern Asian Studies*，Vol. 7，No. 2（1973）．

五　学位论文

周岩厦：《早期新教传教士以教育、知识传播与医务活动促进传教事业述论——以〈中国丛报〉为中心》，博士学位论文，浙江大学，2006。

胡国祥：《近代传教士出版研究（1807—1911）》，博士学位论文，华中师范大学，2008。

刘美华：《苏格兰传教士米怜（1785—1822）研究》，博士学位论文，北京外国语大学，2015。

后　记

　　本书是根据我在攻读南京师范大学新闻学博士学位期间所提交的博士学位论文修改而成。在 2018 年完成论文答辩、获得博士学位之后，我经过一段时间的思考和积淀，决定将论文完善并付诸出版。这既是对自己完成的学业的一个交代，也是对自己在境外工作 10 多年这段难忘岁月的纪念。2020年初我正准备利用春节假期着手修改时，不巧新冠肺炎疫情暴发，整个社会节奏慢了下来。在那段以线上办公方式为主、积极参与抗疫工作的时期里，我也多了些时间稍微静下心来修改书稿。随后还有过两次难得的整段时间得以校核书稿，也都与个人工作变动和疫情无常变化有关，由此也算是为本书平添了些时代的烙印。

　　"这不是只关乎基督教与澳门的一个故事，但却必须由基督教在澳门的起点开始，而故事的结局，也不是仅仅止于基督教和澳门。"2007 年 11 月，当我刚刚受派来到澳门工作时，在《澳门日报》上看到澳门学者林玉凤两个月前为纪念马礼逊来华 200 周年而撰写的《马礼逊与澳门——不仅属于基督教的一段中国历史》，其中一段话引发了我对马礼逊的初步兴趣。

　　不久，读到上海作家赵鑫珊《澳门新魂》一书。该书是为纪念澳门历史城区被联合国教科文组织评定为世界文化遗产，澳门基金会邀请作者到澳门实地考察后所写成。书中断言，"申遗"成功，澳门从此不只是有"赌魂"，还有"文化之魂"，唤起了我对澳门这个有着悠久中西文化交流历史的国际化小城深入了解的兴趣。我利用周末时间按图索骥，踏遍澳门大街小巷，实地到访了被纳入世界文化遗产的澳门历史城区中的"基督教坟场"，包括其中最为著名的马礼逊及其家人的墓地。后来，攻读母校南京师范大学的新闻学博士学位，借着对澳门半生不熟的了解，感觉到了澳门百余年前在中国近代新闻传播史上留下的重要痕迹，决定以马礼逊的新闻传播活动为博士学位论文选题，由此开始了一段漫长的求知探索之旅。

对于在职攻读学位的个中艰辛，我其实是深有体会的。而立之年时，我便曾以在职人员身份先后攻读了公共管理和传播学两个硕士学位，在必须认真完成好本职工作的前提下，放弃承担家庭琐务的责任，利用夜间、周末、节假日等一切可以利用的时间，进行大量阅读、研究、撰写和反复修改论文，几年下来，虽时有焦头烂额之感，但如愿拿到两个硕士学位证书感到很充实。尽管早有心理准备，但攻读博士学位特别是完成论文撰写的难度、艰辛仍是远远超过我的预想。

我在澳门工作期间，正赶上澳门回归祖国后进入高速发展以及随之而来的深度调整的阶段，澳门特别行政区经历了许多大事和要事。一方面，我庆幸得以参与部分工作；另一方面，任务繁重，经常加班加点，可用于课题研究的时间甚少，常常未及细读深入，便又无奈放下，长此以往进展实在缓慢。同时，研究马礼逊涉及许多外文资料，尤其是研读英文季刊《印中搜闻》以及其他英文报刊内容有很大的挑战性，除了当年马礼逊、米怜等人因为人手紧张、印刷粗糙而导致原文错漏不少、模糊难辨之外，200 年前的古英语，以及其中相当多的掺杂广东话的英译，也大大增加了原文的理解难度。此外，我的专业方向主要在新闻学与传播学领域，并且一直从事行政工作，缺乏历史研究的功底积累。在涉猎 19 世纪这段历史的过程中，占据材料越多、研究越深入，越是觉得像进入了深不可测的学术深渊，常常才弄明白一个问题，后面却跟上来一串问题，只能设法挤出更多的业余时间和精力去应对，就在这样不断遇到问题、解决问题的过程中，重复体验着焦虑与喜悦交织的感受。

10 多年前，当我来到澳门这座有着 400 多年中西文化交流历史的蕞尔小城时，从没想过它会在我的人生旅途中留下如此厚重的印迹。而对 200 年前马礼逊所从事的那段传播活动的关注，亦伴随了我这 10 多年的澳门生活。研究写作过程中，我对澳门历史文化在弘扬中华优秀传统文化、推进国际人文交流中的独特地位和重要价值，不断有着新的领悟。2019 年 2 月 18 日，中共中央、国务院印发《粤港澳大湾区发展规划纲要》，着眼于新时代推动形成全面开放新格局、推动"一国两制"事业新发展，对建设粤港澳大湾区做出全面战略部署。澳门继建设"世界旅游休闲中心""中国与葡语国家商贸合作服务平台"之后，在国家发展全局中再一次被赋予"打造以中华文化为主流、多元文化共存的交流合作基地"的新的定位。以马礼逊为代表的新教传教士通过澳门进入中国的那段历史以及留下的文化交流遗存，无疑在澳门建设"一个基地"的过程中值得再回顾和再挖掘。

非常感谢我的导师南京师范大学新闻与传播学院前院长方晓红教授，对我的学术探索道路始终给予无微不至的指导和引领，在我极为疲沓时不时督促和鞭策。感谢学院倪延年教授、顾理平教授、张晓锋教授以及其他老师对我完成学业的支持关心和体贴帮助。感谢南京大学谭树林教授接待我登门拜访并耐心释疑解惑。

感谢澳门学术界对我搜集资料和论文研究提供的无私帮助。澳门基金会主席吴志良博士从选题之初便给予指导意见，并一直关心着论文研究进展。澳门大学中国历史文化中心主任、中文系教授朱寿桐先生一直给予我鼓励并在相关研究领域给予帮助和解答。澳门理工学院人文及社会科学高等学校校长林发钦教授在日常交谈中给予我诸多观点的启发并提供了有关参考资料。全国首位图书馆专业博士后、澳门基金会杨开荆女士帮助我从广东省档案馆20世纪30年代有关教会档案里查找了相关资料。澳门大学林玉凤教授对澳门新闻史和马礼逊的深入研究，为本书的写作提供了重要参考。北京大学博士后、澳门贸促局梁华峰先生在收集澳门资料方面给予诸多有益意见。香港城市大学博士候选人徐全先生、澳门大学中文系博士生王小波小姐分别帮我从香港中央图书馆、澳门大学图书馆收集资料。澳门圣公会为我介绍马礼逊小教堂及马礼逊墓地的情况，并向我提供了珍贵的马礼逊研究书籍资料。特别感谢孙媛女士从美国帮助搜集了许多英文书籍资料，在我研究最困难的时候给予我鼓励。最后，感谢我的妻子、孩子以及父母对我长期外派工作与漫长求学的包容理解和全力支持。

刘 伟
2021 年 5 月

澳门研究丛书书目

澳门人文社会科学研究文选

    社会卷   程惕洁 / 主编

    行政卷   娄胜华 / 主编

    政治卷   余　振　林　媛 / 主编

    法律卷   赵国强 / 主编

    基本法卷   骆伟建　王　禹 / 主编

    经济卷   杨允中 / 主编

    教育卷   单文经　林发钦 / 主编

    语言翻译卷   程祥徽 / 主编

    文学卷   李观鼎 / 主编

    文化艺术卷   龚　刚 / 主编

    历史卷   吴志良　林发钦　何志辉 / 主编

    综合卷   吴志良　陈震宇 / 主编

新秩序   娄胜华　潘冠瑾　林　媛 / 著

澳门土生葡人的宗教信仰   霍志钊 / 著

明清澳门涉外法律研究   王巨新　王　欣 / 著

珠海、澳门与近代中西文化交流   珠海市委宣传部　等 / 主编

澳门博彩产业竞争力研究   阮建中 / 著

澳门社团体制变迁   潘冠瑾 / 著

澳门法律新论   刘高龙　赵国强 / 主编

韦卓民与中西方文化交流   珠海市委宣传部　等 / 主编

澳门中文新诗发展史研究（1938～2008）

178

	吕志鹏／著
现代澳门社会治理模式研究	陈震宇／著
赃款赃物跨境移交、私营贿赂及毒品犯罪研究	
	赵秉志　赵国强／主编
近现当代传媒与港澳台文学经验	朱寿桐　黎湘萍／主编
一国两制与澳门特区制度建设	冷铁勋／著
澳门特区社会服务管理改革研究	高炳坤／著
一国两制与澳门治理民主化	庞嘉颖／著
一国两制下澳门产业结构优化	谢四德／著
澳门人文社会科学研究文选（2008～2011）（上中下）	
	《澳门人文社会科学研究文选（2008～2011）》编委会／编
澳门土地法改革研究	陈家辉／著
澳门行政法规的困境与出路	何志远／著
个人资料的法律保护	陈海帆　赵国强／主编
澳门出土明代青花瓷器研究	马锦强／著
动荡年代	黄鸿钊／编著
当代刑法的理论与实践	赵秉志　赵国强　张丽卿　傅华伶／主编
澳门行政主导体制研究	刘倩／著
转型时期的澳门政治精英	蔡永君／著
澳门基本法与澳门特别行政区法治研究	蒋朝阳／著
澳门民事诉讼制度改革研究	黎晓平　蔡肖文／著
澳门人文社会科学研究文选（2012～2014）（上中下）	
	《澳门人文社会科学研究文选（2012～2014）》编委会／编
澳门特别行政区立法会产生办法研究	王禹　沈然／著
全球化与澳门	魏美昌／主编
中葡澳门谈判（1986～1999）	〔葡〕卡门·曼德思／著
	臧小华／译
镜海微澜：黄鸿钊澳门史研究选集	黄鸿钊／著
澳门道路交通事故民事责任研究	吕冬娟／著
"一带一路"与澳门发展	澳门特别行政区政府政策研究室
	澳门基金会
	思路智库／主编

新时代 新征程："一带一路"与澳门发展	澳门特别行政区政府政策研究室和区域发展局
	澳门基金会
	思路智库／主编
"一国两制"下的中央管治权研究	骆伟建 周 挺 张 强／著
澳门特别行政区基本法解析	骆伟建 江 华 赵英杰／著
澳门特别行政区治理模式研究	王 禹 沈 然／著

图书在版编目（CIP）数据

马礼逊对华传播活动研究/刘伟著 . －－北京：社
会科学文献出版社，2021.10
（澳门研究丛书）
ISBN 978 - 7 - 5201 - 8533 - 2

Ⅰ.①马…　Ⅱ.①刘…　Ⅲ.①马礼逊（Morrison,
Robert 1782 - 1834）- 人物研究 ②文化交流 - 文化史 - 研究
- 中国、西方国家 - 近代　Ⅳ.①B979.956.1 ②K250.3

中国版本图书馆 CIP 数据核字（2021）第 119055 号

·澳门研究丛书·
马礼逊对华传播活动研究

著　　者 / 刘　伟

出 版 人 / 王利民
责任编辑 / 王晓卿
文稿编辑 / 徐　清
责任印制 / 王京美

出　　版 / 社会科学文献出版社·当代世界出版分社 （010）59367004
　　　　　 地址：北京市北三环中路甲 29 号院华龙大厦　邮编：100029
　　　　　 网址：www. ssap. com. cn
发　　行 / 市场营销中心（010）59367081　59367083
印　　装 / 三河市东方印刷有限公司

规　　格 / 开　本：787mm × 1092mm　1/16
　　　　　 印　张：12　字　数：201 千字
版　　次 / 2021 年 10 月第 1 版　2021 年 10 月第 1 次印刷
书　　号 / ISBN 978 - 7 - 5201 - 8533 - 2
定　　价 / 76.00 元